Manifest der Radikalen Mitte

Wätzold Plaum

Copyright © 2022 Wätzold Plaum
Alle Rechte vorbehalten.

Anfragen Presse, Lesungen etc.:
meinewikiwelt@gmail.com

ISBN: 9789403682235

Über den Autor:
Wätzold Plaum studierte Physik und promovierte 2010 in Mathematik an der Universität Regensburg. Er arbeitet im Bereich und Software- und Fahrzeug-Entwicklung. 2012 erschien sein Buch „die Wiki-Revolution" zum Thema Digitalisierung und Politik. Seit 2013 betreibt er den YouTube-Kanal „Wätzolds Welt". 2019 promovierte er im Fach Philosophie zu einem eigenen geschichtsphilosophischen Modellentwurf. Wätzold Plaum betätigt sich auch als Musiker.

WIDMUNG

Dieses Buch ist dem Publikum des Kanals „Wätzolds Welt" gewidmet, deren reger Zuspruch mir den Mut gab, meine Visionen in diesem Manifest niederzulegen.

INHALT

Vorwort: Philosophie und Ideologie 8
Vorspiel: Das Wesentliche 10
1 Die Lage 18
   1.1 Politischer Gnostizismus 18
   1.2 Verschwörungstheorien 25
   1.3 Universalismus und Autarkismus 32
   1.4 Von Wäldern und Bäumen 41
   1.5 Populismus und Elitismus 45
2 Die politischen Hauptlager 51
   2.1 Die drei Leitwerte 53
   2.2 Der Liberalismus 58
   2.3 Der Linksprogressivismus 71
   2.4 Der Konservativismus 93
   2.5 Konvergenz 109
Zwischenspiel: Physiognomie der Krise 110
3 Die großen Dinge 121
   3.1 Vier Ebenen der Betrachtung 124
   3.2 Drei Stufen der Sittlichkeit 131
   3.3 Das Letztendliche oder: die drei Aspekte des guten Lebens 145
   3.4 Die vier Grundpolaritäten des Menschseins 155
   3.5 Eine Philosophie der Mitte 177
Zwischenspiel 2: Die praktische Seite der Krise 180
4 Radikale Mitte in der Gegenwart 185
   4.1 Nutzung der Digitalisierung 190
   4.2 Neue Formen von Gemeinschaft 197
   4.3 Neue Formen der Ökonomie 208
Ausklang 220
Verzeichnis wichtiger Begriffe 222

DANKSAGUNG

Mein Dank gilt Wolfgang, der einen entscheidenden Anstoß gab. Justine, Gabriel, Deborah, Mathis und Andreas haben sich durch gründliches Lektorat und klugen Bemerkungen verdient gemacht.

Vorwort: Philosophie und Ideologie

Dieses Manifest ist ganz und gar Ideologie. Damit unterscheidet es sich von politischer Philosophie. Beide gehören zusammen.

Die **politische Philosophie** ist Gegenstand des reflektierenden Denkens, der Vernunft. Sie nimmt sich Zeit für eingehende Analysen und gibt sich nicht eher zufrieden, bis den Dingen in einer Weise auf den Grund gegangen wurde, dass die unermüdlichsten Geister sich zumindest vorläufig zufrieden geben. Demgegenüber dient **Ideologie** dazu, ins Handeln zu kommen. Eine politische Ideologie ist ein Kompendium einer politischen Philosophie. Sie kümmert sich nicht um die Probleme der Rechtfertigung. Sie ist Maxime des handelnden Menschen, denn dieser wird in der Praxis von vereinfachten Denkschemata geleitet, die unmöglich all jene geschlungenen Denkpfade in sich aufnehmen können, zu denen die theoretische Vernunft fähig ist. Ideologie ist simpel, holzschnittartig, plakativ, auf Schlagworte reduziert, apodiktisch und auf Verständlichkeit und Anwendbarkeit ausgelegt. Ideologie ist nichts Schlechtes, sondern etwas Notwendiges, immer dann, wenn es darum geht, in der Welt etwas zu verändern.

Zum Übel wird sie nur dort, wo Ideologie und Philosophie verwechselt oder auf unbedachte Weise vermischt werden. Marx war ein glänzender Ideologe, aber ein schlechter Philosoph. Ihn als vollwertigen Philosophen zu stilisieren führt zu jenen engstirnigen und überspannten Staatsdoktrin, die das Denken einkerkerten in den Jahrzehnten der kommunistischen Diktatur.

Wir wollen der Philosophie keine Absage erteilen. Allein hier geht es nicht darum, die dargebotenen Ansichten letztendlich zu fundieren. Es geht darum einer neuen Geisteshaltung Name und Programm zu geben. Es ist dies die Geisteshaltung der **Radikalen Mitte** oder gleichbedeutend des **Radikalen Zentrismus**.

Vorspiel: Das Wesentliche

Es ist Zeit für ein neues Denken. Dieses Denken stemmt sich gegen eine Stimmung, die in allgemeinen **politischen Fanatismus** zu kippen droht. Die Scharfmacher scheinen das Feld zu übernehmen. Linksprogressive verabsolutieren die Gleichheit, Libertäre die Freiheit, Nationalisten das Volk, Religiöse den Glauben, Globalisten die eine Menschheit und Ökologisten den Umweltschutz. Für Fanatiker gibt es ein alles beherrschendes Problem, dessen Lösung sich alles unterzuordnen hat. Naturgemäß haben sich die Fraktionen in einem Klima der Fanatisierung immer weniger zu sagen. Das politische Gegenüber dient nur noch dazu, verbal delegitimiert und mit immer maßloseren Forderungen überzogen zu werden. Die gesellschaftliche Mitte wird zur Kampfzone. Immer mehr Menschen verbarrikadieren sich hinter geschlossenen Weltbildern.

Das führt zum Niedergang der Gesprächskultur, einer Kultur des Kompromisses und des gegenseitigen Verständnisses. Dieser Niedergang bedroht unsere Freiheit. Er entzieht einer freiheitlichen, egalitären und gemeinschaftlichen Gesellschaft den Boden. Er befördert autoritäre Herrschaftsformen. Die Demokratie ist in Gefahr! Diese Gefahr ist weder rechts noch links, weder national noch international. Denn ob der Staat die Wirtschaft vereinnahmt oder die Wirtschaft den Staat, macht im Ergebnis wenig aus. Ob wir über den Nationalismus oder den Internationalismus in den Autoritarismus abgleiten, gleicht der Wahl zwischen Pest und Cholera. Im Europa Erdogans und Brüssels braucht man beides nicht lange suchen!

Die Gefahr legt sich wie ein Totentuch über die westlichen Gesellschaften. Die bestehende Ordnung droht sich in eine technokratische Diktatur zu verwandeln. Schleichend. Leise. Deswegen sollten diejenigen ihre Kräfte bündeln, die den drohenden Niedergang vor Augen haben und willens sind, ihn abzuwenden. Die Lage ist ernst, wenngleich nicht hoffnungslos. Dieser Ernst erfordert radikale Maßnahmen. So wie ein global ausbrechendes Virus radikale politische Maßnahmen rechtfertigen mag, so rechtfertigt sich unser Radikalismus durch den Ausbruch eines geistigen Virus.

Viele gibt es, die beitragen können. Zahlreich sind mittlerweile die, welche die bestehenden Verhältnisse hinterfragen, ohne sich dabei allzu simplen Ideologien hinzugeben. Viele gibt es, die sich in den eng abgegrenzten ideologischen Gattern nicht wiederfinden. Grob gesprochen stehen sie in der politischen Mitte. Doch sie haben keine gemeinsame Stimme, kein Bewusstsein dafür, dass sie in Zeiten wie diesen mehr denn je angegriffen, aber auch mehr denn je gefragt und herausgefordert sind. Diese vielen Menschen sollten sich einander bewusst werden. Es sollten diejenigen zueinander finden, welche sich einerseits in etwa der politischen Mitte zuordnen, andererseits es aber nicht lassen können, kritisch und eigenständig zu denken. Dieses Manifest und die darin zugrunde gelegte Ideologie können dabei helfen, zu so einem „Wir" zu finden. Ja, wir sind kritisch gegenüber hergebrachten Ideologien, aber eben von einem festen Standpunkt aus, der mehr ist als ein indifferentes „Dazwischen". Wir sind nicht die Mitte der Gauss'schen Normalverteilung, die große Koalition oder der faule Kompromiss. Was wir anstreben, ist eine neue Ideologie. Dies ist die Form, in der neue Ideen wirksam werden: **Die Ideologie der radikalen Mitte**.

Ja, wir sind radikal. Das heißt für uns, sich nicht mit den herrschenden Eliten gemein zu machen. Radikalität steht für die Überzeugung, dass unsere gesellschaftliche und staatliche Ordnung von einer schwerwiegenden Krise gezeichnet ist. Daraus folgt, dass grundlegende Kursänderungen notwendig sind. Daraus folgt nicht, dass hierfür Gewalt, Verfolgung und Verfemung Andersdenkender, Unterhöhlung demokratischer Entscheidungsprozesse, Diskursverbote oder jede noch so niederträchtige Form der Propaganda für uns legitim wären.

Wir sind radikal, aber wir sind keine Fanatiker. Fanatismus ist eine Geisteshaltung aus einseitiger Überspitzung eines als erstrebenswert erkannten Wertes. Dieser Wert wird absolut gesetzt und andere Werte um seinetwillen geopfert. Der Fanatiker ist also kein Feind des Guten schlechthin, erkennt es jedoch nur teilweise und setzt diese Erkenntnis über alles. Er übersieht, dass verschiedene Werte sich gegenseitig beschränken müssen. Er läuft Gefahr in die **Fanatismusfalle** zu tappen. Erweist sich nämlich die Verwirklichung seiner Utopien als nicht geglückt, so wird er rufen: „Wir waren nicht konsequent genug!" Mehr desselben ideologischen Programms, immer mehr, bis der Wahnsinn die Katastrophe gebiert.

Wir wägen also ab. Wir suchen nach der goldenen Mitte. Bevor wir in eine Richtung laufen, müssen wir auch in die entgegengesetzte schauen. Der Wertekanon der Radikalen Mitte orientiert sich grob an den Werten des Humanismus – Gleichheit, Freiheit, Brüderlichkeit mögen hier kein schlechter Startpunkt sein. Sie sind gewachsen auf dem Boden von Christentum und Aufklärung, dem historische Mutterboden der westlichen Kultur, den es zu respektieren und bewahren gilt, ohne in formelhafte Erstarrung oder weltfremde Nostalgie zu verfallen.

Für jeden Standpunkt, für jede Meinung, jedes noch so moralisch unantastbare Plädoyer gilt: Audiatur et altera pars! Man möge auch die andere Seite hören! Denn alles historisch Gewordene hat ein Recht, wodurch es entsteht, und eine Schuld, an der es zugrunde geht. Dies nennen wir das **Prinzip der historischen Zweischneidigkeit**. Oft ist es klüger dem politischen Gegner das Recht zu nehmen, indem man sich selbst zum Anwalt des dahinter stehenden Guten macht, als ihn ob seiner Schuld anzuklagen.

Allem historisch Gewordenen ein gewisses Recht zuzusprechen ist nicht einfach. Recht und Schuld mögen ganz unterschiedlich gewichtet sein, dennoch gesteht dieses Prinzip jedem vermeintlich noch so abscheulichen Gegner ein gewisses berechtigtes Interesse, Motive und Anliegen zu, und damit auch sich selbst die Möglichkeit des Unrechts. Wo heute nicht nur im politischen Zirkus Narzissmus als Volkskrankheit grassiert, wovon die mit Regelmäßigkeit sich erhebenden Empörungswellen nur allzu klares Zeugnis geben, bedarf es einer neuartigen **Kultur der Demut**. Jeder von uns hat ganz schnöde Interessen und redet sie sich mit Moral schön. Jeder von uns hat schon einmal Standpunkte als universelle Lösungen darbieten wollen, die doch nur allzu sehr gefärbt waren durch individuelle Vorlieben oder Traumata. Niemand vermag die Sichtweisen aller Menschen zu ermessen.

Wir wägen ab und streben nach der goldenen Mitte. In politischer Hinsicht ist dies der Ort, an dem sich die weltanschaulichen Lager wie Linksprogressivismus, Liberalismus und Konservativismus zum Dialog treffen. Keines dieser Lager hat per se recht oder unrecht oder ist per se gut oder böse. Jedes Lager repräsentiert eine legitime Sicht auf Kultur und Gesellschaft. Vielmehr gleichen die politischen Lager unterschiedlichen Sinnen – Hören, Sehen, Fühlen – und führen zu unterschiedliche Therapien des politisch-gesellschaftlichen „Körpers". Wer kocht, muss mit allen Sinnen kochen: schmecken und riechen, hören und sehen. In der Politik ist es nicht anders. Nur wenn verschiedene „Sinne" zusammenfinden, kann eine konstruktive Politik entstehen. Ohne die politische Mitte kann es keine freiheitliche Politik im Sinne einer freiheitlich-demokratischen Grundordnung geben, da ohne lagerübergreifenden Dialog immer nur die Minderheit eines Lagers über die Mehrheit der anderen Lager herrschen kann.

Die goldene Mitte ist für uns, die Radikale Mitte, aber noch mehr. Das menschliche Sein, die menschlichen Verhältnisse werden geprägt von zahllosen Gegensätzen: Körper und Geist, Intuition und Verstand, Selbstbehauptung und Mitgefühl, Tradition und Neugierde, Gemeinschaft und Selbstbestimmung, Gemeinsamkeit der Herkunft und Gemeinsamkeit der Zukunft, Natur und Kultur, der Einzelne und das Ganze, Selbständigkeit und Beziehung, Überordnung und Unterordnung, Ähnlichkeit und Differenzierung, männlich und weiblich, Unterscheidung und Einheit. Aus dem Verständnis derartiger Gegensätze streben wir nach einem tieferen Verständnis des Menschseins. Nur wo der Mensch verstanden wird, kann Politik mehr sein als eine Ansammlung von geschichtlich zusammengewürfelten Bestimmungen und Unterteilungen. Auf der Suche nach der goldenen Mitte suchen wir die Erkenntnis des Menschen. Jeder in sich. Und so weit als möglich auch gemeinsam. Dies ist die Mitte, aus der heraus eine positive, das Leben fördernde Politik fast zu einer nebensächlichen Folge wird.

Denn Politik ist nicht alles. Es gibt das Private, das dem Zugriff durch die Politik entzogen bleiben sollte. Sittliche und politische Ordnungen sind voneinander zu trennen. Wo das moralisch Richtige mit dem gesetzlich Gebotenen gleichgesetzt wird, befinden wir uns in einer totalitären Diktatur. Das überzogene Moralisieren in der Politik trägt also den Keim der Diktatur in sich. Propaganda ist immer moralisierend und in ihrer Absolutheit quasi metaphysisch. Die Religion, die individuellen philosophischen Überzeugungen, der Glaube oder Unglaube müssen Gegenstand der freien Entscheidung des Individuums bleiben. Wir sehen in der Gegenwart starke Tendenzen, das Politische wieder erneut mit den Elementen der Religion anzureichern. Der unvoreingenommene Diskurs wird ersetzt durch unisono gebrüllte Parolen. Gerade auch bei politischem Aktivismus jenseits der Parlamente sind symbolische Handlungen, Glaubensbekenntnisse, pastorale Ehrerbietungen, moralgeschwängerte Predigten auf dem Vormarsch. Besonders in Deutschland sollte man vor dem Hintergrund des Traumas des Dreißigjährigen Krieges sowie zweier totalitärer Diktaturen diesen Tendenzen entschieden entgegentreten!

Die politische Mitte als Ort des gesellschaftlichen Diskurses wird heute durch Angriffe von mehreren Seiten zerrieben: Da wäre erstens eine Politik, die zunehmend der Logik des Sachzwangs folgt. Die Idee, Politik sei eine Art Wissenschaft, führt direkt in den Totalitarismus. Faschismus und Kommunismus hatten den Anspruch, eine Art wissenschaftliche Form der Staatsführung zu leisten. Diese Idee beruht auf einem Irrtum. Kein noch so weises Expertengremium ist der Verantwortung gewachsen, das gesellschaftliche Ganze besser zu erfassen als dieses sich selbst. Jeder Mensch ist Teil des kommunikativen Netzes – ähnlich dem Nervengewebe des Gehirns – welches den gesellschaftlichen Diskurs formt.

Da wäre zweitens eine zunehmend digitale Kultur, in der Menschen sich in geschlossene Sonderwirklichkeiten zurückziehen. Der gesamtgesellschaftliche Konsens wird von Jahr zu Jahr geringer. Es wird also anstrengender, sich zu einigen. Die notwendigen Kräfte jedoch scheinen zu schwinden. An die Stelle des gegenseitigen Zuhörens treten großinquisitorische Rechthaberei und narzisstisches Empörungsgehabe.

Da wären drittens Eliten, welche seit Jahrzehnten die öffentliche Meinung durch Wühlarbeit von Thinktanks und PR-Agenturen penetrieren. Angegriffen ist das, was seit Jahrhunderten die größte Stärke des Abendlandes und jeder freiheitlichen Gesellschaft war: Meinungsfreiheit, zwischenmenschlicher Respekt bei inhaltlicher Differenz, die Anerkennung der Beschränktheit des eigenen Standpunktes, Wissenschaft und Logik als Referenzpunkte eines vernünftigen Diskurses.

Doch halten wir inne! Ist all die Vernünftelei überhaupt geeignet den Herausforderungen der Gegenwart gerecht zu werden? Brauchen wir nicht Visionen, Mut, Begeisterung und

Emotion viel eher als eine buchhalterisch-kleinliche Verwaltung des Gegenwärtigen? In der Tat: Politik ist mehr als die Verwaltung des Status Quo. Als das könnte man die politische Mitte auch verstehen. Nein, ein einfaches „Weiter so!" wird uns nicht zum Ziel führen. Denn die Herausforderungen sind gewaltig: Da wäre das Auseinandergehen der sozialen Schere, zunehmendes Einsickern autoritärer Politikelemente, eine Desintegration unserer Kultur durch überspannten Moralismus einerseits und nihilistische Zersetzung andererseits. Da wären ökologische Herausforderungen, die Verwerfungen des technischen Fortschritts, die Herausforderungen, die unterschiedlichen Kulturen der Menschheit in einen gemeinsamen internationalen Handlungsrahmen zu integrieren, und noch so vieles mehr...

Sozialismus und Liberalismus irren, wenn sie die vernünftige Lösung dieser Herausforderungen als die einzige und höchste Aufgabe der Menschheit begreifen. Denn die Probleme gründen tiefer. Der Mensch lebt nicht vom Brot allein. Vielen Menschen fehlt eine Sinnperspektive – individuell wie gesellschaftlich – ein positives und die Selbsterkenntnis förderndes Menschenbild, Freiraum jenseits des Hamsterrades der beruflichen und familiären Verpflichtungen. Wir brauchen eine Kultur, die innere Welten erschließt und ergründet. Hier verbirgt sich der Kraftpol für das Zustandebringen von kulturellen Höchstleistungen, von Mitmenschlichkeit und Zuversicht. Die innere Sonne wärmt uns durch Geborgenheit, das Gefühl, aufgehoben zu sein, die Zuversicht, dass es „schon gut gehen wird". Diese innere Sonne kann viele Gesichter haben. Für den einen ist es die Musik, für den anderen der Glaube, für den dritten die meditative Erfahrung, für den vierten offenbart sie sich im Naturerleben, für den fünften in tief empfundener Freundschaft und Gemeinschaft. All dies sind Gefilde der **Seelenkultur**.

Die innere Sonne aber wird durch das Spektakel der Gegenwärtigkeit verdunkelt. Denn Seelenkultur sieht sich in der Moderne an den Rand gedrängt, zur Nebensache erklärt, zur Modeerscheinung oder einer Angelegenheit des individuellen Geschmacks, ebenso banal wie eine Lieblingsfarbe. Die Moderne hat andere Leitwerte. Es gilt flexibel zu sein, aufgeschlossen für Neues, bereit zum lebenslangen Lernen, ortsungebunden, hoch motiviert, exzellent ausgebildet, auf der Höhe der Zeit, informiert und kritisch. Um nicht missverstanden zu werden – die genannten Eigenschaften sind per se nicht schlecht. Wenn ihre Verwirklichung aber den Preis hat, dass die Seele verkümmert, müssen uns die Folgen nicht wundern: Depressionen, Süchte, Ängste, Persönlichkeitsstörungen, Vereinsamung gedeihen im Schatten einer Moderne, die sich selbst absolut setzt, zum **Modernizismus** wird.

Im linksprogressiven wie im liberalen Lager finden sich heute Varianten des Modernizismus, dieser ins Fanatische gesteigerten Form der Moderne. Konservative haben sich hier entweder angepasst, ergehen sich murrend in Nostalgie oder in trotzigem Reaktionismus. Kaum einer spürt dem Gegensatz von Moderne und ihrem psychischen Widerpart, den romantisch-gemüthaften Seiten des menschlichen Geistes in ernsthaftem intellektuellem Bemühen nach. Die radikale Mitte erkennt ausdrücklich beide Seiten an und widerspricht in diesem Sinne dem Modernizismus, ohne die Moderne zu verwerfen. Gleichwohl müssen die herkömmlichen Einsprüche des Konservativismus als ungenügend angesehen werden, wenn sie sich nicht aus gereiften philosophischen Überzeugungen ergeben, sondern aus spontan empfundenen Vorbehalten. Wir erkennen hier eine wesentliche Baustelle der aktuellen politischen, gesellschaftlichen und philosophischen Auseinandersetzung. Hier gibt es viel zu tun!

1 Die Lage

In was für einer Zeit leben wir? In welchem Kontext steht politisches Denken? Was sind die geistigen Spannungsfelder der Gegenwart? Wir werden im ersten Teil dieses Manifestes zunächst auf zwei zentrale Begriffe eingehen, welche für die gegenwärtige politische Debatte höchst bedeutsam sind. Danach werden wir uns mehreren polaren Begriffspaaren zuwenden, die wichtige Spannungsfelder des politischen Denkens markieren.

1.1 Politischer Gnostizismus

Eine Seuche geht um im Westen – die Seuche des **politischen Gnostizismus**. Diese Geisteshaltung teilt die Welt in vereinfachender Weise in „gut" und „böse" ein. Faschismus und Kommunismus waren im 20. Jahrhundert zwei Beispiele für diese geistige Grundhaltung. Er ist ein, vielleicht sogar *der* Nährboden für Fanatismus.

Woher kommt der Name? In der Spätantike war die „Gnosis" eine vielgestaltige philosophisch-spirituelle Bewegung, welche von einem schroffen Gegensatz von „gut" und „böse" ausging. Nach gnostischer Lehre gibt es zwei Weltprinzipien, „Geist" und „Materie". Jedes dieser Weltprinzipien hat einen eigenen Schöpfergott. Einen guten Gott, welcher weltentrückt in einer rein geistigen Sphäre waltet, und einen als böse verstandenen Schöpfer, einen „Demiurgen", der die materielle Welt erschaffen hat. Die Erlösung des Menschen geschieht durch das Zünden eines „göttlichen Funkens" durch ein als „Gnosis" bezeichnetes Wissen bzw. Erleben. Tatsächlich spielt häufig ein simples „Erlösungswissen", ein Glaubensbekenntnis eine zentrale Rolle in einem gnostizistischem Narrativ.

Politischer Gnostizismus ist nun nicht einfach „Gnosis im neuen Gewande", denn spirituelle Betätigung in der Tradition der Gnosis kann sich auch ganz privat vollziehen und damit unpolitisch bleiben. Gnostische Lehren tragen aber gewisse Grundzüge, die in politischen Ideologien wiederkehren. Es gilt dabei, eine gedankliche Grundfigur herauszuarbeiten, die uns in ganz unterschiedlichen Ideologien begegnet.

Für den **politischen Gnostizisten** ist die Welt von einer grundlegenden Verderbtheit gekennzeichnet. Er glaubt jedoch nicht daran, dass der Grund für diese Verderbtheit die Schlechtigkeit der Menschen ist. Für ihn ist die Welt verdorben, weil unglückliche Verhältnisse die Menschen in Unwissenheit und Unterdrückung gefangen halten. Er ist beseelt von dem Glauben, die Menschen aus diesen unglücklichen Verhältnissen befreien zu müssen. Häufig glaubt er sich hierfür in einer ganz besonderen historischen Situation. In der höchsten Form nimmt diese historische Selbstbestimmung den Charakter des **apokalyptischen Denkens** an, indem für die Gegenwart die finale Entscheidungsschlacht zwischen Gut und Böse erwartet wird. In diesem Endkampf werden wir entweder auf eine höhere Stufe des Daseins gehoben oder durch ein Katastrophe zugrunde gehen. Allgemeiner glaubt der politische Gnostizist, durch seine Taten den Erlösungsprozess voranbringen zu können und auch zu müssen – sowohl auf individueller als auch auf gesellschaftlicher Ebene.

Häufig ist dieser Erlösungsprozess durch zwei Stufen gekennzeichnet. Die erste Stufe sieht die ideologische Annahme des gnostischen Wissens vor, der gnostizistischen Weltsicht, wodurch der „Adept" auf die Stufe des „Aufgewachten" gehoben wird. Auf einer zweiten, höheren Stufe des „Heiligen" ist das ganze Leben durchdrungen von dem Einsatz für die gnostizistische Erlösung. Die „heiligen Erleuchteten" treten mit prophetischem missionarischem Eifer und totaler Hingabe für die – aus ihrer Sicht – einzig wahre gute Sache ein. Gnostizistisches Denken ist geradezu darauf angelegt, jede Form von Personenkult zu begründen, sei es die Verehrung von „Gurus" oder die von charismatischen politischen Führern. Und mehr noch: Man kann den Gnostizismus wie eine Blaupause verstehen, um Sekten und politische Ideologien zu gründen.

Vom Standpunkt der radikalen Mitte aus ist der politische Gnostizismus zu kritisieren (Wir haben also einen ersten Kampfbegriff und ein erstes Feindbild!) Gnostizismus allgemein kann als postaufklärerisches Phänomen begriffen werden – das legen kulturhistorische Überlegungen nahem – und so erkennen wir auch den **politischer Gnostizismus als ein postaufklärerisches Phänomen**. Er tritt bevorzugt in epochalen Spätphasen auf, die durch Aufklärung, Philosophie und intellektuellen Liberalismus geprägt waren. Des Debattierens, Argumentierens, Differenzierens müde gebiert der Geist einer nach wie vor verstandeslastigen Zeit eine Art neue Religion, oder besser Pseudoreligion. Die originäre Aufgabe des Verstandes besteht darin, Problemstellungen klarer zu formulieren, Einzelfragen zu klären, zu analysieren, Lösungen für Einzelprobleme zu finden. Dabei unterscheidet der Verstand nach wahr und falsch, nach gültig und nicht gültig, er ist auf Vereindeutigung angelegt, er operiert digital. In größenwahnsinniger Selbstüberhöhung nimmt sich der Verstand im Gnostizismus des „großen Ganzen" an und entwirft eine Welt, die ebenso binär und dualistisch ist, wie es seiner gewöhnlichen Arbeitsweise entspricht.

Man könnte diese hier vorgestellte Kritik am Gnostizismus dahingehend missverstehen, es solle dem weltanschaulichen Relativismus das Wort geredet werden. Es geht nicht darum, „Gut" und „Böse" als Grundrichtungen des sittlichen Urteilens zu diskreditieren. Selbstverständlich sollten wir bezogen auf die eigene Lebensführung darum bemüht sein, das Gute zu verwirklichen und das Böse zu meiden. Doch schon wenn es um die Beurteilung der Überzeugungen unserer Mitmenschen geht, ist es eben nicht mehr so einfach, „gut" und „böse" klar zu trennen. Kennen wir wirklich die Absichten der anderen? Wie viele Streitereien und Missverständnisse entstehen dadurch, dass sich Menschen gegenseitig schlechtere Absichten unterstellen, als sie vorlagen? Wie viel mehr gilt dies für die komplexen Zusammenhänge der Welt! Sachlich betrachtet ist kaum ein Mensch oder eine Sache ausschließlich gut oder schlecht. Es dominieren die Grautöne – in den gesellschaftlichen Verhältnissen, der Kultur, der Politik. Dem politischen Gnostizisten aber ist das zuwider. Es ist ihm zu banal. Er träumt sich mit Verstandesmitteln in den Zustand einer religiösen, voraufklärerischen, totalen Erzählung, wie sie in traditionelle Religionen zu finden waren. Er erschafft sich auf intellektuelle Weise nicht selten einen neuen Mythos, wie etwa Marx mit der Idee des „Urkommunismus". Bildlich gesprochen läuft er mit zwei Farbeimern durch die Welt und verwandelt die Farben derselben mit seinem groben ideologischen Pinsel in ein schachbrettartiges Schwarzweiß.

Politische Gnostizisten begegnen uns in allen politischen Lagern. „Gut" und „Böse" tragen häufig andere Namen: „progressiv" vs. „reaktionär", „deutsch" vs. „undeutsch", „aufgewacht" vs. „Schlafschaf", „klimaschädlich" vs. „klimaneutral". Und es ist ja auch naheliegend, politischen Erzählungen die Form eines Kampfes zwischen „Gut" und „Böse" zu geben. Damit lässt sich dramatisches großes Kino machen, es fesselt und bedient tiefsitzende Erzählgewohnheiten. Der Gnostizist fängt mit seiner Ideologie „das Böse" ein, markiert es und weist den Pfad der Erlösung. Und wenn es gut ausgeht, dann ist alles versöhnt und geborgen. Es ist nicht verwunderlich, dass das weltanschauliche Angebot des Gnostizismus auf viele Menschen so attraktiv wirkt – gerade auch auf junge Menschen. Die Annahme einer gnostizistischen Ideologie wirkt ungemein beruhigend, man weiß sich auf der „richtigen" Seite, die Welt um einen herum wird in einen Sinnzusammenhang gesetzt; und vor allem in seiner apokalyptischen Variante wertet Gnostizismus die Gegenwart, die jeweilige Generation auf. Grundlegende geistige Bedürfnisse nach Sinn und Orientierung vermögen gnostizistische Ideologien auf eine einfache Weise zu bedienen, ohne allzu viel abzuverlangen.

Das hat allerdings seinen Preis. Denn der Gnostizismus zerstört das, worum es uns hier geht: **die Mitte**. Und das in mehrfacher Hinsicht. Als Erstes wird durch ihn die individuelle Herausforderung ein gutes Leben zu führen – die Mitte der eigenen Lebensführung – auf den großen „Weltenkampf zwischen Gut und Böse" projiziert. Man ist schon bei den „Guten", wenn man die richtige Gesinnung hat und denen applaudiert, die des gnostizistischen Prophetenamtes walten (und ansonsten nichts tut). Darin offenbart das zurecht kritisierte „Gutmenschentum" – welches es nicht nur im linksprogressiven Lager gibt – seine wahre gnostizistische Natur.

Als Zweites zerstört der politische Gnostizismus die Mitte eines ausgewogenen Urteils. In einer sachlichen und aufgeklärten Urteilsbildung hat die Moral das letzte und nicht das erste Wort. Erst wenn wir einen Sachverhalt verstanden haben, können wir ihn moralisch einordnen. Das gnostizistische Schwarzweißdenken ist gekennzeichnet durch die klare Tendenz, schon im Voraus Sachverhalte moralistisch zu bewerten. Die Bewertung steht von Anfang an fest, und die weitere geistige Auseinandersetzung trägt allein den Charakter der Festigung dieses bereits getroffenen Urteils. Dies ist mittlerweile zum inoffiziellen Standard des Journalismus geworden – bezeichnet als „Haltungsjournalismus", jedoch von Propaganda kaum zu unterscheiden.

Als Drittes werden Menschen zerstört in der Art und Weise, wie sie im gesellschaftlichen Diskurs wahrgenommen werden. Kein Mensch ist so wenig wert, dass er es verdient hätte, mit den eigenen politischen Ansichten gleichgesetzt zu werden. Wenn der politische Gegner nicht mehr als herausfordernder Gesprächspartner gesehen wird, sondern als Aussätziger, mit dem in Kontakt zu treten ein Tabu ist, dann wirkt hier eine besondere Form der Entmenschlichung, die nur selten als solche thematisiert wird. Das gehässige Reden über „die Linken" oder „die Rechten" ist meist nicht viel mehr als eine narzisstische Selbstinszenierung, deren selbstüberhöhender Charakter nicht selten damit zu tun hat, nicht über die intellektuellen Mittel zu verfügen, sich auf Augenhöhe mit dem politischen Gegner auseinanderzusetzen. Wer allein in einem Kosmos unter dem Fixsternhimmel der eigenen Dogmen argumentieren kann, vermag sich im Milieu der Geschwister im Geiste für aufgeklärt halten, hat aber die eigene Mündigkeit mit dem Korsett ideologischer Vorurteile verwechselt. Bezogen auf das Wesen eines Menschen sind politischen Ansichten aber ein vergleichsweise kleiner und nebensächlicher Teil. Die Mitte des Menschseins ist um Größenordnungen reicher als der bescheidene Zettelkasten politischer Überzeugungen, den wir mit uns herumtragen. Diese Mitte aber wird ent-eigentlicht, ja geleugnet, wenn Menschen auf ihre Zugehörigkeit zu diesem oder jenem politischen Lager reduziert werden.

Als Viertes schließlich verliert der politische Gnostizismus auch die Mitte zwischen Seele und Verstand. Er ist einseitig verstandeslastig, kann Einzigartiges nicht als solches zur Kenntnis nehmen und befindet sich in einem Zustand des ständigen Bewertens. Vernunft entsteht aber durch eine Erweiterung des Verstandesdenkens um Aspekte eines seelenhaften Verständnisses sowohl der eigenen Person als auch anderer. Seelenhaftes indes ist auf eine einzigartige Weise charakteristisch, in gewachsener Gewordenheit, individuell ohne Attitüde und doch Ausdruck von etwas Höherem. Jeder Mensch ist zunächst einmal ein solches Einzigartiges, das aus sich heraus weder gut noch böse, sondern einfach nur es selbst und als solches wertvoll ist.

1.2 Verschwörungstheorien

Das Wesen der Demokratie besteht darin, dass die herrschende Klasse der ausdrücklich verfassten Kontrolle durch die Beherrschten unterliegt. In einer aufgeklärten Gesellschaft ist es nicht so einfach, dieses Prinzip anzugreifen. Gegen den offenen Angriff durch traditionellen Faschismus oder Marxismus-Leninismus sind moderne Demokratien gewappnet. Bleibt die Gefahr durch verdeckte Angriffe: durch Wühlarbeit, Manipulation der öffentlichen Meinung, die stete Verengung des Fensters des Sagbaren, die Lenkung von Wissenschaft durch interessengeleitete Spenden – kurz: durch Elemente der Verschwörung.

Nach dem Fall des Eisernen Vorhangs waren die äußeren Bedrohungen des demokratischen Westens weitgehend verschwunden. Heute werden die Bedrohungen für die Demokratie stärker im Inneren vermutet. Von Herrschenden wie Beherrschten. Verschwörungstheorien sind hierbei das intellektuelle Hilfsmittel Letzterer. Es ist also nicht verwunderlich, dass gerade in westlichen Staaten Verschwörungstheorien in den letzten Jahren vermehrt Verbreitung finden. Schillernd ist indes der Begriff. Für die **Konzernmedien** ist „Verschwörungstheorie" die Schublade für all jene Erzählungen, Einordnungen und Theorien, die dem selbst propagierten Bild der Wirklichkeit widersprechen. Alternative Medien wiederum weisen diese Etikettierung entweder empört zurück oder kehren sie ironisch um.

Was ist von Verschwörungstheorien zu halten? Anhand dieser Frage soll ein wichtiges Erkenntniswerkzeug der Ideologie der Radikalen Mitte vorgestellt werden: die **Methode der ausgewogenen Mitte**. Hierbei werden zunächst **Extrempositionen** formuliert, die sich häufig im Sinne eines unvereinbaren Gegensatzes ausschließen, und zwar mit dem Ansinnen größtmöglicher Neutralität. Idealerweise würden sowohl Befürworter als auch Gegner einer Extremposition unserer Formulierung zustimmen können. Durch das Abwägen von Recht und Schuld, von Pro und Kontra dieser Extrempositionen wird eine Vermittlung angestrebt, um sich auf diese Weise einer nach beiden Seiten ausgewogenen Position anzunähern.

Wenden wir diese Methode auf unsere Fragestellung an! Die erste Extremposition ergibt sich aus dem Gebrauch des Schlagwortes „Verschwörungstheorie" durch die Konzernmedien. Demnach postulieren alle Verschwörungstheorien fälschlicherweise, dass eine breite Palette an politischen und gesellschaftlichen Erscheinungen in Wahrheit durch kleine Gruppen von Verschwörern gelenkt oder zumindest manipuliert wird. In den Konzernmedien reicht gemeinhin allein die Kennzeichnung als „Verschwörungstheorie", um Ansichten zu diskreditieren. Eine Prüfung auf die Stichhaltigkeit des Verschwörungsverdachtes erfolgt meist nicht.

Was finden wir in der anderen Waagschale? Ein tiefsitzendes Misstrauen gegenüber Narrativen, auf denen sich Regierungsentscheidungen im Westen stützen. Dieses Misstrauen ist nicht unbegründet. So wurde der zweite Golfkrieg 1990 mit der „Brutkastenlüge" gerechtfertigt. Eine PR-Agentur hatte die Behauptung erfunden, irakische Soldaten hätten beim Einmarsch in Kuwait gezielt Neugeborene getötet. Diese Lüge war kein einmaliger Lapsus. Der dritte Golfkrieg 2003 stützte sich ganz offiziell auf die Lüge über die Existenz von irakischen Massenvernichtungswaffen. Und die Coronakrise führte klar vor Augen, dass die Konzernmedien regelmäßig darin versagen, die Regierungspolitik kritisch zu begleiten. Speziell muss es als ein Versagen des öffentlich-rechtlichen Rundfunks angesehen werden, dass Kritik an der Regierungslinie jahrelang kaum zu vernehmen war. Derartige Medien erfüllen nicht mehr die Funktion, welche sie in einer demokratischen Ordnung eigentlich zu erfüllen hätten – Raum für eine öffentliche Debatte zu bieten. Man kann diese systematisch festzustellenden Missstände nun einfach beklagen, oder aber einen dahinter liegenden Plan vermuten. Heutzutage ist es ein Leichtes, sich auch ganz anderen Interpretationen der politisch-gesellschaftlichen Wirklichkeit zuzuwenden. Einschlägige Telegram-Kanäle halten für jeden Geschmack etwas passendes bereit.

Doch welche Seite hat recht? Zunächst einmal ist festzustellen: Die Implikation der Konzernmedien, dass jede Verschwörungstheorie per se unzutreffend sei, ist schlicht falsch. Denn Verschwörungen passieren, auch in westlichen Ländern. Historisch brachte hierfür der P2-Skandal in Italien den wohl eindrücklichsten Beweis. Der Name dieses Skandals geht auf die Freimaurerloge „Propaganda Due" zurück, welche sich in den 1970er Jahren zu einer politischen Geheimorganisation entwickelte. 1981 wurde bekannt, dass dieses Netzwerk Polizei, Militär, Wirtschaft, Politik, Mafia und Geheimdienste umfasste. Der Verdacht, dass dieser Geheimbund Pläne für einen Staatsstreich entwickelt hatte, bestätigte sich schließlich durch eine gerichtliche Untersuchung. Unter anderem stand die P2-Loge auch in Zusammenhang mit der Terrorwelle der 1970er Jahre in Italien, bei der es zu Anschlägen unter „falscher Flagge" kam.

Es ist damit der Beweis erbracht, dass auch in westlichen Staaten Verschwörungen von erheblichem Ausmaß möglich sind. Nicht jede Theorie über eine Verschwörung kann damit als Unsinn abgetan werden, wie es die Konzernmedien gemeinhin tun. Dies passiert allerdings nur dann, wenn sich Verschwörungstheorien in irgendeiner Weise auf die heimischen Gefilde der westlichen Staaten beziehen. Andernfalls ertönen auch aus den öffentlichen Sprachrohren Verschwörungstheorien, etwa wenn wieder einmal ein Geheimdienst des „Feindstaates" Russland vermeintlich zu dilettantisch gearbeitet hat und ein russischer Staatsbürger vergiftet in einem westlichen Krankenhaus statt unter der Erde landet. Im Weltbild unserer Alphajournalisten scheint es zweierlei Arten von Staaten und Menschen zu geben. Die Edlen leben im Westen, die Schurken in Schurkenstaaten. Schurken rotten sich zu Verschwörungen zusammen, Edle niemals. Dies ist die Sicht der Beschwichtigungsprediger, derer, die uns erzählen, nur Informationen aus „verlässlichen" (also mit unseren westlichen Eliten eng verwobenen) Quellen zu beziehen. Nur kein falsches Misstrauen! Es gibt hier nichts zu sehen!

Ist also Verschwörungstheorien generell zu glauben? Natürlich nicht, denn mit Theorien wie der von der „flachen Erde" gibt es nun einmal ganz klar auch widersinnige Verschwörungstheorien. Andere – wie die von der nicht stattgefundenen Mondlandung – mögen zwar interessant und unterhaltsam sein, sind aber politisch irrelevant. Gerade Menschen, die sich erst seit kurzer Zeit abseits der **Konzernmedien** informieren, begehen nicht selten den Fehler, allzu einfachen Verschwörungserzählungen Glauben zu schenken. Was auch immer geschieht, hat demnach eine kleine Clique von Eingeweihten – Juden, Jesuiten, Welfenadel – im Voraus geplant. Nichts geschieht ohne List der heimlichen Marionettenspieler. Es sollte nicht unterschätzt werden, dass derartige Ideen auch gefährlich sein können. Zum einen für das psychische Wohlbefinden derer, die sich damit beschäftigen. Zwar ist es wichtig, sich über politische Zusammenhänge zu informieren, doch hat jeder Mensch auch eine gewisse Verpflichtung, sich nicht allzu sehr psychisch zu destabilisieren. Zum anderen bergen allzu geschlossene Verschwörungserzählungen die Gefahr, dass aus ihnen extremistische Konsequenzen gezogen werden. Nicht ohne Grund enthalten eigentlich alle extremistischen Ideologien Elemente von Verschwörungstheorien.

Dennoch ist die Methode, mit verschwörerischen Tendenzen mehr oder weniger systematischer und globaler Art zu rechnen, zunächst einmal ein Gebot der Vorsicht. Denn in einer gewissen Hinsicht ist das Moment der Verschwörung in der Politik in trivialer Weise real. Selbstverständlich ist damit zu rechnen, dass es in der Politik die Hinterzimmer gibt, und davon unabhängig ein Bild, das der Öffentlichkeit verkauft wird. Und selbstverständlich gibt es hier mithin bestürzende Diskrepanzen. Und natürlich gibt es auch organisierte Formen wie die Bilderberger-Konferenz oder diverse politische Stiftungen, die solche Tatbestände institutionalisieren. Darüber hinaus tragen nicht wenige Skandale, deren Aufarbeitung im Zuge der Selbstreinigungsprozesse freiheitlicher Gesellschaften nun einmal dazu gehören, den Charakter von Verschwörungen. Hier mit **Verschwörungshypothesen** zu operieren ist legitim, ja sogar notwendig.

Der Umgang mit Verschwörungstheorien sollte jedoch niemals zur Ideologie werden, niemals in geschlossenen Weltbildern oder gar in Formen des **politischen Gnostizismus** münden. Und das aus zwei Gründen. Erstens: Wer sich über längere Zeit mit Verschwörungstheorien beschäftigt, wird feststellen, dass in diesem Milieu viele widersprüchliche Informationen kursieren. Es können also nicht alle Verschwörungstheorien wahr sein. Manche hingegen schon: So wurde schon früh in Kreisen der Corona-Maßnahmenkritik der Verdacht geäußert, die Politik strebe nach der Einführung einer Impfpflicht – zu einem Zeitpunkt, als das von Seiten der Politik noch kategorisch ausgeschlossen wurde. Wenngleich eine globale Impfpflicht 2022 in Deutschland parlamentarisch scheiterte, so hatten in diesem Punkt die „Verschwörungstheoretiker" doch recht behalten, hatten viele Politiker nach der Bundestagswahl ihre eigene Absage an eine Impfpflicht scheinbar vergessen. Verschwörungstheorien sind also wie Hypothesen zu verstehen, über deren Wahrheitsgehalt wir zunächst einmal wenig wissen. Es bleibt uns nichts anderes übrig, als Verschwörungshypothesen im Hinterkopf zu behalten und stets die Wahrheitswahrscheinlichkeiten anhand der beobachteten politischen Gegenwart neu zu bewerten.

Zweitens: Selbst wenn eine Verschwörungstheorie als wahr anzunehmen ist, dann kann die entsprechende Verschwörung nur deswegen erfolgreich sein, weil sie die gesellschaftlichen Verhältnisse in einer zutreffenden Weise interpretiert und zielführend manipuliert. Keine Verschwörung ist so mächtig, dass sie die Gesellschaft in beliebige Richtungen lenken kann. Deswegen können strukturalistische Analysen auf gesellschaftlicher oder kultureller Ebene niemals durch Verschwörungshypothesen ersetzt, sondern immer nur ergänzt werden. Verschwörungshypothesen machen – richtig verstanden – die Sachlage komplizierter und nicht einfacher.

Wenn wir uns genau überlegen, worum es bei Verschwörungshypothesen eigentlich geht, so kann man das wissenschaftlich so formulieren: Es geht um die Geschichts- bzw. Zeitgeschichtsschreibung geheimdienstlicher, klandestiner, informeller Strukturen. Es ist davon auszugehen, dass, wo immer Historiker versuchen, die Geschichte zu rekonstruieren, zahlreiche historische Ereignisse tatsächlich stattgefunden haben, welche nicht in den Chroniken zu finden sind, von denen es keine oder nur wenige schriftliche Quellen gibt. Und das nicht, weil diese Ereignisse unbedeutend gewesen wären, sondern weil sie absichtlich oder unabsichtlich nicht festgehalten wurden. Über wie viele gelungene Giftanschläge auf Machthaber schweigen die historischen Quellen? Und weiter: Welche Geschichtsklitterungen haben schon die Chronisten vergangener Jahrhunderte bewusst betrieben? Quellenkritisch zu arbeiten mag Stand der historischen Forschung sein, doch die konsequente Einbeziehung geheimdienstlicher Aktivitäten vergangener Jahrhunderte bringt die Historikerzunft an ihre wissenschaftstheoretischen Grenzen. Sie ist auch kategorisch jenseits des historiographischen Kanons.

Das Gleiche gilt für die Gegenwart. Vereinzelte nonkonformistische Historiker wie Daniele Ganser reichen bei weitem nicht aus, um die okkulte Weltgeschichte in hinreichender

Qualität aufzuarbeiten. Hundertschaften von Historikern wären notwendig, ebenso wie freier Zugang zu allen Geheimarchiven in Rom, London, Washington, Moskau. Und selbst dann wären nur mündlich tradierte Erzählungen etwa aus Freimaurerlogen noch nicht berücksichtigt. So lange also die etablierte Historikerzunft das Thema geheimdienstlicher Verstrickungen stiefmütterlich behandelt, haben Verschwörungshypothesen auch die Funktion, den Finger in die Wunde zu legen.

Verschwörungshypothesen haben – richtig verstanden – eine bedeutsame Funktion im Rahmen einer freiheitlich-demokratischen Grundordnung. Sie üben Druck aus auf die herrschende Klasse, damit diese das eigene Wirken rechtfertigt und transparent macht. Verschwörungshypothesen sind die Argusaugen, mit welchen das Volk den Herrschenden auf die Finger schaut. Sie sind Ausdruck des gesunden Misstrauens, das die Bevölkerung gegenüber den Herrschenden in einer Demokratie haben sollte. Sie sind vergleichbar mit Überwachungskameras, die das Tun der Eliten kritisch beäugen. Die immer lauter werdende Polemik gegen Verschwörungstheorien ist unter diesem Blickwinkel als steigender Adrenalinspiegel einer herrschenden Klasse zu deuten, welche sich zunehmend Sorgen um den Fortbestand der eigenen Macht macht.

Dennoch sollte sich die Radikale Mitte Vorsicht walten lassen. Denn die Bewertung von Verschwörungshypothesen ist ausgesprochen schwierig. In falschen Händen werden daraus schnell gefährliche Verschwörungsideologien bis hin zu Formen des politischen Gnostizismus und Fanatismus.

1.3 Universalismus und Autarkismus

Eine der wichtigsten geistigen Bruchlinien des 21. Jahrhunderts ist diejenige zwischen **Universalismus und Autarkismus**. Zum einen haben wir also das kulturelle, politische und gesellschaftliche Ideal, die Lebensbedingungen der Menschheit durch zunehmenden Austausch von Ideen und Menschen immer gleichförmiger und besser zu gestalten. Eine Prämisse dieses Universalismus besteht darin, dass die Menschen in grundlegender Hinsicht gleich sind, wenigstens bezogen auf die Universalität der Menschenrechte. Deshalb erscheint eine universelle Ordnung der Menschheit möglich und etwa vor dem Hintergrund der Friedenssicherung und einer Förderung der allgemeinen Wohlfahrt auch erstrebenswert. Zum anderen sehen wir ein Prinzip berührt, welches neben den universellen Menschenrechten ebenfalls grundlegend für die freiheitlich-demokratische Grundordnung ist: die Subsidiarität. Dieses besagt, dass höhere staatliche Institutionen immer nur dann eingreifen sollen, wenn die Möglichkeiten des Einzelnen, einer kleinen Gruppe (beispielsweise der Familie) oder einer niedrigeren staatlichen Hierarchieebene allein nicht ausreichen, ein bestimmtes Problem zu lösen. Der Autarkismus strebt nach maximaler Subsidiarität, steht staatlicher Ordnung prinzipiell kritisch gegenüber und will diese nach Möglichkeit so kleinteilig wie möglich gestalten.

Schon sehr früh in der Geschichte zeigte sich der Gegensatz von Autarkismus und Universalismus: Für die demokratischen griechischen Stadtstaaten war die Autarkie, d.h. die Unabhängigkeit in wirtschaftlicher und politischer Hinsicht, ein wichtiges Ideal. Wenige Jahrhunderte später umfasste das Römische Reich mit seiner „Pax Romana" („Römischer Frieden") den gesamten Mittelmeerraum in einer universellen politisch-gesellschaftlichen Ordnung, wie sie die westliche Hemisphäre bis dahin noch nicht gesehen hatte.

Wonach sollen wir streben? Wohin werden wir uns entwickeln? Werden Sprachen und Kulturen sich immer weiter vermischen und eingeschmolzen werden in eine bunte Menschheitskultur? Oder wäre eine solche in der Tat ein diffuses Braun, das den Menschen von Jahr zu Jahr hohler erscheint und schnell als oberflächliche Staffage einer globalistischen Profitmaximierungsmaschine zu entlarven wäre, in welcher der entwurzelte Mensch nicht mehr ist als leicht verschiebbares Humankapital und Konsument? Ist die Moderne universell gültig und wird sie alle alternativen Entwürfe wie den Islam langfristig verdrängen? Oder vermögen außereuropäische Kulturen die Sekundärtugenden der westlichen Zivilisation zu assimilieren und damit gestärkt zum kraftvollen Gegenschlag auf die aufklärerische Moderne ausholen, etwa in der Form einer Großmacht China? Brauchen wir immer mehr internationale Integration, um die Herausforderungen der Gegenwart zu meistern, oder sind diese immer stärkeren Einbindungen der Menschen in immer weniger nachvollziehbare Wirkzusammenhänge im Kontext der Globalisierung gerade ein Teil des Problems? Müssen wir also zu regionalen Strukturen zurückkehren, wieder mehr Nationalstaat wagen, oder gar ganz weg von staatlichen Strukturen hin zu privat organisierten, überschaubaren Personenverbänden?

Und wieder ist die **Methode der ausgewogenen Mitte** naheliegend: Was spricht für den Universalismus? Hier müssen nicht viele Worte verloren werden, ist dies doch in westlichen Staaten die vorherrschende Ideologie: Dem Fortschritt der Menschheit dienlich ist gewiss ein möglichst weitgehender Austausch von Ideen, zwischen Menschen, Staaten und Kulturen. Damit dies immer besser möglich ist, liegt es nahe, Barrieren für die internationale Zusammenarbeit abzubauen: Handelshemmnisse, nationale Engstirnigkeit in kultureller, sprachlicher und politischer Hinsicht. Kulturen, die sich zu sehr auf sich selbst konzentrieren, laufen Gefahr zu erstarren. Ein Beispiel hierfür wäre China im 18. und 19. Jahrhundert, das von einem seit Jahrhunderten verfestigten Konfuzianismus geprägt war. In Kombination mit der alten Tradition des chinesischen Kulturchauvinismus – dem Sinozentrismus – führte dies dazu, dass China – anders etwa als Japan – den Herausforderungen durch die immer dominanter auftretenden westlichen Staaten nicht gewachsen war und durch Kriege und Revolutionen für viele Jahrzehnte in eine schwere Krise geriet.

Was ist nun umgekehrt die Schuld, die Schwäche, der Nachteil des Universalismus? Hier gilt es tiefer zu schürfen, muss doch der Zeitgeist gegen den Strich gebürstet werden. Gewiss ist der Universalismus im Westen in den letzten Jahrzehnten gegenüber dem Autarkismus dominant. Ein Blick in die Vergangenheit zeigt jedoch, dass das Pendel der Geschichte sich auch in eine andere Richtung bewegen könnte. Der Zusammenbruch der weströmischen Antike ist ein eindringliches Beispiel dafür, dass ein einmal erreichter Stand des Universalismus nicht für die Ewigkeit gemacht sein muss. Auch wenn es für Jahrzehnte selbstverständlich erscheinen mag, dass die geistigen Horizonte immer weiter werden – eine Garantie auf Ewigkeit beinhaltet das nicht. Es ist außerdem fragwürdig, inwieweit bei einem solchen Zuwachs an Weite nicht auch der Zusammenhalt verloren gehen muss. Und in der Tat deutet sich mit dem Aufstieg der Identitätspolitik von rechts und links an, dass der liberale, universalistische Konsens, der in den 90er Jahren scheinbar global verbindlich wurde, zunehmend für Unbehagen sorgt.

Worin aber besteht dieses Unbehagen? Eine Universalisierung des Welt- und Menschenverständnisses geht auch immer einher mit einer Verarmung. Wer sich ganz mondän als „Weltbürger" begreift und darüber hinaus als „Individuum", hat zwischen allgemeinen Menschenrechten und persönlichen, geschmäcklerischen Vorlieben nicht viel, aus dem er seine Identität schöpfen kann. Vor allem verschließt er die Augen davor, durch eine ganz bestimmte Geschichte geprägt zu sein, seien es die Biographien der eigenen Familie, die Geschichte der Region, der Nation oder des Kulturraumes. All diese gedanklichen Horizonte sind aber notwendige Ankerpunkte für Selbsterkenntnis, die durch Ähnlichkeit zu der Selbsterkenntnis anderer kulturelle und gesellschaftliche Verständigungsräume erschließt, die subtiler und tiefer sind als jene, die sich aus einem allgemeinen, abstrakten Menschentum ergeben. Der von links wie vom liberalen Kapitalismus erschallenden Ruf „Wir sind alle gleich!" hat einen schalen Beigeschmack: „Wir sind alle nichts!"

Das Streben nach Selbständigkeit, nach Autarkie ist sowohl individuell als auch gesellschaftlich zu einer seltenen, geradezu aristokratischen Tugend geworden. Politisch heißt dies, die Probleme nicht komplizierter zu machen als nötig, sie dort zu lösen, wo sie entstehen. Kein staatlicher Anspruch auf Zuständigkeit ist unhinterfragt hinzunehmen. Institutionen jedweder Art sind von Natur aus egoistisch und streben danach, den eigenen Zuständigkeitsbereich und damit vor allem die zugeführten Ressourcen beständig auszuweiten. Gleiches gilt für Ideologien, Marketingkonzepte und Weltanschauungen. Es ist eine notwendige Bedingung für Freiheit, hier Brandmauern zu ziehen, die der immer stärker werdenden Machtkonzentration widerstehen.

Ein Übermaß an Abschottung mag geopolitisch vielleicht bei Nordkorea auszumachen sein, und ist für uns damit irrelevant. In einem anderen Bereich betrifft es uns jedoch unmittelbar: der Ideologie. Mögen wir in kulinarischer Hinsicht noch so aufgeschlossen sein fürs Fremdartige, Exotische – im Bereich der Weltanschauung und der politischen Ansicht herrscht in den Milieus mithin strenge Monokultur. Das führt zu diskursiver Dünnhäutigkeit und geistiger Trägheit. Ideologisch scheinen nur mehr Mikrodifferenzen erträglich zu sein. Alles außerhalb der eigenen Blase wird leichtfertig als „Hass und Hetze", als dem Wahnsinn nahestehend, fanatisiert oder verloren gebrandmarkt, um sich von einer gedankliche Auseinandersetzung zu entlasten.

Unter der vereinfachenden Annahme, dass die Gründe für eine Extremposition stets Argumente gegen die entgegengesetzte Position sind, bedeutet die **Methode der ausgewogenen Mitte** eine zur Diskussion stehende These stets nach zwei Seiten im Sinne eines „Pro und Kontra" hin abzuwägen. Sie ist damit in der europäischen Geistesgeschichte durchaus nichts Neues, aber im Klima zunehmender Ideologisierung wert, wiederentdeckt zu werden. Es ist allein deswegen hilfreich Extrempositionen zu formulieren, da diese Einzelaspekte am besten zur Kenntlichkeit bringen können. So wird in der liberalen Extremposition des Libertarismus der Leitwert der „Freiheit" am konsequentesten zu Ende gedacht. Nur selten dürfte es hingegen realistisch sein, Extrempositionen realpolitisch verwirklichen zu wollen. Wir sollten vielmehr davon ausgehen, dass mittlere Positionen zu einer erfolgreichen Politik führen werden. Historische Beispiele sind gut geeignet, die Konsequenzen von Extrempositionen zu verdeutlichen. Dabei wird man immer wieder feststellen, dass jede spezifische Ausrichtung eines geistigen und gesellschaftlichen Klimas ihren Preis hat. Es gibt nur selten in der Geschichte ein einfaches „besser" oder „schlechter". Alles hat seinen Preis. Dies soll bezogen auf den Gegensatz von „Autarkismus" und „Universalismus" durch zwei Beispiele erläutert werden.

Vergleicht man die Kultur des Römischen Imperiums mit der der griechischen Polis, so hatten wir bereits festgestellt, dass hier eine universalistische Kultur mit einer autarkistischen verglichen wird. Auch wenn wir uns dem Selbstverständnis nach politisch eher mit der demokratischen griechischen Polis identifizieren, so dürfte die Sympathie des spätneuzeitlichen Zeitgenossen beim Verhältnis von „Offenheit" und „Selbständigkeit" eher bei den Römern liegen. Denn die Griechen – zumindest des vorklassischen und klassischen Zeitalters – waren nach unseren heutigen Maßstäben ausgesprochene Ausländerfeinde. Sie unterschieden klar zwischen „Hellenen" und „Barbaren". Der griechische Kulturchauvinismus ging so weit, dass unter Alexander dem Großen der von den Persern eroberte Orient durch den Hellenismus kulturell überformt wurde.

Zwar sind ägyptische und mesopotamische Einflüsse für die Genese der griechischen Kunst durchaus bedeutsam, doch verstanden es die Griechen in hohem Maße, das Eigene zu kultivieren. Was heute, im spätneuzeitlichen Kontext, als „Abschottung" oder „Intoleranz" negativ konnotiert ist, kann eine positive Seite haben: die Kultivierung. Durch die Fokussierung auf das Eigene, in der Routine des Gewohnten, entsteht nicht zwingend immer nur in unkreativer Weise das schon bekannte Gleiche. Vielmehr ist der Gewinn einer solchen kulturellen Reise nach innen eine Verfeinerung und Vertiefung. Dieses unzeitgemäße Pochen auf das Eigene brachte im Falle der griechischen Kunst kulturelle Leistungen hervor, die für Jahrtausende richtungsweisend waren. Dies war der Kunst der zweiten großen Seefahrernation der Antike nicht vergönnt: der Kunst der Phönizier. Sie waren zwar fleißige Kunsthandwerker und tüchtige Kaufleute – phönizische Kunst fand sich von Marokko bis Russland – nachfolgende Generationen erinnerten sich ihrer kaum. Es fehlte ihr an Originalität – zu sehr bediente sie sich bei der Kunst der Nachbarvölker: Griechen, Assyrer, Ägypter. In ihrem Kunstschaffen waren die Phönizier zu aufgeschlossen für Fremdes, um für die Menschheit etwas geistig Bedeutendes zu schaffen.

Sie waren ähnlich aufgeschlossen für kulturelle Einflüsse wie die Römer, die neben anderen Kulturleistungen die bildende Kunst und Architektur weitgehend von den Griechen übernahmen. So sehr jedoch die Menschen im Mittelmeerraum Stabilität und Wohlstand der römischen Zivilisation die Früchte der griechischen Kultur für Jahrhunderte genießen ließ, so sehr machten sich auch Erstarrung und Niedergang bemerkbar. Die anspruchsvolle griechische Dramenkunst verschwand bald von römischen Bühnen und machte gewöhnlicher Volksunterhaltung Platz – mit einer gehörigen Portion Spektakel: Liebschaften und Ehebruch, Verfolgungsjagden und Schlägereien. Und auch die Wissenschaft erreichte unter den Römern nie wieder einen Höhepunkt vergleichbar mit dem unter Aristoteles und seinen Schülern.

Haben wir also die Wahl zwischen sich nach außen abgrenzender Kultivierung und weltoffener Inspiration? Ein Vergleich mit der modernen Quantenphysik drängt sich auf. In der Größenordnung von Atomen und Elementarteilchen ist es unmöglich, Ort und Geschwindigkeit (genauer gesagt den Impuls p, der über die Masse m über p=mv mit der Geschwindigkeit v verknüpft ist) eines Teilchens beliebig genau zu messen. Eine Steigerung der Genauigkeit für die eine Größe ist in naturgesetzlicher Weise mit einem Verlust der Genauigkeit bei der anderen Größe verbunden. In ähnlicher Weise könnten Universalismus und Autarkismus Gegensätze darstellen, die sich nicht gleichzeitig zur Blüte bringen lassen.

Betrachten wir ein weiteres kulturhistorisches Beispiel: die Entwicklung der populären Musik seit 1945 bis in die Gegenwart. Ältere Semester hört man gelegentlich über die Popmusik der Gegenwart nach dem Motto lamentieren: „Was sind schon Miley Cyrus und The Weekend gegen die Beatles und die Stones?" Dass derartige Eindrücke mehr sind als Ressentiments, hat der britische YouTuber Arran Lomas in seinem Video „Why is Modern Music so Awful?" überzeugend dargelegt. Flankiert von wissenschaftlichen Studien zeigt Lomas auf, dass die populäre Musik bezüglich messbarer Qualitätskriterien wie harmonischer Komplexität, klanglicher Vielfalt und Dynamik seit Jahrzehnten an Qualität verliert. Die höchste Qualität hatte demnach die Musik der 60er Jahre.

Was hat dies nun mit Autarkismus und Universalismus zu tun? Betrachtet man die Popgeschichte der letzten Jahrzehnte durch die Brille dieser Begriffe, so lässt sich seit dem Krieg eine zunehmende Universalisierung und Internationalisierung der Popmusik feststellen. In den späten 40er und 50er Jahren hatten die Märkte für populäre Musik noch stark nationalen Charakter. Deutschland war dominiert vom Schlager, die USA von Countrymusik und Hollywood-Balladen. Der Rock'n'Roll brachte mit Elvis Presley den ersten echten Weltstar der Popmusik. Die kommenden Jahrzehnte waren geprägt von einer zunehmenden Vereinheitlichung der weltweiten Popmusikkultur. Einerseits waren in den 60er bis 80er Jahre noch starke nationale und ethnische Traditionen wirksam: die British Invasion, der von schwarzen Musikern geprägte Motown-Sound und nicht zuletzt der deutsche Beitrag: Krautrock mit seiner Bedeutung für die Geschichte der elektronischen Musik. Andererseits vollzog sich in diesen Jahrzehnten die immer stärkere Synthese eines internationalen Musikmarktes: Englisch etablierte sich als dominierende Gesangssprache, bald schon war von Produzenten geformte Kunstbands wie Boney M die Herkunft nicht mehr anzusehen. Universalisierung war der Trend der Zeit. Schwarze Künstler wie Michael Jackson oder Whitney Houston lösten sich zusehends von ihren schwarzen Wurzeln mit einer Musik, die bei allen Hautfarben und Kulturen kommerziell erfolgreich war. Heute sehen wir uns mit dem Paradox konfrontiert, dass die Mittel der elektronischen Musikproduktion theoretisch die größte stilistische Vielfalt in der Popmusik ermöglichen würden, in der Praxis – objektiv messbar – aber genau das Gegenteil festzustellen ist.

Interessant ist nun, dass die populäre Musik weder am Anfang dieser Entwicklung nach dem Zweiten Weltkrieg noch an ihrem vorläufigen Ende in der Gegenwart ihre höchste Qualität hatte. Weder relativ gesehen höchste Autarkie noch höchster Universalismus scheinen also das Optimum darzustellen, sondern gerade jene Zeiten scheinen kulturell am fruchtbarsten gewesen zu sein, als beide Prinzipien relativ stark wirksam waren, die 60er bis 80er Jahre. Die Extrempositionen sind also kaum erstrebenswert. So leicht sie sich in grelle Ideologien verpacken lassen, so es bleibt es ein anspruchsvolles Unterfangen, eine Vermittlung zwischen diesen Extremen zu formulieren. Sich solchen Aufgaben zu stellen ist Programm und Auftrag der **Radikalen Mitte**.

1.4 Von Wäldern und Bäumen

Man kann den Wald vor lauter Bäumen nicht sehen. Manchmal ist es auch umgekehrt und man sieht die Bäume vor lauter Wald nicht. In unserer Kultur haben wir beide Probleme.

Da wäre etwa die Frage, als was wir Menschen uns selbst begreifen. Die Wissenschaften haben hier zahlreiche einzelne Erkenntnisse geliefert. Allein die Tatsache, dass mehrere Disziplinen zu nennen sind – Psychologie, Soziologie, Ethnologie, Humanbiologie, die historischen Wissenschaften, um nur die wichtigsten zu erwähnen – zeigt, dass es an einer integrierenden Sichtweise fehlt. Hier versagt auch die akademische Philosophie. Wir wissen als Menschheit über den Aufbau der Natur mehr als über uns selbst. Es fehlt uns schlicht an Überblick. Wir sehen den Wald vor lauter Bäumen nicht. Einzelne herausgepickte Ideen und Erkenntnisse werden zu Weltbildern aufgebläht, indem wahre Einzelerkenntnisse durch dogmatische Verallgemeinerung das weite Feld des Unwissens unkenntlich machen. Auf diese Weise kam ein Richard Dawkins zu einem evolutionistischem, eine Judith Butler zu einem linguistischem Weltbild. Derartige Weltbilder beruhen auf erkenntnistheoretischen Kurzschlüssen, da jeweils die Sichtweise *einer* Wissenschaft zu einer globalen, weltbildartigen Erzählung erhoben wurde, ohne alternative Sichtweisen – andere Wissenschaften oder außerwissenschaftliche Ansätze – hinreichend mit einzubeziehen. Hier Licht ins Dunkel zu bringen ist Aufgabe für Generationen. Wir brauchen einen vorläufigen Plan. Die Radikale Mitte versteht den Menschen als denkende, handelnde und fühlende Ganzheit. Wissenschaftliche Erkenntnisse müssen stets auf ein holistisches Menschenbild bezogen bleiben, bei dem weder etwa emotionale oder rationale Aspekte überbetont werden. Wenn einer der Aspekte des Menschseins vernachlässigt wird, gerät der Mensch aus dem Gleichgewicht, verliert er seine Mitte. Im Denken und Handeln ohne

Fühlen wird der Mensch empathielos, kalt und unauthentisch. Im Handeln und Fühlen ohne Denken folgt der Mensch blindem Aktionismus, ist in ständiger emotionaler Aufwühlung, lässt sich von Angst überwältigen und von Stimmungen hin- und hertreiben. Im Denken und Fühlen ohne Handeln ergibt sich der Mensch im Lamentieren, Kritisieren, Solidarisieren, Imaginieren, ohne die Dinge auch nur einen Millimeter voranzubringen. Die Radikale Mitte steht für ein **ganzheitliches Grundverständnis des Menschen**, in das sich die grundlegenden Erkenntnisse der Humanwissenschaften einfügen, wodurch sie in den politischen Diskurs miteinbezogen werden.

Wir sehen aber auch die Bäume vor lauter Wald nicht mehr. Überall dort nämlich, wo sich Formen des Zentralismus etabliert haben, welche den Menschen in einer Weise überformen, die seine individuelle Würde bedroht. Die Moderne ging in der Tat mit einer gewaltigen Zentralisierung einher. Die Digitalisierung hat das Spannungsverhältnis von Individuum und Institution noch einmal verschärft. Dabei geht der einzelne Mensch in der durch die Institutionen geformten Masse unter wie der Baum im Wald. Einerseits kämpft die Radikale Mitte gegen den **Modernizismus** als eine fanatisierte Form der Moderne. Auf der anderen Seite gilt es, die progressiven Möglichkeiten der Gegenwart zu nutzen.

Die digitale Revolution erlaubt gänzlich neue Formen der politischen Selbstorganisation. So wie es beim Übergang vom Mittelalter zur Neuzeit vor allem durch die Erfindung des Buchdrucks zu einer tiefgreifenden Transformation aller politisch-gesellschaftlichen Verhältnisse kam, so öffnen die digitalen Medien heute das Tor in eine verheißungsvolle Zukunft. Leider haben die Mächte der alten Systeme hier bislang in verhängnisvoller Weise hemmend gewirkt, und tun es noch immer. Die EU-Urheberrechtsreform, Löschwellen auf YouTube, vor allem auch in Zusammenhang mit der Kontroverse um Corona, führen dies klar vor Augen.

1.4 Von Wäldern und Bäumen

So lassen sich aus der gegenwärtigen Situation zwei entgegengesetzte Visionen für die Zukunft ableiten, eine Utopie und eine Dystopie. Die Digitalisierung kann genutzt werden, um bestehende Herrschaftsverhältnisse zu stärken und scheinbar für die Ewigkeit zu zementieren. Dies bedeutet eine weitestgehend digital vollzogene Überwachung für die große Mehrheit der Menschen, ein schleichendes Ende der Demokratie, einen ökonomischen Niedergang der Mittelschicht durch disruptive Geschäftsmodelle, neue, technokratische Formen des Autoritarismus. Viele Entwicklungen der Gegenwart deuten in diese Richtung. Die Lage ist zugespitzt, da sich das Weltfinanzsystem ähnlich wie Anfang des 20. Jahrhunderts in einer kritischen Situation befindet. Der Betriebsmodus des Kapitalismus hat pathologische Züge angenommen. Was der einfältigen Masse unter den Etiketten „Green New Deal" oder „der große Reset" verkauft werden soll, könnte sich als der wahnwitzigste Versuch erweisen, die Menschheit in eine Kontrollmatrix nach chinesischem Vorbild zu zwängen. Die Multimillionäre und Milliardäre, welche sich entweder selbst an die Spitze einer solchen Bewegung stellen oder andere vorschicken, werden eines garantiert nicht tun: Sie werden nicht auf die Privatjets verzichten, nicht auf die Privatköche und die Luxusvillen. Allerdings werden auch sie von einem solchen Regime – wenn es denn erst einmal steht – ebenfalls nicht verschont werden. Größenwahnsinnige Oligarchen sind die politischen Zauberlehrlinge unserer Zeit. Da können noch so viele Predigten erschallen, dass es „so nicht weitergehen kann", dass die „Ressourcen neu und gerechter verteilt werden müssen", um das „Klima zu retten" oder die „Gesundheit der Menschen", dass der Westen „seine historische Schuld" bezahlen muss – all diese Parolen, so gemeinnützig und progressiv sie auch klingen mögen, sind doch aus dem Munde der Superreichen und ihrer Hofschranzen nichts weiter als Hohn und Spott, eitles, elitistisches Wortgeschraube von Menschenfängern, die nichts Gutes im Schilde führen.

Doch wir haben auch eine positive Vision: Die digitale Revolution ermöglicht völlig neue Formen von politisch-gesellschaftlicher Organisation. Wir haben es in der Hand, die Digitalisierung zur Ermächtigung der Vielen nutzbar zu machen! Die Menschheit befindet sich in einem Zustand, in dem sich gleichsam ihr Aggregatszustand ändert. Beim Übergang von fest nach flüssig ändert sich die grundlegende Beziehung der Moleküle zueinander. Aus festen Nachbarschatfsbeziehungen werden variable – ehedem ortsfeste Bestandteile können sich frei gegeneinander bewegen. Die letzten 500 Jahre hat die Menschheit gelernt, sich auf die vielfältigste Weise hierarchisch zu organisieren: Behörden, Firmen, Parteien, Staaten etc. Zwar brachte die Idee der Demokratie hier ein gewisses Gegengewicht, doch dürfen wir nicht die Augen davor verschließen, dass nach wie vor die Hierarchie das beherrschende Strukturprinzip unserer Gesellschaft ist.

Die digitalen Kommunikationsmöglichkeiten bringen es mit sich, dass heute etwas möglich ist, was noch vor Jahrzehnten unmöglich erschien: Prinzipiell kann jeder Mensch mit jedem in Verbindung treten. Ohne großen finanziellen und logistischen Aufwand können Informationen weltweit für alle Menschen einsichtig werden. Von hier aus eröffnen sich Chancen, unsere Form des politischen und gesellschaftlichen Lebens gänzlich neu zu gestalten. Die Digitalisierung hat eine Bewegung in Gang gesetzt, die von Seiten der politischen und ökonomischen Eliten zwar verlangsamt und behindert werden kann, sich jedoch nicht aufhalten lässt.

Der Mensch verliert sich in der Moderne. Die Sezierung durch die Wissenschaft zerbricht ihn in Einzelaspekte, der strukturelle Überbau der Gesellschaft macht ihn zum Einzelaspekt. Beide Male sind Ganzheitlichkeit und Teilhaftigkeit – eine weiteres polares Gegensatzpaar – nicht in Balance.

1.5 Populismus und Elitismus

So wollen wir uns gleich dem nächsten polaren Gegensatz zuwenden, wenngleich die veröffentlichte Meinung gemeinhin nur einen Pol thematisiert. Der Begriff **Populismus** ist in aller Munde. Glaubt man den Worten der Journalisten, so haben wir es mit einer Welle des Populismus zu tun, mehrheitlich von rechts, jedoch wird auch eine Sahra Wagenknecht regelmäßig in diese Schublade gesteckt. Dieser inflationäre Gebrauch des Begriffes „Populismus" verweist auf die Dominanz des real existierenden **Elitismus**. Elitismus ist eine Doktrin, die die Interessen der ökonomischen Eliten und politischen Klasse als gleichbedeutend mit dem Allgemeinwohl darstellen. Unter der Herrschaft des Elitismus verschwindet eine legitime Vertretung der Interessen der Eliten hinter dem Schleier der Alternativlosigkeit. Spätestens seit Ende des 20. Jahrhunderts ist der Elitismus ein dominierendes Element der Politik in westlichen Ländern. Er trägt erheblich dazu bei, die Bevölkerung von der politischen Klasse zu entfremden.

Musterbeispiel elitistischer Aushöhlung der Demokratie ist die Einführung des Euros. Obwohl in der Bevölkerung ausgesprochen kontrovers gesehen – was Meinungsumfragen aus der Zeit belegen – spiegelte sich dieser Sachverhalt in keiner Weise in den Parlamenten wider. So gut wie in allen Parteien galt der Euro als alternativloses Gebot der Vernunft. Der Euro sei zwingend erforderlich, um weiterhin in Europa Frieden und Wohlstand zu garantieren. Rückblickend erweist sich diese Ideologie jedoch als äußerst fragwürdig. D-Mark, Schilling oder Franc mussten in den Jahrzehnten ihrer Existenz niemals „gerettet" werden. Der Euro befand sich jedoch schon wenige Jahre nach Einführung auf der Intensivstation. Durch Garantien über Milliarden durch die Steuerzahler mussten europäische Staaten vor der Zahlungsunfähigkeit und damit das Finanzsystem vor dem Zusammenbruch gerettet werden. Die Profitmaschine der Milliardäre blieb intakt. Die Vorbehalte der Bevölkerung erwiesen sich rückblickend also als durchaus berechtigt. Und die Geschehnisse um die genannte Eurorettung scheinen Europa mehr gespalten zu haben als vereint. Die europäischen Völker beargwöhnen sich stärker denn je als „hässlichen besserwisserischen Deutschen" oder „faulen Griechen". Ein Friedensprojekt sieht anders aus.

Wenn hier nun der **Elitismus** als **Gegenbegriff zum Populismus** in Stellung gebracht wurde, so kann das durchaus in gewisser Hinsicht als Parteinahme für den Populismus verstanden werden. Dies ist insoweit berechtigt, als der Populismus-Vorwurf in inflationärer Weise immer dann gebraucht wird, wenn unliebsame und möglicherweise populäre Forderungen grundsätzlich diskreditiert werden sollen. Dabei fungiert dieser Begriff als schwer bis gar nicht definierbare Begriffshülse, und zwar mit Absicht, damit er sich willkürlich dem politischen Gegner anheften lässt.

Um diesem polemischen Gebrauch zu begegnen, ist es sinnvoll, eine Definition von eigentlichem Populismus zu etablieren und ihn in seiner kritischen Funktion zu bewahren. Wir wollen ihn verstehen als eine politische Doktrin, die in absehbarer Weise fiskalisch scheitern wird, eine Politik also, die nach einer einfachen volkswirtschaftlichen Logik im Bankrott enden muss. Eine solche Politik wird zu Recht als „populistisch" kritisiert. Zwei Musterbeispiele für diesen **ökonomischen Populismus** seien genannt: Der Nationalsozialismus betrieb ab 1933 eine Politik der radikalen Steigerung der Staatsausgaben, um den Preis, sich schon nach wenigen Jahren am Rande des Staatsbankrotts zu befinden. Es wird viel zu wenig diskutiert, dass der Weg in den Weltkrieg auch wesentlich eine Flucht vor einer Pleite des Deutschen Reiches war. Ebenso war absehbar, dass die Politik von Hugo Chavez in Venezuela in den finanziellen Ruin führen musste. Wenn die Weltmarktpreise für Rohöl sich auf einem historischen Hoch befinden, und die Gewinne der staatlichen Erdölindustrie eins zu eins als soziale Geschenke verteilt werden, so ist abzusehen, dass eine solche Politik zusammenbrechen wird. Nämlich dann, wenn der Weltmarktpreis für Rohöl wieder deutlich sinkt. So musste es kommen – und so kam es. Beides sind Musterbeispiele für populistische Politik. In diesem Verständnis von **eigentlichem Populismus** bleibt die kritische Intention des Begriffes erhalten. Die Radikale Mitte muss sich um begriffliche Klarheit bemühen, um im propagandagetränkten Morast des politischen Alltagsgeschäftes auf sicherem Grund zu stehen.

Einmal mehr haben wir in diesem Unterkapitel gesehen, dass sich gesellschaftliche Konfliktfelder mithin gut durch polare Begriffspaare beschreiben lassen. Ein solcher Denkstil kommt dem Grundanliegen der Radikalen Mitte entgegen, fanatische Extrempositionen zu vermeiden. Wenn wir uns in unserem Urteil zunächst zurückhalten und gegensätzliche Standpunkte einander gegenüberstellen, so ist dies eine Übung, welche ein ausgewogenes Urteil vorbereitet.

Die Intelligenz der Ameisen

Große Philosophen sind meist einsame Menschen. Mit den allermeisten können sie über ihre geistigen Forschungen nicht sprechen, und mit den wenigen, die ihnen auf Augenhöhe begegnen können, zerstreiten sie sich. So gibt es also zahllose Entwürfe, die im Elfenbeinturm erdacht, zu Papier gebracht und nicht selten der Nachwelt zur Last geworden sind. Denn im Alleingang erarbeitete Theoriegebäude bleiben oft schwer zugänglich, was zwar unendlichen Stoff für philosophiehistorische Doktorarbeiten liefert, einem kollektiven Erkenntnisgewinn jedoch im Wege steht.

So wichtig große Einzelne sein mögen, so sehr speist sich der geistige Fortschritt der Menschheit aus dem, was wirksam wird. Die Geschichte ist ein kollektiver Denkprozess. Die Menschheit kann verglichen werden mit einem gigantischen Gehirn, in dem jeder Mensch einer Nervenzelle, einem Neuron entspricht. Ein Neuron empfängt von vielen Nervenzellen Informationen und leitet sie gemäß der eigenen Lernerfahrung weiter. Ebenso empfangen wir aus verschiedenen Quellen Informationen, filtern sie, verarbeiten sie und geben Informationen weiter. Im Bereich der künstlichen Intelligenz bilden viele Berechnungsverfahren die kollektiven Vorgänge der Informationsverarbeitung von Neuronen nach. Andere Verfahren lassen sich von Ameisen inspirieren, die es trotz beschränkter intellektueller Fähigkeiten der einzelnen Ameise dennoch im Kollektiv schaffen, erstaunliche Leistungen zu erbringen. Etwa bei der Optimierung der Arbeitswege. Durch das Ausschütten von Geruchsstoffen beim Transport von Futter in den Ameisenhügel finden sie mit der Zeit gemeinschaftlich den kürzesten Weg. Denn Ameisen wählen umso wahrscheinlicher einen Weg, je stärker er mit Duftstoffen markiert ist.

Die Menschheit ist nun ein ebensolcher, wenngleich ungemein komplexerer kollektiver Denkapparat. Innerhalb dieses

Menschheitsgehirns gibt es Hirnregionen mit einer gewissen Spezialisierung – Kulturräume, Nationen, Regionen. Und obgleich diese Regionen je eigene Schwerpunkte bei der Ergründung des Menschseins, dem Forschen nach Welt, Gott, dem All-Einen haben, ist jeder Teil herausgenommen doch wieder ein Abbild des Ganzen. Auf je eigene Weise – bis hinab zum einzelnen Menschen selbst. Hier deutet sich eine Vermittlung beim Gegensatz von Autarkismus und Universalismus an. Die Kulturen sind einerseits in ihrer Verschiedenheit bewahrenswert, aber gerade in ihrer Verschiedenheit doch wieder aufeinander bezogen. Weder ist es erstrebenswert, dass die „Hirnregionen" ihre Spezialisierung aufgeben, noch, dass der Austausch untereinander versiegt – beides käme einer weltkulturellen Geisteskrankheit gleich. Universalismus und Autarkismus sollten also keine unversöhnlichen Gegensätze sein – vielmehr komplementäre Leitwerte, die beide notwendig sind, um das globale Menschheitsgehirn zu formen und zu ertüchtigen.

Dieser Denkapparat ist es, der Geschichte macht. Der Einzelne kann hier mehr oder weniger beitragen, doch selbst die „Großen" sind nur Tropfen im Meer. Kein Mensch kann herausgelöst werden aus diesem Ganzen. Denn **jeder Mensch liegt in irgend einer Hinsicht richtig**. Nicht allein in trivialer Weise, indem wir etwa alle glauben, dass eins und eins zwei ist, sondern jeder liefert Erkenntnisse, die nur er liefern kann. Den absoluten Irrtum gibt es nicht, denn jede falsche Aussage hat gewisse wahre Aussagen zur Voraussetzung. Wenigstens die Elemente, mit denen ein Irrtum formuliert wird, müssen aus sinnvollen und relevanten Begriffen bestehen, hinter denen sich wahre Aussagen verbergen. Sonst ließe sich ein Irrtum gar nicht formulieren.

Umgangssprachlich ausgedrückt: Jeder hat mit irgend etwas recht. Auch der Nazi, der Islamist, auch das Mitglied der RAF, auch Putin, auch der Scientologe, auch der Esoteriker, der Materialist, Buddhist, Evangelikale. Auch Du! Es ist also töricht,

Menschen jedweder Couleur aus dem Diskurs zu drängen, ja es ist ein Anschlag auf die Menschheit selbst! Den Nervenzellen das Senden zu nehmen, heißt sie im höheren Sinne zu töten. Die Verschiedenheit der Perspektiven, Kulturen und Ideologien ist also dahingehend zu erforschen, inwieweit sie Recht haben, worin sie die Wahrheit treffen und was sie übersehen. Kontroversen um Standpunkte sind nicht selten das Ergebnis von gegensätzlichen Verallgemeinerungen. Um dies zu erkennen, müssen wir widersprüchlich Erscheinendes zunächst einmal nebeneinander stehen lassen. Wir sollten uns nicht von unseren Voreingenommenheiten leiten lassen und auch den Standpunkten eine Chance geben, denen wir zunächst mit ablehnenden Emotionen begegnen. Wir sollten jeden Standpunkt so formulieren, dass dessen Vertreter dieser Formulierung zustimmen kann. Dann müssen wir versuchen zu verstehen, aus welcher geistigen Fokussierung heraus – wie Prägung oder persönliche Interessen – die verschiedenen Standpunkte zustande kommen, um zu lernen, einen Sachverhalt aus verschiedenen Blickwinkeln zu sehen. Dies ist ein wechselseitiger und wiederkehrender Prozess. Wenn er glückt, dann erweitern wir unser Denken und nähern uns dabei zugleich aneinander an. So kann es zu einem gereiften gegenseitigen Verständnis kommen und die **tragende Mitte des gesellschaftlichen Konsenses** breiter und belastbarer werden.

2 Die politischen Hauptlager

Wir werden in diesem Teil des Manifests die drei großen Schulen der politischen Philosophie diskutieren. Nach dem Verständnis der Radikalen Mitte haben alle diese Schulen ein gewisses Recht auf ihrer Seite. Es wird immer so etwas wie „Linke", „Liberale" und „Konservative" geben, auch wenn in unterschiedlichen Kulturen und Zeiten diese Lager ideologisch unterschiedliche Formen annehmen.

Im Mittelalter etwa gab es den Gegensatz von (papsttreuen) Guelfen und den (kaisertreuen) Ghibellinen – was man vereinfacht als „mittelalterliches Rechts und Links" bezeichnen könnte. Die päpstliche Fraktion hatte viele Sympathien beim aufstrebenden Kaufmannsadel, jener Schicht, die dann für den kulturellen Durchbruch zur Frühen Neuzeit entscheidend werden sollte. Wir können sie also in moderner Terminologie als die „Progressiven" bezeichnen. Die (kaisertreuen) Ghibellinen standen für den traditionellen Hochadel, der zusammen mit dem Kaisertum im Spätmittelalter an Bedeutung verlor. In diesem Sinne war diese Fraktion „konservativ".

Es ist offensichtlich, dass die drei großen Schulen eine gewisse Nähe zu verschiedenen Milieus und Persönlichkeitstypen haben. Wer im sozialen, geisteswissenschaftlichen oder journalistischen Bereich arbeitet, hat eine natürliche Affinität zu linksprogressivem Denken. Wer als Freiberufler oder Unternehmer arbeitet, hat eine natürliche Affinität zu liberalem Denken. Und wer als Handwerker, Ingenieur oder im mittleren Management arbeitet, hat eine natürliche Affinität zu konservativem Denken. Neben der beruflichen Prägung haben die Biographie, Persönlichkeitsanlage sowie individuelle Interessenlagen einen vergleichbaren Einfluss.

Dies ist ein wichtiger Reflexionshorizont für die Radikale Mitte. Menschen haben unterschiedliche politische Auffassungen, weil sie unterschiedlich sind – in Persönlichkeit, Lebenslauf, und weil sie unterschiedliche Interessen haben. Wenn ein Mensch vergleichsweise ängstlich ist, wird er vermutlich einem gut ausgebauten Sozialsystem eher das Wort reden als ein Mensch mit geringen Ängsten. Jeder fordert damit die politischen Verhältnisse, die – vermeintlich oder tatsächlich – für ihn selbst am besten sind. Ein solcher Standpunkt kann aber nicht universell sein, denn letztlich müssen die politischen Verhältnisse bestmöglich zu ganz verschiedenen Menschen passen. Hier die „goldene Mitte" zu treffen, ist ein Ziel des gesellschaftlichen Diskurses. Politische Philosophien im Sinne der oben genannten Schulen sollten deshalb niemals als Lehren mit einem absoluten Wahrheitsanspruch aufgefasst werden. Sie genügen niemals dem Kriterium der wissenschaftlichen Objektivität, da sie immer auch Ausdruck spezifischer Interessen sind.

2.1 Die drei Leitwerte

Wer in der Mitte steht, sollte seine unmittelbaren Nachbarn aufmerksam beobachten, denn er ist ihnen ähnlicher als denen, die weiter entfernt sind. Das ähnelt der geopolitischen Rolle Deutschlands in Europa. Wir wollen also einen Blick auf die politischen Lager werfen. Von allen Schemata, nach denen man das politische Spektrum ordnen kann – von denen das klassische Rechts-Links-Schema nur das einfachste ist – wählen wir hier das **politische Wertedreieck**. Es bietet den Vorteil, als einziges Schema den drei großen historischen Schulen des politischen Denkens zu entsprechen: Liberalismus, Linksprogressivismus und Konservativismus. Alle drei Schulen können sich mit einer gewissen Berechtigung auf die Französische Revolution berufen.

Diese Revolution hat dem Abendland und der Welt einen Wertekanon gegeben, der bis heute Leitstern des politischen Handelns sein kann: **Gleichheit, Freiheit, Brüderlichkeit**. Diese Werte – recht verstanden – können in der Tat als die Hauptwerte der drei großen politischen Schulen angesehen werden: Die Gleichheit ist der Hauptwert des Linksprogressivismus, die Freiheit der des Liberalismus und die Brüderlichkeit derjenige des Konservativismus.

Die ersten zwei Zuordnungen sind selbsterklärend, die letzte nicht. Denn „Brüderlichkeit" erscheint uns ein altmodischer und diffuser Begriff. Aus dem Lager des Linksprogressivismus könnte es heißen: „Das ist doch das, was wir als Solidarität bezeichnen!" Dieser Sichtweise wollen wir uns nicht anschließen. Denn „Solidarität" im Sinne des Linksprogressivismus ist entweder eine Formel irgendwelcher „Erklärungen" („Wir erklären uns solidarisch mit...") und damit nicht viel mehr als eine diffuse rhetorische Floskel – oder aber eine Sekundärtugend im Dienste der Gleichheit, etwa zur Legitimation sozialstaatlicher Umverteilung.

Wir wollen diesen Begriff anders verstehen. Und zwar im Sinne von „Gemeinschaft" – im Gegensatz zu „Gesellschaft". Hier müssen wir etwas ausholen: Das soziologische Konzept von „Gemeinschaft" und „Gesellschaft" geht zurück auf den Soziologen Ferdinand Tönnies. Vielleicht ist es dem Umstand geschuldet, dass Tönnies einer späteren Generation als Marx angehört – Linksprogressive können bis heute mit dem Konzept der „Gemeinschaft" in seinem Sinne wenig anfangen. Deswegen wollen wir hier, anschließend an Tönnies, ein eigenes Verständnis entwickeln.

Gemeinschaft und **Gesellschaft** bilden zwei entgegengesetzte Formen, wie Menschen sich sozial organisieren. **Gesellschaft** entsteht – vereinfacht gesagt – durch Verträge. Das Zusammenwirken der Menschen wird durch ausdrückliche Regeln geordnet. Um diese Regeln formulieren zu können, werden Menschen zu Funktionsträgern. Es entstehen soziale Systeme, welche durch bestimmte Eigenschaften geprägt werden. Etwa das Gesundheitssystem durch die Eigenschaft „krank/gesund", das Rechtssystem durch die Unterscheidung „rechtmäßig/unrechtmäßig". Es herrscht das Prinzip der Ausschließlichkeit. Ausschließlich benannte und ausdrücklich geregelte Bezugsweisen sind in derartigen Systemen zulässig. Wenn wir beim Arzt sind, interessiert sich dieser gemeinhin nur für unsere Gesundheit, nicht für unseren Schuldenstand oder die religiöse Ausrichtung.

Gemeinschaftlich strukturiertes soziales Zusammenwirken hingegen folgt dem Prinzip der Einschließlichkeit. Zunächst einmal sind in gemeinschaftlich strukturierten Verbänden alle Aspekte des Menschen inbegriffen, können allerdings durch Tabus, also ausdrückliche Verbote, modifiziert werden. Es gibt drei archaische Formen von Gemeinschaft: Die Familie, die Sippe und der Stamm, wobei sich letztere über die Geschichte transformierte zu Religionsgemeinschaften (etwa im Sinne der christlichen Gemeinden) und Volk. Damit sind Instanzen genannt, Familie, Volk und Religion, die, je nach Variante, einen hohen oder weniger hohen Stellenwert im konservativen Denken haben. In diesem Sinne ist Gemeinschaft ein verbindender Wert des Konservativismus.

Gemeinschaftliche Bindungen sind für den Menschen essenziell, da sie den Menschen als Ganzes einbeziehen und damit Heimat und Geborgenheit schaffen. Sie sind für die seelische Gesundheit des Menschen unverzichtbar, aber in der Moderne mehrheitlich auf dem Rückzug. Aus modernem Blickwinkel wirken sie oft unflexibel und freiheitsbeschränkend. Denn man „partizipiert" nicht an einem Stamm oder „konsumiert" eine Familie, sondern man *ist* Familienmitglied oder Stammesangehöriger. Aus modernizistischer Sicht ist die Schicksalhaftigkeit derartiger sozialer Bezugsformen prinzipiell Angriffspunkt für Kritik.

Totalitäre Ideologien können als der Versuch verstanden werden, das Vakuum, welches die Rückbildung gemeinschaftlicher Bindungen hinterlässt, durch Mittel der Gesellschaft – also Satzungen und Gesetze – zu füllen. Aus einem intuitiv-emotional verstandenen ganzheitlichen Eingebundensein in eine Gemeinschaft wird eine totalitäre Hyperregulierung, welche alle Lebensaspekte durch ausdrückliche Vorschriften zu reglementieren trachtet. Totalitarismus ist ein gründliches Missverständnis dessen, was Gemeinschaft ausmacht. Es klang bereits an: Gemeinschaft und Gesellschaft werden grundlegend verschieden gedacht. Gesellschaft entsteht durch die Ratio, Gemeinschaft durch Intuition, mythisch-mystisches Denken, vor-rational-emotionale Verstehensweisen. An die Stelle von Regeln treten beispielhafte, gemeinschaftlich gekannte Erzählungen und Traditionen. Damit ist ein zentraler Begriff des Konservativismus gefallen. Traditionen sind gerade nicht die ewig gleiche Befolgung von Regeln, sondern lebendige Traditionen sind dadurch gekennzeichnet, dass, gebunden an eine vage Sammlung von Vorbildern, spielerisch variierend immer auch neue Zwischentöne zum Klingen gebracht werden. Dem Modernizisten ist das alles nichts weiter als Mystizismus. Was er nicht mit klaren Begriffen fassen kann, gilt ihm nichts.

Hier kann keine vollwertige Theorie von Gemeinschaft und Gesellschaft entworfen werden, noch weniger deren erkenntnistheoretische Grundlagen. Klar ist, dass – je nach Spielart – Religion, Volk und Familie zentrale Instanzen konservativen Denkens sind, die alle drei wesentlich durch Traditionen und Gemeinschaft konstituiert werden.

Die „Brüderlichkeit" der Wertetrias der Französischen Revolution übersetzen wir also mit „Gemeinschaft", welche als Hauptwert des Konservativismus verstanden wird. Gleichwohl ist diese Bestimmung nicht erschöpfend, denn tatsächlich gibt es hier für die politische Philosophie noch viel zu tun. Die theoretische Fundierung des Konservativismus ist philosophisch anspruchsvoller als die der anderen politischen Schulen, da man sich auf das Terrain des Unsagbaren wagen muss, weswegen sie auch bislang selten unternommen wurde.

Es ist offensichtlich, dass die vollständige Negierung einer der drei Leitwerte im Wahnsinn endet, ebenso wie die Verabsolutierung eines einzelnen. Eine Gesellschaft ohne jede Bestrebung zur Egalisierung wäre nicht fähig, Kinder aufzuziehen, da Kinder essentiell von „Umverteilung" abhängen. Eine Gesellschaft ohne Freiheit wäre blanke Tyrannei. Und eine, die jegliche im Status Quo enthaltene Tradition in Stücke haut, würde im Chaos untergehen. Ein Mindestmaß an **politischer Mitte** ist also notwendig, um überhaupt ein lebenswertes und funktionsfähiges Gemeinwesen zu bilden.

Neben den drei Leitwerten der Französischen Revolution lassen sich in ergänzender Weise die drei politischen Schulen auch mit der von Immanuel Kant verwendeten Unterscheidung in „theoretische Vernunft", „praktische Vernunft" und „Urteilskraft" verstehen. Der Linksprogressivismus gewährt der theoretischen Vernunft den Vorrang, die nach universalistischen Konzepten strebt. Der Konservativismus gewährt der der praktischen Vernunft den Vorrang, die sich vor allem auf Erfahrungen und damit auf die Geschichte stützt. Der Liberalismus schließlich gewährt der Urteilskraft den Vorrang, und fokussiert sich damit auf den Kern des menschlichen Bewusstseins und die Fähigkeit der freien Entscheidung. Und schließlich weisen die drei Schulen auch ein unterschiedliches Verhältnis zur Zeitlichkeit auf: Der Konservativismus bezieht sich relativ am stärksten auf die Vergangenheit, der Liberalismus ebenso auf die Gegenwart und der Linksprogressivismus auf die Zukunft. Somit ergibt sich folgendes Schema:

	Vorrang der	Hauptwert	Zeitliche Orientierung
Links-progressivismus	theoretischen Vernunft	Gleichheit	Zukunft
Konservativismus	praktischen Vernunft	Brüderlichkeit (i. S. v. Gemeinschaft)	Vergangenheit
Liberalismus	Urteilskraft	Freiheit	Gegenwart

Dieses Schema materialisiert die fundamentale Überzeugung der **Radikalen Mitte**, dass alle drei Schulen des politischen Denkens ein gewisses Recht auf ihrer Seite haben.

2.2 Der Liberalismus

Zu Beginn des 21. Jahrhunderts ist die *ökonomisch* dominierende Ideologie in den westlichen Ländern der Liberalismus. Darunter ist die politische Doktrin zu verstehen, die dem menschlichen Bewusstsein, der Urteilskraft das Vorrecht gegenüber anderen Aspekten der Vernunft einräumt.

Nicht ohne Grund nimmt die Freiheit unter den Leitwerten der Französischen Revolution – „Freiheit, Gleichheit, Brüderlichkeit!" – den ersten Platz ein. Die möglichst große Freiheit aller Menschen ist und bleibt der Leuchtturm gesellschaftlicher Ordnung, die nach Begriffen des Abendlandes ein lebenswertes gesellschaftliches Beisammensein kennzeichnet. Freiheit hat immer zwei Seiten, eine negative und eine positive: die Freiheit von Zwängen, von staatlicher Bevormundung oder Verletzung der körperlichen Unversehrtheit *einerseits*, die Freiheit *für* etwas, also beispielsweise die Glaubens- und Gewissensfreiheit *andererseits*.

In der Freiheit erfahren wir uns unmittelbar als bewusste geistige Wesen. Denn alle vernünftigen Überlegungen, alle Theorien und Ableitungen arbeiten mit einem gewissen Maß an Gesetzlichkeit und Notwendigkeit. In der Freiheit nur sind wir ganz zurückgeworfen auf uns selbst, erfahren wir uns unmittelbar als bewusste Wesen. Frei sind wir nur in der Gegenwart, denn die Vergangenheit ist bereits festgelegt und die Zukunft ist noch nicht wirklich. Von der Freiheit aus sehen wir jede Form von Überlegung gewissermaßen von „außen" und befinden uns ganz im Innersten unseres Geistes. Nur in Freiheit kann es höhere Formen des Glücks und eine tiefe Zufriedenheit mit den Lebensaufgaben geben. Und Freiheit ist auch Voraussetzung für Kreativität, für die Entstehung von Neuem. Deswegen waren technischer Fortschritt und Meinungs- und Gedankenfreiheit historisch so eng gekoppelt. Deswegen findet sich überall dort, wo die Geschichte einen direkten Vergleich zwischen einer freiheitlichen und weniger freiheitlichen Gesellschaftsform liefert, eine klare Überlegenheit der ersteren: Bundesrepublik vs. DDR, Süd- vs. Nordkorea, Taiwan vs. China. Vor die Wahl gestellt würden wir wohl in allen Fällen das freiheitliche Land als Wohnort bevorzugen.

So selbstverständlich uns die Freiheit als Idee ist, so darf doch nicht vergessen werden, dass das hohe Freiheitsethos etwas typisch Abendländisches ist, mit Wurzeln in der jüdisch-christlichen, der griechisch-römischen und der germanischen Kultur. In anderen Kulturräumen überflügelt mithin der Wert der Gemeinschaft den der Freiheit. Sie ist also ein spezifisch westliches Programm, und der Westen trägt bis auf Weiteres eine enorme Verantwortung für ihre Bewahrung und Fortentwicklung. Wenn die Freiheit als Leitwert der westlichen Kultur verloren geht – und die Gefahr ist größer denn je! – dann bedeutet dies nicht nur einen Verlust für den Westen, sondern für die ganze Menschheit. Dies wäre nicht ohne historisches Beispiel: Als sich die Römische Republik unter Augustus in eine Diktatur transformierte, war für Europa die Idee einer Republik für viele Jahrhunderte außer Reichweite und musste erst mühsam wieder erkämpft werden.

Die Verantwortung erkennt man als noch größer, wenn man bedenkt, dass die westliche Kultur auch im 21. Jahrhundert die Leitkultur der Welt darstellt. Für viele Linksprogressive mag dieser Gedanke eurozentristisch oder kolonialistisch erscheinen – es entspricht jedoch einfach den Tatsachen, egal was davon zu halten ist. China beruft sich nach wie vor eher auf Marx denn auf Konfuzius. Wie in Indien werden in atemberaubendem Tempo westliche Technologien assimiliert. Und wenn gewiss Japan, Südkorea und Taiwan heute westlichen Staaten an technischer Innovationskraft in nichts nachstehen, so nur deshalb, weil sie in der Vergangenheit Musterschüler des Assimilationswettbewerbes waren.

Die westliche Kultur als Leitkultur der Menschheit aufzufassen heißt nicht, dass alle anderen Kulturen minderwertig sind. Es heißt vielmehr zweierlei: Zum einen liefert die westliche Kultur am ehesten den intellektuellen Rahmen, um kulturelle Vielfalt im interkulturellen Maßstab zu denken. Sie hat die entsprechenden relevanten Kulturwissenschaften hervorgebracht. Zum anderen hat sie die Welt auf den Weg einer technischen Zivilisationsentwicklung gebracht, der unwiderruflich alle anderen Kulturen beeinflusst und in den globalen Zusammenhang der Kulturen stellt. Sicher sollten wir nicht in Kulturchauvinismus vergangener Epochen zurückfallen, doch ist ein gutmenschlich gemeinter Kulturrelativismus eine Verantwortungslosigkeit eigener Art, die nicht minder gefährlich ist: Wenn im naiven Glauben, dass das westliche Freiheitsideal für alle Menschen in selbsterklärender Weise erstrebenswert ist, unter Berufung auf diese Freiheit eine Gleichrangigkeit aller Kulturen behauptet wird, dann gerät die qualitative Diversität der Kulturen aus dem Blick. Dabei besteht die Gefahr, dass der damit einhergehende Relativismus schlussendlich das westliche Freiheitsideal selbst untergräbt.

2.2.1 Falsche Freiheit

Weil das Plädoyer für die Freiheit selbstverständlich zu sein scheint, gilt es umso genauer hinzuschauen. Denn dort, wo Freiheit beschränkt werden soll, ist mit Täuschungen zu rechnen, mit Propaganda und mit einem falschen Verständnis von Freiheit. Worin also besteht das Wesen der Freiheit? Darin, im Supermarkt zwischen 200 Käsesorten auswählen zu können? Darin „alles schaffen" zu können, wenn man nur will? Darin das eigene Schicksal zu erkennen und es anzunehmen?

Gewiss können wir beim Besuch einer Pizzeria an jedem Wochentag eine andere Pizza wählen. Diese Wahlfreiheit haben wir. Doch wir können die Pizzeria nicht am Montag als Christ, am Dienstag als Atheist, am Mittwoch als Moslem besuchen. Heißt dies nun, dass wir Weltanschauung nicht frei wählen können? Nein! Menschen, die sich in ihrem Leben zu einem Glauben oder Unglauben durchgerungen haben, erleben dies nicht selten als persönliche Sternstunde der Freiheit. Freiheit bedeutet also nicht immer, sich stets neu entscheiden zu können. Wahlmöglichkeiten, die jederzeit unsere Belieben offen stehen, sind nicht selten Freiheiten belangloser Natur. Wesentliche Freiheiten, etwa für einen Beruf oder einen Lebenspartner, haben durchaus einen bindenden Charakter, und es ist nicht sinnvoll, hier Entscheidungen für eine Option immer wieder ändern zu wollen. Freiheit ist ja nicht Beliebigkeit. Hätten unsere Entscheidungen keine Konsequenzen, wären sie bedeutungslos und damit auch unsere Freiheit zu ihnen. Man kann nicht frei zu etwas sein, ohne dadurch wiederum in der eigenen Freiheit eingeschränkt zu werden. Je mehr man durch die Entscheidung in seiner Freiheit eingeschränkt wird, desto schwerwiegender ist die Freiheit zu dieser. Umgekehrt ist man oft sogar freier wenn man mehr durch eigene Entscheidungen und Konsequenzen bestimmt wird. Sie schaffen dann durch ihren bindenden Charakter Autonomie, also ein Leben nach eigenen, selbstgewählten Gesetzmäßigkeiten.

Ob ich eine Pizza mit Thunfisch oder Spinat gegessen habe, werde ich nach einem Jahr vermutlich nicht mehr wissen, vielleicht schon nicht mehr nach einer Woche. Für welchen Beruf ich mich jedoch entscheide, wird mein Leben maßgeblich bestimmen. Und es ist gewiss eine stärkere Beschneidung der Freiheit, einem Menschen die freie Berufswahl zu verwehren, als die Zahl der zur Auswahl stehenden Pizza-Arten zu halbieren.

Womöglich ist es eine Folge des Kapitalismus, dass wir im Westen einen konsumistisch verbogenes Freiheitsverständnis haben. Wir fokussieren uns zu sehr nur auf den Aspekt der Wahlfreiheit. Denn neben der Möglichkeit der Wahl erfordert wahre Freiheit Erkenntnis, vor allem auch Selbsterkenntnis. Wenn ein Arzt einem Patienten drei Ampullen mit kryptischen Bezeichnungen zur Auswahl gibt und ihn fragt, welches Mittel er gespritzt haben wolle, so ist das keine echte Wahlfreiheit.

Neben die Einsicht in die möglichen Konsequenzen kann Freiheit auch dadurch verdorben werden, dass die Qualität der Optionen beschnitten wird. Nicht selten erweckt unsere Demokratie den Eindruck, dass die Freiheit, welche uns noch bleibt, die sprichwörtliche Wahl zwischen Pest und Cholera ist. Die antiliberalen Tendenzen der Gegenwart äußern sich nicht darin, dass die Geschäftigkeit in den Parlamenten nachlässt oder demokratische Wahlen abgesagt werden. Sie äußern sich darin, dass die großen, das öffentliche Meinungsbild beherrschenden Parteien, sich immer ähnlicher werden. Die Fragen, über die dann tatsächlich noch gestritten wird, werden immer nebensächlicher. Nicht die Abschaffung der Freiheit, sondern deren Banalisierung ist das Hauptproblem liberaler Gesellschaften. Sie führt dazu, dass wesentliche gesellschaftliche Entscheidungsprozesse zusehends durch unwesentliche ersetzt werden. Gesellschaftlich debattieren wir über „Pizzasorten" und verlieren die Gestaltung unserer Zukunft aus dem Blick. Hierzu gesellen sich allerdings in den letzten Jahren vermehrt auch wieder unverhohlene direkte Angriffe auf die Freiheit, wovon noch zu sprechen sein wird.

2.2.2 Marktwirtschaft und Kapitalismus

Viele Menschen haben die dumpfe Ahnung, dass sich die wirtschaftlichen Verhältnisse in den letzten Jahrzehnten nicht zum Vorteil entwickelt haben. Seit der Energiekrise infolge der westlichen Sanktionspolitik gegen Russland hat sich diese Ahnung zur traurigen Gewissheit verfestigt. Das liberale westliche Modell hat stark an Glanz verloren. Dabei streiten sich um die Bewertung des „Kapitalismus" die Lager: Für Linksprogressive

2.2 Der Liberalismus

ist der Kapitalismus zu kritisieren, für Liberale hingegen das System der Wahl. Die Libertären kritisieren andererseits die bestehenden ökonomischen Verhältnisse dahingehend, dass sie im eigentlichen Sinne gar nicht kapitalistisch seien, weil im Kern ein staatsmonopolistisches Geldsystem walte. Wir hätten keine kapitalistische, sondern eine korporatistische Wirtschaftsordnung. Beiden Standpunkten gemein ist, dass die bestehenden ökonomischen Verhältnisse kritisiert werden – einmal als „zu kapitalistisch", einmal als „nicht wirklich kapitalistisch". Eine Begriffsklärung tut also Not.

Häufig werden die Begriffe **Kapitalismus** und **Marktwirtschaft** so verstanden, als meinten sie dasselbe. Da ökonomischer Liberalismus gemeinhin mit diesen beiden Begriffen assoziiert wird, kommen wir nicht umhin, beiden eine klare Bedeutung zu geben. Wir wollen hier **Marktwirtschaft** und **Kapitalismus** deutlich voneinander unterscheiden. Denn bestimmte Elemente einer liberalen Wirtschaftsordnung sind alt und in vielen kulturellen Zusammenhängen anzutreffen: Sie sollen mit dem Begriff **Marktwirtschaft** bezeichnet werden. Bestimmte Elemente jedoch sind **spezifisch für die Neuzeit** und wurden im Laufe dieser Epoche – an deren Ende wir uns befinden – immer markanter und beherrschender. Hier bietet sich der Begriff **Kapitalismus** an.

Privatbesitz an Produktionsmitteln, Kapitalbildung und Gewinnstreben als notwendiger Bestandteil des Wirtschaftsgeschehens, Freiheit der Preisbildung, der Lohnbildung und der Produktionssteuerung – dies alles sind Elemente von wirtschaftlicher Tätigkeit, die so schon im alten Rom und in der mittelalterlichen Stadt bestanden. Das ist **Marktwirtschaft** und vermutlich mindestens so alt wie der Gebrauch von Geld als Tauschmittel. Die Idee hingegen, der Staat könne und solle im Sinne des Marxismus das Wirtschaftsgeschehen als Ganzes steuern, ist welthistorisch relativ jung. Diese Idee kann nur dort Fuß fassen, wo Staaten bereits eine relativ starke Position haben. Im Heiligen Römischen Reich verfügte der Kaiser weder über reichsweite Steuereinnahmen noch ein stehendes Reichsheer. Alles wirtschaftliche Geschehen zentralistisch steuern zu wollen, wäre hier aberwitzig. Erst die Staaten des 19. Jahrhunderts hatten eine hinreichend breite Bürokratie entwickelt, welche die Idee einer staatlichen Planwirtschaft überhaupt erst denkbar machte.

Was ist nun das spezifisch kapitalistische an der spätneuzeitlichen Art der Wirtschaft? Die Industrialisierung ging mit einer grundlegenden Neuerung einher. Der Bedarf an Investitionskapital stieg stark an. Die Sphäre der Finanzwirtschaft erfuhr eine enorme Aufwertung. Dieser Trend ist seitdem nicht zum Erliegen gekommen. Bereits 2011 übertraf das Marktvolumen nur eines Teiles der globalen Finanzmärkte, die sog. Derivate, den der Realwirtschaft um den Faktor 11. Man mache sich klar, was das bedeutet: Die Märkte, auf denen die Waren und Dienstleistungen umgeschlagen werden, welche die Menschen zum Leben und Unternehmen zum produktiven Existieren brauchen, diese Märkte sind also nur noch eine Art „Anhängsel" der Finanzmärkte. Dieser Umstand, dass die Finanz- und Kapitalmärkte in ihrer gesamtwirtschaftlichen Bedeutung die Realwirtschaft weit überflügeln, hat einen eigenen Namen verdient. Hier wollen wir von **Kapitalismus** sprechen.

In diesem Sinne wurde im Laufe der letzten Jahrhunderte und vor allem Jahrzehnte die Marktwirtschaft immer „kapitalistischer". Kennzeichen dieses Kapitalismus sind (1) die Existenz einer global einheitliche Sphäre des Investierens und Verdienens; (2) das Zurückdrängen regionaler Wirtschaftskreisläufe; damit einhergehend (3) eine immer stärkere Monopolisierung. Da dem gegenwärtigen Kapitalismus inhärente Mechanismen fehlen, die immer radikalere Verwirklichung ihrer Prinzipien einzugehen, trägt er den Charakter einer fanatischen Doktrin. Deshalb müssen wir ergänzen: (4) eine Unterminierung der Lohngerechtigkeit dahingehend, dass Produktivitätszuwächse nicht mehr in gleichem Maße allen Bevölkerungsschichten in Form von Wohlstandszuwachs zugutekommen, sondern vor allem den ökonomischen Eliten; (5) eine Ökonomisierung weitgehend aller Lebenszusammenhänge in einem Maße, dass zwischenmenschliche Werte wie Vertrauen, Idealismus, Herzlichkeit etc. zunehmend disruptiver Zerstörungsgewalt ausgesetzt sind.

Es lässt sich nun trefflich darüber streiten, ob Marktwirtschaft zwangsläufig im Kapitalismus endet oder nicht. Fakt ist, dass schon vor der Neuzeit blühende Kulturen zugrunde gegangen sind und eine sich über die Maßen öffnende soziale Schere wenigstens eine, wenn nicht die wesentlicher Ursache war: das weströmische Reich sowie die chinesische Han-, Song- und Ming-Dynastie, um nur einige zu nennen. Zweifel sind also angebracht, ob das „unsichtbare Händchen" des Marktes tatsächlich letztendlich die sozioökonomischen Verhältnisse immer wieder ins Lot bringt, oder ob nicht doch einmal sich herausbildende soziale Ungleichheit durch selbstverstärkende, **selbstpotenzierende Mechanismen** sich stets in einem Maße steigert, das ab einem gewissen Punkt die Stabilität von Gesellschaften gefährdet.

2.2.3 Die Zeitgebundenheit des Kapitalismus

Der Kapitalismus ist also eine Form der Marktwirtschaft, die spezifisch für die Epoche der Neuzeit ist. Er entstand an der Schwelle vom Mittelalter zur Neuzeit in den Finanzzentren Oberitaliens wie Florenz, Genua oder Venedig. Zunächst führte er ein Dasein im Kontext traditioneller Formen des Wirtschaftens. Kennzeichnend war der Übergang von einer weitgehend zinsfreien Ökonomie zur Zinswirtschaft. Im Laufe der Neuzeit dominierte der Kapitalismus zunehmend – eine Entwicklung, die mit der Globalisierung ab den 80er Jahren des

20. Jahrhunderts in eine bis dahin nicht dagewesene Phase der Radikalisierung mündete.

Da die Marktwirtschaft vor dem Urteil der Geschichte schon wesentlich länger Bestand hat als ihre spezifische Form des Kapitalismus, ist eine fundamentale Kritik der Marktwirtschaft sehr viel spekulativer als eine Kritik des Kapitalismus. Die Radikale Mitte bekennt sich deshalb zu grundlegenden Prinzipien der Marktwirtschaft, kritisiert aber deren spezifische, kapitalistische Form in der Gegenwart.

Es gibt hier durchaus von Seiten der politischen Linken – insofern sie noch nicht dem zu besprechenden **Vulgärsozialismus** verfallen ist – sinnvolle Ansätze der Kritik. Lösungsansätze, die daraus abgeleitet werden, greifen jedoch meist zu kurz. Zu sehr hat man sich in der politischen Linken an die marxistische Grundierung des Denkens gewöhnt. Marx war ein ökonomistischer Reduktionist, hat also alle gesellschaftlichen, sozialen und kulturellen Fragestellungen letztlich auf ökonomische zurückführen wollen. Reduktionistisches, **unipolares Denken** mag das Weltverständnis leicht erscheinen lassen, der Vielschichtigkeit von Welt und Gesellschaft wird es nicht gerecht. Ökonomische Vorgänge sind eingebunden in kulturelle, ja, sie sind selbst Teil der Kultur. Aus diesem Grund gibt es wechselseitige Abhängigkeiten von vorherrschenden philosophischen Überzeugungen und der Art, wie wirtschaftliche Fragen gesellschaftlich beantwortet werden. Der vorherrschenden philosophischen Doktrin der späten Neuzeit entspricht die vorherrschende ökonomische. Hier offenbart sich eine Parallele von Philosophie- und Wirtschaftsgeschichte.

Für die Philosophiegeschichte der Neuzeit ist das erkenntnistheoretische Prinzip des **Nominalismus** sehr prägend gewesen – und ist es bis dato. Damit soll nicht jeder Philosoph der Neuzeit als Nominalist kategorisiert werden, jedoch besteht in dieser Zeit eine klare Tendenz zum Nominalismus.

Was aber ist Nominalismus? Wenn wir von Begriffen wie „Wahrheit", „Gerechtigkeit", „Mensch", „Natur", „Welt", „Gravitationsgesetz" etc. sprechen, so stellt sich die Frage: Was ist die Realität hinter derartigen Begriffen? Kann Worten etwas Allgemeingültiges, Wesenhaftes entsprechen? Oder aber sind Wortbildungen nichts weiter als mehr oder weniger nützliche Vereinbarungen zwischen Menschen? Die Überzeugung, dass die zweite Mutmaßung über die Natur der Begriffe wahr ist, nennt man „Nominalismus". In letzter Konsequenz bedeutet Nominalismus, dass es nichts wesenhaft Geistiges gibt. Es ist dann auch nicht möglich, an die Objektivität und Allgemeingültigkeit von Naturgesetzen zu glauben, denn auch darin würde man in der „Sprachregelung" der Naturgesetze mehr sehen als nur etwas durch Vereinbarung Gültiges. Ein dogmatischer Materialismus, der nur an Atome und die Kräfte der physikalischen Natur glaubt, ist also ebenso wenig mit radikalen Lesarten des Nominalismus vereinbar wie idealistische oder gar religiös-metaphysische Weltanschauungen. Speziell bei Letzteren muss es geistige Instanzen geben – „Gott", die „Schöpfung", das „Dao" – die wesenhaften, objektiven Charakter haben.

Bevor wir den Nominalismus kritisieren, müssen wir jedoch einsehen, wie einflussreich und auch erfolgreich diese Doktrin in der Neuzeit war. Viele grundlegende Kulturleistungen der Neuzeit waren nur durch den Nominalismus möglich. Es gibt Sprachen, die idealtypisch das Wesen des Nominalismus aufzeigen: Programmiersprachen zum Beispiel oder die Sprache der Mathematik. Diese Sprachen haben unsere Zeit bis in die Gegenwart in erheblichem Maße geprägt. Doch auch die für das ökonomische Denken der Neuzeit so prägende „doppelte Buchführung" ist ein gutes Beispiel für nominalistisches Denken. Ganz allgemein versteht man unter doppelter Buchführung, dass Geschäftsvorgänge eines Unternehmens mehrfach (mindestens zweifach) erfasst werden, und das in unterschiedlichen „Büchern". Ein Beispiel hierfür sind die zeitliche Erfassung von Geschäftsvorgängen im „Grundbuch" und eine sachbezogene Erfassung im „Hauptbuch". Der einzelne Vorgang stellt sich also im jeweiligen Kontext als etwas „Anderes" dar und wird mitunter auch unterschiedlich bezeichnet. Hier sind die Wörter für die Dinge in der Tat nur Vereinbarungen, speziell etwa des gesetzlichen Rahmens der Steuerbuchhaltung, die sich in der Regel auch ständig ändern. In derartigen Zusammenhängen ein nominalistisches Verständnis von Sprache zu vertreten ist zutreffend und angemessen.

Die große Gefahr des Nominalismus besteht jedoch darin, das Wirklichkeitsverständnis ganz in den Bereich der Sprache zu verlegen. Objektive „Realitäten" geraten zusehends aus dem Blick, und man befasst sich zunehmend mit Problemen, die rein innersprachlichen Charakter haben. Das ist keine graue Theorie, sondern der spätneuzeitliche Zeitgeist der Gegenwart führt diese Gefahr klar vor Augen. Die viel gegeißelte „politische Korrektheit" stellt genau das dar: Politische Probleme werden im Wesentlichen als sprachliche Probleme aufgefasst. Politische Korrektheit ist damit ein Symptom eines überspitzt nominalistischen philosophischen Klimas. Und auch der postmoderne Habitus, alles Geistige als uneigentlich und letztlich von Machtinteressen definiert zu sehen, ist eine späte Konsequenz des Nominalismus.

Wenden wir uns nun den Finanzmärkten zu. Bei der „Erschaffung" neuer ökonomischer Werte ist dem Erfindungsgeist der Spekulanten anscheinend keinerlei Grenze gesetzt. Das Volumen der Finanzmärkte übertrifft das der Realwirtschaft um ein Vielfaches. Es scheint dabei nicht entscheidend zu sein, ob den an den Börsenplätzen der Welt gehandelten Zahlen etwas „Reales" entspricht. Die Menschen und ihre Bedürfnisse, der Fleiß der Vielen, all das scheint hinter immer neuen Ableitungen von abstrakten Vermögenswerten zu verschwinden. Die moderne Finanzwirtschaft ist ein nominalistisches Virtuosenstück.

Radikale Formen des Nominalismus – wie etwa von Judith Butler vertreten – werden von der Radikalen Mitte als **Modernizismus** kritisiert. Ebenso kritisiert die Radikale Mitte extreme Formen des Kapitalismus. Die Basis dieser Kritik ist auf den Ebenen der Erkenntnistheorie und Kulturphilosophie auszuarbeiten.

2.2.4 Neoliberalismus

Die politische Linke belegt die kapitalistische Gegenwart gerne mit dem Schlagwort „Neoliberalismus". Diese Einordnung ist falsch, meint „Neoliberalismus" doch eine breite Palette liberaler Wirtschaftsschulen, die sich im 20. Jahrhundert als Revision des klassischen ökonomischen Liberalismus heraus bildeten: Ordoliberalismus, Monetarismus, Österreichische Schule – um nur die wichtigsten zu nennen. Wer also die bestehenden ökonomischen Verhältnisse kritisiert – wozu es fraglos reichlichen Anlass gibt! – und dies als „Kritik am Neoliberalismus" verkauft, setzt sich dem Verdacht aus, einen rhetorischen Taschenspielertrick zu versuchen. Soll hier etwa jede Form des ökonomischen Liberalismus anhand der Missstände der bestehenden wirtschaftlichen Verhältnisse in Misskredit gebracht werden? Lautet die einzige Alternative Sozialismus?

Es gibt einen besseren Begriff für das, was von linksprogressiver Seite als „Neoliberalismus" kritisiert wird: **Washington-Kapitalismus – benannt nach dem Washington Consensus**.

Der Begriff „Washington Consensus" wurde von dem britischen Ökonomen John Williamson geprägt und bezeichnet eine 1990 getroffene Übereinkunft zwischen IWF und Weltbank, welche über Jahrzehnte die Politik gegenüber überschuldeten Staaten bestimmte: Kürzung von Staatsausgaben, Deregulierung, Privatisierung, Liberalisierung der Handelspolitik – also der Minimalkonsens dessen, was als „neoliberal" kritisiert wird. Dieses Programm muss als Symptom einer grundlegenden Transformation der westlichen Marktwirtschaften seit den 80er Jahren des 20. Jahrhunderts verstanden werden, in dem die Dominanz der Finanzwirtschaft über die Realwirtschaft sich in erdrückender Weise auch in den wirtschaftspolitischen Maßnahmen zeigte. Thatcherismus und Reaganomics stehen für den Anfang dieser Entwicklung.

2.3 Der Linksprogressivismus

Der Linksprogressivismus ist die politische Doktrin, die der theoretischen Vernunft den Vorrang einräumt. Eine Bedingung der Möglichkeit der theoretischen Vernunft ist die Gleichheit. Nur wenn sich in Allgemeinheit von „dem Menschen" sprechen lässt, lassen sich allgemeingültige Menschenrechte formulieren. Das heißt, dass eine keineswegs selbstverständliche Annahme gültig sein muss.

Es ist kurios, dass im heutigen Linksprogressivismus die Gleichheit der zentrale Leitwert ist, wo Gleichheit doch nicht viel mehr ist als eine Bedingung dafür, überhaupt universalistische Konzepte für Politik und Gesellschaft entwerfen zu können. Kurios, aber bezeichnend. Es offenbart sich hier der Umstand, dass das intellektuelle Gerüst des heutigen Linksprogessivismus ausgesprochen dürftig ist. Die theoretische Basis kann nicht breit sein, wenn eine minimale Voraussetzung für Universalismus zugleich den zentralen Leitwert des linksprogressiven Universalismus bestimmt. Zwar verfügt dieses politische Lager insgesamt über die umfangreichste Theorieentwicklung, doch eben eine Abstraktionsstufe tiefer als etwa auf der einer philosophischen Anthropologie. Mit den universellen Menschenrechten und einer impliziten oder expliziten Tendenz zu weltanschaulichem Säkularismus gibt es nur ein schwach ausgeprägtes Welt- und Menschenbild. Daraus folgt, dass in der Frage, wie das Leben der Menschen zu verbessern sei, mit gesellschaftlichen Verhältnissen argumentiert werden muss. Konzepte, die das Individuum ansprechen, fehlen. Solche Konzepte wären aber notwendig, um politische Interventionen richtig zu bemessen und die Erwartungen an dieselben nicht ins Phantastische wachsen zu lassen.

Der hohe Stellenwert der Gleichheit im linksprogressiven Denken ist ein Indiz dafür, dass dieses Denken erhebliche philosophische Defizite aufweist. Und doch ist die Gleichheit als

Wert nicht zu unterschätzen. Die Regelgerechtigkeit ist eine zentrale Säule des westlich geprägten Wertekanons, den auch die Radikale Mitte nicht in Frage stellt. Die Gleichheit aller vor dem Gesetz – etwa durch die Abschaffung von Adelsprivilegien – ist nicht aufkündbar. Allein hier fangen die Kontroversen an: Darf vor dem Gesetz eine Unterscheidung von Staatsbürger und Ausländer gemacht werden? Und wie ist es zu bewerten, dass sich reiche Menschen oder gar Konzerne teure Anwälte leisten können, Arme aber nicht? Wenn ein Sozialhilfeempfänger einen Weltkonzern auf Schadensersatz verklagt, sind die Chancen von Anfang an nicht gleich verteilt. Kontrovers ist ferner die Frage, inwieweit über Prinzipien der Chancengleichheit hinaus die Lebensverhältnisse der Menschen in materieller Hinsicht angeglichen werden sollten. Die Extrempositionen sind hierbei: reine **Regelgerechtigkeit** ohne jede sozialpolitische Umverteilung versus absoluter **Ergebnisgerechtigkeit**, etwa dadurch, dass alle Menschen den gleichen Arbeitslohn erhalten, unabhängig von ihrer Qualifikation oder Leistung. So weit würden wohl die wenigsten Linksprogressiven gehen. Dennoch bleibt die Gleichheit über Regelgerechtigkeit hinaus ein Steckenpferd der Linken, das sich etwa in antirassistischer oder feministischer Gleichstellungspolitik wiederfindet.

So positiv der Begriff „Gleichheit" kulturell auch besetzt sein mag, so darf doch auch der Schatten der Gleichheit nicht übersehen werden. Der Ruf nach Gleichheit läuft immer Gefahr, sich gegen die Freiheit zu wenden. Wenn etwa alle Kinder in normierten Regelschulen unterrichtet werden, haben sie zwar alle die gleichen Chancen. Diese können aber auch gleich *schlecht* sein, etwa durch eine Pädagogik, die sich am Mittelmaß orientiert und nicht auf die Individualität der Kinder eingehen kann. Dies ist nur ein Fall davon, dass Gleichheit als Legitimation für Herrschaft, Fremdbestimmung und Zentralismus verwendet werden kann. Die Geschichte des Sozialismus spricht hier Bände...

2.3.1 Marxismus

Marx hat bis heute einen großen Einfluss auf die politische Linke. Die anderen Schulen des politischen Denkens haben nicht annähernd einen Theoretiker seiner Strahlkraft. Und auch wenn die wenigsten Linksprogressiven sich als stramme Marxisten verstehen dürften, so findet sich doch heute nach wie vor bei den meisten Linken eine Art marxistische Grundierung des Denkens.

Marx und Mitstreiter waren Radikalaufklärer mit einer klaren Tendenz zum Fanatismus. Fataler Weise hatten sie in der europäischen Geistesgeschichte einen geradezu sensationellen Coup gelandet. Sie schufen ein **holistisches Weltbild**, d.h. ein allumfassendes, ganzheitliches Verständnis von der Welt und dem Leben, mit klaren Konzepten: atheistischer Materialismus, dialektische Geschichtsteleologie et cetera. Er und seine Mitstreiter und Nachfolger – vor allem Friedrich Engels – haben das heterogene und mithin schwierige Erbe der Aufklärung mundgerecht portioniert. Sie folgten damit einer unmittelbaren Notwendigkeit: Wenn aufklärerisches, emanzipatorisches Denken in Form des Marxismus einer breiten Bevölkerungsschicht zum Zwecke des Klassenkampfes vermittelt werden sollte, dann musste es auf einfache Formeln gebracht werden. Dazu mussten Marx und Konsorten Aufklärung all jener Bestandteile entkleiden, die uneindeutig, subtil oder schwer zu fassen waren. Mehr noch: Sie kreierten eine Lehre, welche auf sehr viele Aspekte des Lebens eine passende Antwort zu geben schien, bis hin zu einer globalen Sinngebung: die Emanzipation als der letztendliche Sinn sowohl des individuellen Lebens wie des gesellschaftlichen Prozesses.

Der Erfolg von Marx hatte jedoch eine zweite Ursache. Die europäische Philosophie der frühen und hohen Neuzeit war durch ein schwerwiegendes Defizit gekennzeichnet: Sie war durch die Philosophie der Antike überformt, vor allem was die Zusammensetzung ihres Kanons anbelangte. In der Antike waren die wichtigsten Themen der Philosophie Erkenntnistheorie, Metaphysik, Ethik und politische Philosophie.

Diese Themenschwerpunkte blieben auch noch in der frühen Neuzeit vorbildlich, was die fatale Folge hatte, dass spezifisch neuzeitliche Innovationen sozialer und kultureller Art lange Zeit von der Philosophie nur stiefmütterlich behandelt wurden. Dies gilt vor allem für zwei Bereiche: Geschichte und Ökonomie. Die römisch-griechische Antike hatte das politische Denken als ein bedeutsames Feld der kulturellen Reflexion erschlossen. Folgerichtig hatte Politik in der antiken Philosophie einen hohen Stellenwert. In analoger Weise erschloss das Abendland die Ökonomie als ein bedeutsames Feld der kulturellen Reflexion. Zumindest in der gesellschaftlichen Praxis. Die Philosophie indes blieb lange, zu lange davon unberührt, da auch viele abendländische Philosophen thematisch dem Pfad der antiken Philosophie folgten. Für das Verhältnis zur Geschichte gilt Ähnliches.

Hegel war der Philosoph, der in fundamentaler Hinsicht diesen Bann der Antike brach. Er sprengte die thematischen Ketten von Platon und Aristoteles und sog in seiner Philosophie mit aller Macht die spezifisch abendländischen Themen Geschichte und Ökonomie auf. Unglücklicherweise ist Hegel bis heute einer der unzugänglichsten und schwierigsten Philosophen, so dass ihm eine Breitenwirkung versagt blieb, zumindest im Vergleich zu Marx, der die thematische Neuausrichtung von Hegel für sein Denken nutzbar machte. Damit war der Marxismus in seiner Zeit – verglichen mit vielen anderen Philosophien – ein ausgesprochen zeitgemäßes Konzept und in Hinsicht auf eine philosophische Weltanschauung weitgehend ohne Konkurrenz. Dies jedenfalls kann die Radikale Mitte von Marx lernen: In der späten Neuzeit (und wahrscheinlich darüber hinaus) gibt es ein ausgeprägtes Bedürfnis nach philosophischen Weltanschauungen. Dieses Feld darf die Radikale Mitte nicht unbestellt lassen.

2.3.2 Kapitalismuskritik

Der dritte Grund für den Erfolg des Marxismus sind die Verwerfungen, die mit der Industrialisierung einhergingen. Die „soziale Frage" war ein beherrschendes Thema des 19. Jahrhunderts. Hier ein verelendetes Proletariat, dort Paläste des Großbürgertums, Opernhäuser, Börsen und Gemäldegalerien. Die Abschaffung des Adels oder zumindest dessen Machtbegrenzung im Zuge der Französischen Revolution entpuppte sich als Pyrrhus-Sieg für die unteren und mittleren Schichten. Mit dem Geldadel hatte umgehend eine neue Elite die Funktion von Grafen und Baronen übernommen. Es ist verständlich, dass Aufklärer dies in den Fanatismus treiben konnte.

In der Tat: Eine Kritik der bestehenden ökonomischen Verhältnisse war und ist notwendig. Seit den 80er Jahren des 20. Jahrhunderts ist in den Staaten des Westens ein klarer Trend zu größerer sozialer Ungleichheit auszumachen. Dies gilt für die Einkommen – etwa bemessen am Gini-Koeffizienten – und mehr noch für die Vermögen. Die Lohnquote (der Anteil am Volkseinkommen, der durch Arbeitnehmerentgelte entsteht) nahm in der Bundesrepublik bis 1975 zu, blieb dann bis 2000 etwa konstant und ist seitdem wieder im Sinken begriffen. Wir haben es demnach seit 20 Jahren mit relativer Lohndrückerei zu tun.

Die genannten Trends waren die letzten Jahrzehnte stabil. Das legt nahe, dass sie einen langfristigen, systemischen Charakter haben und sich nicht ohne weiteres Umkehren werden. Wenn dem aber so ist – und historische Vergleiche im Sinne der genannten Radikalisierung des Kapitalismus legen das nahe – dann tendieren Gesellschaften in stabilen Phasen dazu, die Ungleichheit ökonomischer aber auch anderer Art auszubauen. Das Übergewicht an Macht wird von den Eliten dazu genutzt, diese Macht zu erweitern. Wir wollen dies die **Selbstpotenzierung der Eliten** nennen. Dieses Prinzip ist die vielleicht wichtigste Rechtfertigung dafür, dass sich die Radikale Mitte als „radikal" versteht. Denn ohne Gegengewicht steuern Kulturen und Gesellschaften damit unweigerlich auf innere Instabilität zu. Den Eliten und der politischen Klasse ist also stets mit Misstrauen zu begegnen. Nicht weil sie als wesenhaft „böse" anzusehen sind, sondern weil der Machtinstinkt, der allen Menschen innewohnt, im Falle der Eliten dazu führt, dass das Gleichgewicht der Kräfte auf kurz oder lang aus den Fugen gerät.

Das Prinzip der wirtschaftlichen Rendite wirkt in dem Augenblick im Sinne der genannten Potenzierung, in dem erzielte Gewinne reinvestiert werden. Der Kapitalismus schafft nun eine Sphäre, in der dieses Reinvestieren nicht mehr allein eigenverantwortlich vorgenommen wird, sondern in der sich die Verantwortlichkeiten verteilen. Man investiert eben „an der Börse" oder „in Staatsanleihen" – kurz: auf den Finanzmärkten. Natürlich bleiben die Investitionsentscheidungen nach wie vor in der Verantwortung des Investors. Doch wie wahrscheinlich das Erzielen einer Rendite ist, hängt vom Gesamtzustand der Märkte ab, und das Risiko wird damit in erheblichem Maße zum Systemrisiko. Damit wird aus individuellen Investitionen mit voller Verantwortlichkeit des Investors das Bedienen einer zum Teil automatisch laufenden Gewinnmaschine – befeuert durch viel Zentralbankgeld – deren Funktionieren an den Zustand des Gesamtsystems gekoppelt ist.

Das Problem dabei: Der so in das System eingebaute „Wachstumszwang" besitzt kein adäquates Gegenprinzip. Sozialstaatliche Umverteilungsmechanismen mögen bei der unteren Oberschicht noch greifen, die Superreichen jedoch sind derart gut international aufgestellt, dass nationale Steuerbehörden den Konstrukten aus Briefkastenfirmen, Stiftungen und Offshore-Konten kaum Herr werden können. Im „günstigsten" Falle hat der Einfluss auf die Gesetzgebung dafür gesorgt, dass all die fiskalen Versteckspielchen auch noch legal sind. Der Multimilliardär kann also aus vollem Egoismus heraus den linken Flügel der Sozialdemokratie unterstützen, sorgt doch die entsprechende Politik dafür, dass der erlesene Kreis des monetären Hochadels auch weiterhin möglichst exklusiv bleibt, da die sozialpolitische Umverteilung hauptsächlich der niedere Geldadel zu schultern hat. Mehr noch: Er kann sogar kommunistische Bewegungen in Ländern unterstützen, die sich anschicken, den etablierten Hegemonen der Weltwaren- und Finanzmärkte ernsthafte Konkurrenz zu machen.

Und selbst wenn die Staaten der Welt im Verbunde es schaffen würden, eine hinreichende Machtbeschränkung der geldhochadeligen Oligarchen zu erreichen, so stellt sich die Frage, ob damit nicht der Teufel mit dem Beelzebub ausgetrieben würde. Ob nun Google und Microsoft oder EU und UNO sich in maßloser Weise potenzieren und die Menschheit in einen mehr oder weniger goldenen Käfig führen, ist nicht entscheidend. In beiden Fällen haben wir es mit gefährlicher und übermäßiger Machtkonzentration zu tun. Eine realistische Dystopie ist wohl eher eine Kombination beider Szenarien, eine humanistisch angepinselte korporatistische Weltdiktatur.

Die bestehende ökonomische Weltordnung hat einen Zustand der Dysfunktionalität erreicht, welcher die Stabilität des Systems bedroht. Es herrscht eine Überakkumulation an Investitionskapital. Dies treibt schon seit Jahren die Immobilienpreise in die Höhe und macht Wohnen für viele zum Armutsrisiko. Anders als in vergangenen Krisen stehen die Zustände in der Gegenwart global auf der Kippe. Hier wäre eine politische Linke gefragter denn je. Hier läge ihrem traditionellen Selbstverständnis nach das primäre Betätigungsfeld ihrer Kritik. Es wurde mithin die Verschwörungstheorie geäußert, dass sich seit der Finanzkrise 2008, spätestens jedoch seit sich mit „Occupy Wallstreet" 2011 ein verhaltener Protest gegen den bestehenden Kapitalismus formierte, eine Transformation innerhalb der politischen Linken vollzog, die nicht ganz zufällig war: weg von manifester Kritik an ökonomischen Strukturen, hinein in den identitätspolitischen Irrgarten.

Wichtig wäre es für den Linksprogressivismus, dies als Falle zu erkennen. Wichtig wäre es ferner, dass der Linksprogressivismus sich von seinem marxistischen Erbe emanzipiert. Denn im Marxismus sind politische Theorie und Weltanschauung so eng verwoben, dass auf seinem Fundament Totalitarismus und Intoleranz wahrscheinlicher sind als Pluralismus und Demokratie. Marx war doktrinärer Materialist, und für das 21. Jahrhundert verbietet es sich, für eine politische Ideologie metaphysische Grundpositionen derart eng an politische Anschauungen zu koppeln. Er ist in dieser Hinsicht von der Wissenschaftsgeschichte des 20. Jahrhunderts überholt worden. Die Radikale Mitte enthält sich aus gutem Grunde einer metaphysischen Standortbestimmung. Wohl mag sie verschiedene Flügel zulassen, in denen dies nicht so ist – gemeinsames Ziel muss aber sein, einen zentralen Bestand an ideologischen und philosophischen Positionen zu pflegen, der offen ist für diverse Weltanschauungen. Dies ist die eigentliche Diversität, die geistig höchst herausfordernd und mit einem kulturellen Arbeitsauftrag verbunden ist – nicht die Diversität der Hautpigmentierungen, sexuellen Erregungsmechanismen und des kosmopolitischen Feinschmeckertums.

2.3.3 Vulgärsozialismus

Zu Beginn des 21. Jahrhunderts ist der Linksprogressivismus die *kulturell* dominierende Ideologie in den westlichen Ländern. Dieser Sieg im Bereich der kulturellen Deutungshoheit hatte allerdings einen hohen Preis. Er bestand darin, dass grundlegende Themen der Gesellschaftskritik aufgegeben wurden. Die politische Linke ist heute in weiten Teilen nicht mehr Anwalt der Mehrheitsbevölkerung, etwa im Sinne der unteren zwei Drittel der sozialen Schichtung. Sie kritisiert nicht mehr kenntnisreich die sozioökonomischen Verhältnisse, analysiert nicht mehr tiefenscharf grundlegende Fehler unserer Wirtschaftsordnung. In ihrem Anspruch, die bestehenden Verhältnisse kritisch zu hinterfragen, hat sie zentrale Felder geräumt, um dafür auf Nebenschauplätzen umso spektakulärere Kämpfe gegen Windmühlen zu führen.

Die gesellschaftlichen Zustände werden nur noch kritisiert mittels abstrakter und fragwürdiger begrifflicher Konstruktionen: „das System", „das Patriarchat", „die rassistische weiße Mehrheitsgesellschaft", „die heteronormative Mehrheitsgesellschaft" und so weiter. Mit diesen Schlagworten wird kaschiert, dass es sich bei vorgetragenen politischen Forderungen gemeinhin um schnöde, an den Staat appellierende Interessenpolitik handelt. Im Deckmäntelchen des Humanismus steckt der Kampf um Ressourcen – nicht anders als im „Kapitalismus".

In den letzten Jahren hat sich in rechten und libertären Kreisen ein Begriff etabliert, um den beschriebenen „Neoprogressivismus" zu kritisieren. Vertreter werden als „Social Justice Warriors" bezeichnet (dt. „Krieger für soziale Gerechtigkeit", mitunter auch abgekürzt als „SJW"). Wir wollen uns dieser Wortwahl nicht anschließen. Zum einen ist diese Begriffsbildung ironisch gemeint, denn bezeichnet wird ja kein echtes Heldentum, sondern die narzisstische Selbstgerechtigkeit gutmenschlicher Gesinnungstäter. Eine wesenhaft polemische Begriffsbildung hat aber kaum Aussichten darauf, in intellektuellen oder gar akademischen Kreisen ernst genommen zu werden. Ferner wollen wir nicht ernsthaft von „Social-Justice-Warrior"-ismus, oder „Social-Justice-Warrior"-istisch sprechen, schon gar nicht, wenn wir höherrangige Textgattungen anstreben. Deswegen brauchen wir einen soliden Namen, denn die Sache ist zu wichtig, als dass wir es uns leisten könnten, bei der Begriffsbildung unaufmerksam zu sein.

Wir sprechen deshalb von **Vulgärsozialismus**. Dieser Begriff sollte sowohl für Gegner des Linksprogressivismus wie als auch – was besonders wichtig ist – für Vertreter desselben annehmbar sein. Denn auch Linke, die etwa in klassischer sozialdemokratischer Tradition stehen, können und sollten sogar die mitunter abenteuerlichen Blüten des **Vulgärsozialismus** kritisieren.

Was kennzeichnet nun den **Vulgärsozialismus**?

Die „Kinder der Grünen", jene Generation, die links-emanzipatorische Denkfiguren mit der Muttermilch aufzusaugen hatte, stehen im Zentrum dieser Bewegung. Es ist eine bedauernswerte Generation. Ihr Linkssein ist nicht erkämpft, nicht gereift in steter Auseinandersetzung mit einem mächtigen ideologischen Gegner. Ihr Linkssein ist Anpassung an das ideologische Milieu ihrer Lehrer und Eltern – ein braves, folgsames Rezitieren der ideologischen Phrasen einer Generation, die sich in ihrer weltverbesserischen humanistischen Rhetorik zu Tode gesiegt hat. Linkssein ist hier nicht mehr Konsequenz eines kritischen Nachdenkens, sondern ein Nachtrotten auf Pfaden, die schon von den Eltern weidlich ausgetrampelt wurden.

In dem zunehmend areligiösen gesellschaftlichen Zusammenhängen des frühen 21. Jahrhunderts sind atheistische und mehr noch agnostische Lebenseinstellungen weit verbreitet. Doch ist der menschliche Geist dafür ausgelegt, vor dem Hintergrund, dass alle stammesgeschichtlich gewordenen Kulturen irgendeine Form von Religion hervorbrachten? Man kann daran zweifeln angesichts der Beobachtung, welche sich nach dem Jahr 2000 in der politischen Linken ergab. Denn Linkssein bekam immer mehr selbst den Charakter einer Religion. Das fängt schon mit der bekenntnishaften Wiederholung der „Abgrenzung von rechts", der „Absage an jede Form von Rassismus, Sexismus und Homophobie" oder dem Kampf gegen „jede Form des Faschismus". Diese Phrasen haben den Charakter von Glaubensbekenntnissen, die gebetsmühlenartig wiederholt werden.

Um in diese Religion einzutreten, ist es indes nicht notwendig, Marx oder Adorno zu studieren oder sich mit Soziologie oder Volkswirtschaft zu beschäftigen. Entscheidend ist ein emotionales, quasireligiöses Verbundensein mit einer vulgären Form des Sozialismus. Wie allgemein linksprogressive Denkungsarten beruft sich auch der Vulgärsozialismus auf die Ideale von Aufklärung und Humanismus, wobei der Gleichheit der Vorrang eingeräumt wird. Wir stellten bereits fest, dass schon der Marxismus gegenüber der recht vielschichtigen Aufklärung eine Vulgarisierung darstellt. Der **Vulgärsozialismus** ist eine weitere Stufe der Vulgarisierung. Komplexe Überlegungen zu volkswirtschaftlichen oder geopolitischen Zusammenhängen sucht man vergebens. Die zugrunde liegenden Konzepte sind denkbar schlicht. Vieles kreist um das sozialistische Menschenbild, überspitzt formuliert durch den Glaubenssatz: „Alle Menschen sind gleich, Differenz entsteht durch Sozialisation". Selbstredend ist dieses Menschenbild wissenschaftlich nicht haltbar, doch es hat den Vorteil, in gesellschaftlichen Debatten stets anwendbar zu sein. Soziologisch feststellbare Gruppenunterschiede müssen demnach immer auf einer Form der Ungerechtigkeit, sprich „Diskriminierung" beruhen. Verschiedene Gruppen und Kulturen werden in einem Nullsummenspiel miteinander gesehen, wo eine immer nur auf Kosten anderer überlegen sein kann. Allgemein lässt diese Weltsicht keinen Raum für Verbesserung – weder individuell noch kollektiv – weil nichts besser oder schlechter sein darf als ein anderes und somit auch nicht besser sein und werden kann, als es selbst einmal war. Es geht also im Vergleich immer nur um Macht, nie aber um Qualitäten und deren Weiterentwicklung. Jede Qualität einer Gruppe oder Kultur, durch welche diese heraussticht, muss also als eine Form von Macht und damit Unterdrückung gesehen und bekämpft werden. Das vermeintliche Endziel – die universelle Gleichheit – ist als Fixierpunkt eines fanatischen Denkens per se nicht erreichbar und im Grenzwert einer allgemeinen Indifferenz ein farb- und freudloses Zerrbild einer egalitären Gesellschaft.

Die Wortherkunft des Begriffes „Diskriminierung" ist in unserem Zusammenhang ausgesprochen erhellend. Neben der gängigen Bedeutung der Benachteiligung oder Herabwürdigung von Gruppen bedeutet dieser Begriff zunächst einmal so viel wie „Unterscheidung". Und in der Tat ist Unterscheidung der erste von zwei Bestandteilen dessen, was wir als inhumane Form der Diskriminierung bezeichnen: die Feststellung von Gruppenunterschieden. Entscheidend und problematisch ist das jedoch nicht, sondern durchaus gewöhnlicher Bestandteil soziologischer oder psychologischer Untersuchungen. Kritisch ist der zweite Bestandteil: Unterschiede nur in einer wertenden Weise als Hierarchie denken zu können, genauer: eine Hierarchie, die Letztendlichkeitscharakter hat Denn Unterschiede zu benennen ist eine elementare Funktion des Verstandes. Und auch die Benennung von Gruppenunterschieden darf nicht tabuisiert werden. Es würde nämlich nichts anderes bedeuten, als die genannten Wissenschaften zu verbieten. Es ist eine Ironie der Geschichte, dass der **Vulgärsozialismus** der Gegenwart den Anschein erweckt, von Soziologie kaum noch etwas wissen zu wollen, wo doch vor gut einer Generation eben jene Wissenschaft als Steckenpferd der Linken galt.

Das Dilemma linksprogressiven Denkens ist, dass der zweite, problematische Bestandteil inhumaner Diskriminierung seit jeher elementarer Bestandteil linken Denkens ist. Seit jeher hat linksprogressives Denken Unterschiede wertend in eine letztendliche Hierarchie eingeordnet. Alle gesellschaftlichen, politischen und kulturellen Zusammenhänge werden aus linker Perspektive nach dem Kriterium der „Progressivität", der „Fortschrittlichkeit" bewertet. Damit trägt dieses Denken den Keim herabwürdigender Diskriminierung in sich. Dieses strikte Denken in Wertehierarchien ist notwendiger Bestandteil herabwürdigender, inhumaner Diskriminierung. Und dieses Denken ist wesentlicher Bestandteil des Linksprogressivismus.

Das ist für Linke ein Problem. Die Lösung scheint darin zu bestehen, jedwede Benennung von Gruppenunterschieden selbst als „rassistisch" oder „diskriminierend" abzulehnen. So bewegt man sich unter Linken selbst dann auf gefährlichem Terrain, wenn man Befunde aus der Forschung zitiert. Als Beispiel mag hier die wissenschaftliche Tatsache genannt werden, dass bei bestimmten Ethnien ein niedrigerer mittlerer Intelligenzquotient gemessen wurde als bei anderen. Natürlich können bei undifferenziertem Zitieren derart heikler wissenschaftlicher Befunde hässliche, inhumane Konsequenzen nahegelegt werden. Ein Verbot, dies auszusprechen, kann daraus jedoch nicht abgeleitet werden.

Geradezu antiemanzipatorisch wird das vulgärsozialistische Denken dort, wo scheinbar linke Diskurse darauf hinauslaufen, dass zentrale gesellschaftliche Probleme im wesentlichen durch die Mehrheitsbevölkerung verantwortet werden. Praktisch alle prominenten Themen der vulgärsozialistisch geprägten Gegenwartslinken tragen diesen Charakter: Aus dem Klimawandel wird abgeleitet, dass wir künftig den „Gürtel enger schnallen" müssen. Mit feministischen Denkfiguren werden nicht selten Männer gegen Frauen ausgespielt. Die tatsächliche oder vermeintliche Diskriminierung von Minderheiten wird benutzt, um weißen Mehrheitsbevölkerungen pauschalen Rassismus zu unterstellen. Bei derartigen **Volksbeschämungsnarrativen** geraten diejenigen aus dem Blick, die bei einer emanzipatorischen Geisteshaltung eigentlich im Fokus stehen sollten: die Eliten; der Klub der Milliardäre; die Mächtigen; die Oligarchen, die es – man mag es kaum glauben! – auch im Westen gibt.

Der **Vulgärsozialismus** ist aus Sicht der Radikalen Mitte zu bekämpfen. Er ist eine Verfallsform des spätneuzeitlichen Denkens. In ihm schlägt aufklärerisches Denken mithin in das schiere Gegenteil um. Immer dann nämlich, wenn der Universalismus der Vernunft durch gruppenspezifische Diskursräume ersetzt wird, die durch schwer durchschaubare und sich ständig ändernde Täter-Opfer-Zuschreibungen eine je eigene Deutungslegitimation zugesprochen bekommen. Diese unter den Schlagworten „Identitätspolitik" und „Intersektionalität" firmierenden Tribalisierungstendenzen der Gegenwartslinken führt nicht zu einer Aufklärung, sondern zu einer Verdunkelung. Wahrheit als regulative Idee, als anzustrebendes Ideal kann es in dem Augenblick nicht mehr geben, in dem ein überspannter Subjektivismus dazu führt, dass sich Gruppen ausschließlich selbst repräsentieren können. Gewiss hatten politische Entscheidungen der Vergangenheit mithin den Charakter, dass über Personengruppen entschieden wurde, denen niemals Gehör geschenkt wurde. Doch dieses Prinzip ins Gegenteil zu verkehren führt in letzter Konsequenz zu einem nicht mehr durch Vernunft regulierbaren Kampf aller Gruppen gegen alle. Bei einem solchen Kampf sind die Gruppen und Minderheiten am erfolgreichsten, welche am lautesten sind. Damit ist vorgezeichnet, dass bestimmte Gruppen, die aufgrund echter Benachteiligungen keine entsprechend laute Stimme haben, zu kurz kommen: Kinder, geistig Behinderte, Alte...

Auch aufrechte Linke müssen die Gefahr erkennen, wenn sich die Narrative des eigenen Lagers von der Seite von Analyse, Wissenschaft und Aufklärung auf die Seite des Glaubens, des emotionalisierten Bekennertums, der Propaganda bis hin zu einer Art neureligiösem Mystizismus verschieben. Denn dies untergräbt eine der grundlegenden Fundamente unserer freiheitlichen Gesellschaftsordnung: eine weitgehende Trennung von Religion und Politik. Wir laufen sonst Gefahr, ein neues Zeitalter der Religionskriege heraufzubeschwören. Die tiefen Gräben zwischen den politischen Lagern, insbesondere in den USA, lassen hier nichts Gutes ahnen.

Der **Vulgärsozialismus** ist auch deshalb zu bekämpfen, weil er offensichtlich ein Steckenpferd der Eliten ist. Viele politisch links stehende Menschen sind unfassbar naiv, da sie nicht erkennen, dass das eigene politische Lager genauso elitistisch instrumentalisiert wird wie alle anderen Lager, wenn nicht sogar noch mehr. In diesem Sinne könnte man den Vulgärsozialismus auch als Neo-Progressivismus bezeichnen und in ganz ähnlicher Weise von Neo-Konservativismus und Neo-Liberalismus sprechen. Denn alle drei politischen Lager sind heute überformt durch elitistische Vereinnahmungen und repräsentieren nur noch in verstümmelter Weise die geistigen Kraftpole, für die ihre Namen stehen.

Insbesondere der **Vulgärsozialismus** hat in Form des „woke capitalism" längst jede fundamentale Kritik an den bestehenden ökonomischen Verhältnissen aufgegeben. Mehr noch – eine solche wird mithin durch hanebüchene Antisemitismus-Vorwürfe prinzipiell diskreditiert. Allgemein über den „Kapitalismus" klagen ist noch erlaubt, aber wer auf institutioneller und personeller Ebene versucht, Ross und Reiter zu benennen, wird früher oder später über einen jüdischen Namen stolpern. Damit ist man zwar noch kein Antisemit, doch die Falle schlägt erbarmungslos zu. Wer diese Klippe umschifft hat, ist dennoch ein „Verschwörungstheoretiker" oder ein Antisemit, der dies geschickt hinter dem „Tarnbegriff der Eliten" verbirgt. Diese Taktik mag am rechtsradikalen Rand zum Einsatz kommen – aber jede Elitenkritik so zu diskreditieren, ist plump und durchschaubar. Das ficht die politische Linke nicht an – wahrscheinlich, weil sie durch moralische Erpressung besonders leicht zu manipulieren ist. Die Plumpheit dieser Taktik wiederum führt vor Augen, dass die hergebrachten Machtstrukturen sich kaum noch vernünftig rechtfertigen lassen und mit Propaganda der schmutzigsten Sorte verteidigt werden müssen.

Längst haben wir es mit einem heimlichen Bündnis zwischen Kapitalismus und Vulgärsozialismus zu tun. Der Kapitalismus kann durch dieses Bündnis die kulturelle Flanke schließen. Den Shareholder-Value durch Maximierung der Quartalsgewinne zu steigern, ist als kulturelles Paradigma vergleichsweise unattraktiv. Da machen sich ein paar humanistische Floskeln nicht schlecht, insbesondere wenn man damit das Programm der Globalisierung auf Hochglanz polieren kann. **Migration**, die im Kontext der Gegenwart primär als **Freihandel für Humankapital** zu verstehen ist, wird zum Werkzeug eines globalen Egalitarismus verklärt. Und ein großer Online-Buchhändler hat das Thema „Diversity" längst als PR-Strategie entdeckt. In Clips werben zu „Diversitäts-Trophäen" herab gewürdigte Menschen für den Weltkonzern. Hinter dieser moralischen Fassade werden deutschen Angestellten dennoch hartnäckig Tarifverträge vorenthalten, welche die Mittelschicht davor schützen würde, ökonomisch unter die Räder der Digitalisierung zu kommen. Der Gewinn für den Vulgärsozialismus besteht darin, weitgehend die ideologische Herrschaft über die kulturnahen Milieus (Sozialwissenschaften, Kunst, Medien,...) zu erhalten. Linkssein darf hier den Mainstream dominieren, solange essentielle Kritik an den bestehenden ökonomischen und geopolitischen Verhältnissen gemieden wird.

Ein augenfälliges Beispiel für diese unheilige Allianz liefert das „Institute for Strategic Dialogue". Dieser **elitistische** „Think Tank" mit Sitz in London ist ebenso wie die deutsche „Amadeu Antonio Stiftung" ein konkret zu benennendes Beispiel für die Wachhunde der öffentlichen Diskursräume, die links dominiert sind. Der Themenkatalog des Instituts liest sich wie folgt (18.12.2021): Desinformation (Wahlen, Gesundheit, Klima, Verschwörungsnetzwerke), Extremismus (Rechtsextremismus, Islamismus, Frauen und Extremismus), Polarisierung und Hass (Islamophobie, Antisemtismus, Misogynie, LGBTQ). Das ist nichts anderes als ein Katalog der aktuell dominierenden Themen vulgärsozialistisch geprägter Diskurse. Bezeichnender Weise scheint dieses feine, ach so demokratische Institut mit Linksextremismus kein Problem zu haben.

Um die Ironie dabei zu begreifen, muss man einmal das Board des Institutes unter die Lupe nehmen. Es finden sich hier unter anderem: Roland Berger, Mathias Döpfner, Karl-Theodor zu Guttenberg, Charles Guthrie (Baron Guthrie of Craigiebank), Helena Kennedy (Baroness Kennedy of The Shaws), Patricia Rawlings (Baroness Rawlings), David Simon (Baron Simon of Highbury) und Adair Turner (Baron Turner of Ecchinswell). Die Vertreter von deutscher Seite wenigstens stehen für das, was von linker Seite stets als „Neoliberalismus" kritisiert wird. Und die daneben zu beobachtende auffällige Häufung von Adeligen ist auch nicht das, was in linken AStA-Kreisen als Avantgarde der Menschheit angesehen werden dürfte. Ein Schelm, wer Böses dabei denkt.

Hier zeigt sich insbesondere, wie fatal es ist, dass es in vulgärsozialistischem Milieu um historische Bildung nicht gut bestellt ist. Denn schon die Geschichte der Römischen Republik dient als erhellendes Beispiel. Bekanntlich gab es damals zwei Parteien: die volksnahen Popularen und die konservativen, der senatorischen Elite zugeneigten Optimaten. Das war die antike Version von „rechts" und „links". Die Popularen waren diejenigen, die das Programm vertraten, die soziale Lage des breiten Volkes zu verbessern, während ihre optimatischen Gegner die Interessen der Oberschicht vertraten. Der geschichtliche Hintergrund ist, dass der Sieg über den großen Konkurrenten Roms, Karthago, vor allem der optimatischen Elite Vorteile gebracht hatte. Die römische Mittelschicht sah sich zusehends durch die Konkurrenz der vielen neuen Sklaven bedroht, die vor allem im Dienste der Oberschicht tätig waren. Die Schere von Arm und Reich ging auseinander. Nun gab es sicherlich Vertreter der Popularen, denen es ein aufrichtiges Anliegen war, die soziale Schere ein stückweit zu schließen. So versuchten die Gebrüder Tiberius und Gaius Gracchus vergeblich, eine Landreform durchzusetzen, die der Vermögenskonzentration zugunsten der Eliten entgegengewirkt hätte. Es gab aber auch popularische Politiker wie Julius Caesar: Auch er setzte sich für Maßnahmen ein, die der heutigen Sozialdemokratie erstaunlich ähnlich, also nach unseren Begriffen „links" waren. So führte er in Rom, das mit explodierenden Mieten zu kämpfen hatte, eine Mietpreisbremse ein. Doch ging es Caesar nicht um eine grundlegende Reform der sozialen Verhältnisse. Seine „linke" Politik hatte das Ziel, mit Hilfe der Sympathie der breiten Massen den konkurrierenden Hochadel in Schach zu halten. Denn Caesar selbst war ein Vertreter des Hochadels, der persönlich so mächtig geworden war, dass er es wagen konnte, sich zum Alleinherrscher aufzuschwingen. Dazu musste er den Hochadel politisch kaltstellen.

Nur weil das Narrativ einer politischen Bewegung links ist, bedeutet dies also nicht, dass diese Bewegung das Los der breiten Bevölkerung nachhaltig verbessern will. Das Joch der Arbeiterklasse unter Stalin und Mao war nicht leichter als das in kapitalistischen Ländern – im Gegenteil. Einen Massenexodus der Arbeiter aus kapitalistischen in sozialistische Länder hat es nie gegeben. Und wenn es zu einem Angriff der Milliardäre auf die Millionäre kommt – und manches sieht in der Gegenwart danach aus! – dann würde auch eine solche politische Agenda sich wohl in ein politisch linkes Kleid hüllen. Und das Klimawandel-Narrativ führt drastisch vor Augen, wie es mit simplen Mitteln gelungen ist, die politische Linke von der sozialen Frage zu entwöhnen. Den Oligarchen kann es gleichgültig sein, wenn sich der Strompreis verzehnfacht. Autofahren wird dann „endlich wieder" ein Privileg der Oberschicht – wie zu Zeiten der Königsherrschaft Kaffee- oder Schokoladetrinken. Und auch die Klimaaktivistin Carla Reemtsma stammt aus einer Familie, die genug Vermögen besitzt, um sich niemals über Stromarmut Sorgen machen zu müssen. Um des Klimaschutz willens werden die Milliardäre gewiss nicht auf ihre Privatjets, Villen und Yachten verzichten.

Zusammengefasst lässt sich feststellen: Als das in kultur- und medienschaffenden Kreisen dominierende Narrativ ist der Vulgärsozialismus von Seiten der radikalen Mitte allein deshalb zu bekämpfen, weil sich das krallenbewehrte Skelett der Macht nur allzu gern mit dem schmucken, regenbogenfarbenen Gewand des Vulgärsozialismus tarnt. Das zu erkennen ist zwar nicht allzu schwer, doch lassen sich viele Linke täuschen, stecken sie mit ihren Feindbildern doch häufig immer noch im 20. Jahrhundert fest. Der Vulgärsozialismus muss auch aus klassisch linker Perspektive bekämpft werden, stellt er doch eine unsägliche Verflachung der eigenen Denkdisziplinen dar. Anstelle von Aufklärung, Analyse und Kritik, stehen Gutmenschentum, Moralisierung und Fanatismus. Wissenschaftliche Argumente etwa aus dem Feld der Soziologie, Biologie, Psychologie, Ökonomie werden allenfalls vor dem Hintergrund vorgefertigter Opfer- und Täterrollen höchst einseitig zitiert. Ein anmaßender intellektueller Deutungsanspruch steht oft eine bestürzende Unbildung gegenüber.

So ausführlich musste über den Vulgärsozialismus gesprochen werden, weil diese Denkungsart, diese intellektuelle Verfallserscheinung heute derart verbreitet ist, dass sie mithin für den Linksprogressivismus schlechthin gehalten wird. Dem ist entschieden zu widersprechen! Bei aller informationskriegerischer Verve sollte jedoch nicht vergessen werden, dass selbstredend auch für den Vulgärsozialismus das **Prinzip der historischen Zweischneidigkeit** gilt: Alles historisch Gewordene hat ein Recht, durch das es entsteht und eine Schuld, durch die es zugrunde geht. Auch wenn die Zugeständnisse wahrscheinlich banalen Charakter haben werden, sollte man sich der geistigen Disziplin nicht entziehen, nach dem Recht des Vulgärsozialismus zu fragen.

2.3.4 Gleichheits-Gnostizismus

Der Linksprogressivismus zieht im Rahmen dieses Manifestes vermehrt Kritik auf sich, weil er in intellektuellen Kreisen klar dominiert. Bei einer Kritik der bestehenden Verhältnisse – welche für die Radikale Mitte fundamental ist – gibt er also notwendiger Weise die größte Zielscheibe ab. Es soll ein weiterer Aspekt der Kritik herausgearbeitet werden, welcher nicht nur den Vulgärsozialismus betrifft. Wir enden, wo wir begannen, beim Schlüsselbegriff der „Gleichheit". Denn es gibt eine in linken Kreisen weit verbreitete Form des **politischen Gnostizismus**, dessen Leitwert, sich aus diesem Begriff ableitet.

Gleichheit ist immer das Ergebnis einer Abstraktion und damit Ergebnis einer Entscheidung für ein bestimmtes Abstraktions-*schema*. Es gibt also viele Arten von Gleichheit und Ungleichheit. Zwei wirkliche und konkrete Dinge sind niemals vollständig gleich. Auch Menschen sind selbstredend höchst individuell, allein schon genetisch. Man muss einen bestimmten Aspekt auswählen, wonach man dann Menschen darauf bezogen als gleich oder ungleich bewerten kann: Menschenwürde, Einkommen, staatsbürgerliche Rechte, Vermögen etc.

In linken Diskursen ist eine Dunkelheit darüber, was genau unter „Gleichheit" zu verstehen ist, weit verbreitet. Diese Unschärfe ist durchaus kein Zufall, denn so kann man politisch kontroverse Gleichheitsforderungen mit Gleichheitsgrundsätzen rechtfertigen, die als Fundament der freiheitlich-demokratischen Grundordnung unaufkündbar sind. Wenn ein Mensch gefoltert wird, so macht es keinen Unterschied, ob er arm oder reich ist, Mann oder Frau, weiß oder schwarz. Es ist und bleibt das gleiche Unrecht. Auf dieser Gleichheit der Würde beruht die Gleichheit vor dem Gesetz. Dass aber alle Menschen den gleichen Arbeitslohn erhalten sollten, dass alle Menschen – unabhängig von der Staatsbürgerschaft – in Deutschland die gleichen Sozialleistungen beziehen können sollten, dass in allen Berufsfeldern absolute Geschlechterparität zu fordern und notfalls mit Quotenregelungen durchzusetzen ist, all das lässt sich zwar mit einer diffusen Gleichheitsrhetorik rechtfertigen. Es ist aber in keiner Weise Teil des unhinterfragbaren Grundbestandes einer demokratischen Gesellschaft, sondern Teil eines linksextremen Programms zur fundamentalen Transformation einer bürgerlichen Gesellschaft. Es ist Ausdruck von Gleichheits-Fanatismus.

Die vielen Formen von Gleichheit und Ungleichheit dürfen nicht rhetorisch in eins gesetzt werden. Betrachten wir hierzu einmal die Dimensionen „Einkommen" und „subjektiv empfundenes Lebensglück". Natürlich gibt es eine Korrelation zwischen beiden Dimensionen. Menschen fühlen sich tendenziell glücklicher, wenn sie ein höheres Einkommen haben. Bemerkenswert ist, dass diese Korrelation bei Männern stärker ausgeprägt ist als bei Frauen, und insbesondere bei Müttern dieser Zusammenhang weitgehend verschwindet. Es ist deshalb praktisch unmöglich, eine Gleichheit der Geschlechter sowohl bezogen auf das Einkommen als auch bezogen auf das subjektive Lebensglück herzustellen. Gilt es als gesellschaftliches Ziel, dass beide Geschlechter möglichst gleich glücklich sind, so hätte dies zur Folge, dass ein „Gender-Paygap" hierfür eine notwendige Voraussetzung wäre.

Die Betrachtung isolierter soziologischer Dimensionen in Zusammenhang mit Gleichheitsforderungen ist also höchst problematisch und a priori unseriös. Dazu ergibt sich das Problem, dass von mehrdimensionalen Betrachtungen nicht eindeutig auf eine eindimensionale Gesamtbilanz geschlossen werden kann. Wenn man etwa zwei Faktoren von Intelligenz wie sprachliche und mathematische Intelligenz zu einer globalen Intelligenz verrechnen will, so könnte man einfach den Mittelwert nehmen, oder die Wurzel aus der Summe der Quadrate, oder gar den Maximalwert der Einzelintelligenzen. Es gibt hier keinen eindeutigen Weg. Je nach Berechnungsmethode könnte sich bei der Bewertung zweier Personen in einem Fall die eine im anderen Falle die andere Person als „intelligenter" gelten. Tatsächlich kann also aus einzelnen Dimensionen der Gleichheit bzw. Ungleichheit keine eindeutige Gesamtbilanz gezogen werden. Benennung einzelner Ungleichheitsaspekte können also niemals ohne weiteres als abschließendes Werturteil gedeutet werden.

Es ist nun eine übliches Muster linker Diskurse, weder das Gleichheitsmaß für Gleichheitsforderungen zu rechtfertigen noch mehrdimensionale Betrachtungen anzustellen, womit der Eindruck entsteht, es gäbe nur eine Form von „Gleichheit". Ein derartig unterkomplexes Denken stellt sich als ein Fall von **politischem Gnostizismus** heraus: dem **Gleichheits-Gnostizismus**. Er ist als unwissenschaftlich zu kritisieren und zurückzuweisen. Unter seiner Maxime kann es als Ausdruck von Rassismus aufgefasst werden, wenn etwa die wissenschaftliche Tatsache zitiert wird, dass eine ethnische Gruppe im Mittel eine niedrigere Intelligenz hat als eine andere. Aus einem solchen Forschungsergebnis kann selbstredend nicht gefolgert werden, dass Menschen unterschiedlicher Gruppen sich an Menschenwürde unterscheiden. Ungleichheit ist eben nicht gleich Ungleichheit. Allein der **Gleichheits-Gnostizist** will sich nicht auf das Feld differenzierter, mehrdimensionaler soziologischer Vergleiche einlassen, sondern fordert pauschal die „möglichst weitreichende" Gleichheit aller, ohne zu begreifen, was das eigentlich sein soll.

2.4 Der Konservativismus

Der Konservativismus hat in der Moderne einen schlechten Stand. Die Moderne ist das anti-konservative Zeitalter schlechthin. Ihm fällt die Rolle zu, im Prozess der Modernisierung das hemmende Moment zu sein, der skeptische Einspruch gegen Progressivitätseuphorie liberaler oder linker Provenienz. Was aber ist Konservativismus darüber hinaus? Was rechtfertigt Misstrauen gegenüber Neuerungen?

Der Konservativismus ist die politische Doktrin, welche der praktischen Vernunft den Vorrang einräumt. Daraus ergibt sich eine gewisse „Theoriescheue" des Konservativismus. So hat er etwa in der Frage nach dem Wesen des Menschen keine schnellen Antworten parat. Das unterscheidet ihn von liberalen und linksprogressiven Positionen. Dieser Erkenntnispessimismus ist verwandt mit dem Pessimismus bei den Erwartungen, die er in sittlicher Hinsicht vom Menschen hat. Der Konservative geht nicht davon aus, dass das „Wesen des Menschen" prinzipiell gut und er nur durch die Verhältnisse verdorben sei – wie viele Sozialisten. Diese Verhältnisse sind also den Konservativen nicht rundweg unfrei machende Zwangsmechanismen, die es umzustürzen gilt, sondern mithin notwendiges Stützkorsett, um die allzu schwache menschliche Natur in ein gewachsenes gesellschaftliches Ganzes einzufügen. Dieses vorgefundene gesellschaftliche Ganze legitimiert sich für den Konservativen dadurch, dass es den Status Quo trägt. Dieser birgt aus konservativer Sicht auch Errungenschaften, die zu bewahren erste Pflicht der Politik ist. „Keine Experimente" lautet das Credo des Konservativen und in der Tat sollte jeder Eingriff in die Gesellschaft die Prüfung durchlaufen, ob dadurch bestehende Errungenschaften nicht gefährdet werden.

Der Erkenntnispessimismus des Konservativen mag auch dazu beitragen, dass Konservative nicht dafür bekannt sind, große Theoriegebäude zu entwerfen. Die wichtigste Theorie der Konservativen ist denn auch eine, die sich nicht an allgemeinen Grundsätzen orientiert, sondern an einer weiten Sammlung von Beispielen. Die wichtigste Theorie der Konservativen ist die Geschichte. Ein wesentliches Erkenntnismittel ist der historische Vergleich. Wann immer gesellschaftliche Neuerungen zur Diskussion stehen, fragt der Konservative, ob es in der Geschichte bereits ähnliche Bestrebungen gegeben hat und wozu diese geführt haben. So gesehen ist der Konservative also ganz und gar Empiriker was das politische und gesellschaftliche Sein des Menschen anbelangt. Eine Voraussetzung für die Anwendbarkeit dieser Methode besteht darin, dass das Wesen des Menschen auch über die Jahrhunderte hinweg als im Wesentlichen konstant angesehen werden kann.

Der wichtigste Konservative des 19. Jahrhunderts ist aus deutscher Perspektive zweifelsohne Otto von Bismarck; der wichtigste des 20. Jahrhunderts aus europäischer Charles de Gaulle. In einem wesentlichen Punkt unterscheiden sich diese prägenden historischen Persönlichkeiten. De Gaulle gründete eine Art Schule und blieb über sein Abdanken als französischer Staatspräsident hinaus wirksam. So wie man in diesem Sinne von „Gaullismus" spricht, so spricht man nicht von „Bismarckismus". Bismarck gründete keine Schule. Und so wurde so manche kluge geopolitische Einsicht Bismarcks in der Folgezeit vergessen. Hier zeigt sich ein klarer Mentalitätsunterschied. Das historische Phänomen Bismarck blieb auf seine Person beschränkt und spiegelt damit ganz das teutonisch-voluntaristische Moment Deutschlands wider, wo der romanisch-französische Geist zum Klassizismus, zur Kanonisierung tendiert.

Vielleicht war es eine Folge des fehlenden „Bismarckismus", dass in Deutschland der Konservativismus im Weiteren intellektuell derart unterentwickelt blieb. Vielleicht war es auch der antitheoretische Charakter des Konservativismus. Klar ist nur:

2.4 DER KONSERVATIVISMUS

Die wichtigste konservative Kraft der Weimarer Republik – die Zentrumspartei – blieb durch ihre konfessionelle Bindung an den Katholizismus stets ein intellektueller Vasall der Kirche. Und die Unionsparteien waren von Anfang an neben der konservativen Ausrichtung auch im Liberalismus verwurzelt. Vor allem in ökonomischen Fragen bleibt der Konservativismus bis heute nicht als eigenständige Größe erkennbar. In Deutschland ließ sie sich von Beginn der Bundesrepublik an erst ordoliberal und dann washingtonkapitalistisch fremdbestimmen. Das ist kurios. Denn es gibt eine heute nahezu vergessene ökonomische Schule, die etwa hundert Jahre führend in Deutschland war und die bestens dazu geeignet wäre, die ökonomische Flanke des Konservativismus zu schließen: die **historische Schule der Nationalökonomie**.

Es entspricht der intellektuellen Grundeinstellung des Konservativismus, dass die historische Schule der Nationalökonomie nicht nach universellen Gesetzen strebt. Pragmatisch bezieht sie in ihre Überlegungen immer den historischen Kontext der ökonomischen Räume ein, die sie untersucht, und bemüht sich um wirklichkeitsnahe Lösungen. Damit ist sie wesenhaft konservativ. Gerade in Zeiten der Globalisierung, die alle ökonomischen Bedingungen der Welt gleichzuschalten bestrebt ist, könnte eine starke konservative ökonomische Schule ein wertvolles Gegengewicht darstellen. Umso mehr, als die Nähe des gegenwärtigen Konservativismus zum Washingtonkapitalismus geradezu paradox anmutet, erweist sich die unter seinem Stern stehende Globalisierung doch als zerstörerisch für alles, was dem Konservativen wertvoll erscheinen mag: familiäre Bindungen, nationale und regionale Traditionen, verlässliche und beständige Liebesbeziehungen, religiös gebundene Spiritualität, organisches Wachstum der Gesellschaft ohne allzu große Brüche. Das Versagen des Konservativismus in ökonomischen Fragen, das Versäumnis, selbstbewusst und in Abgrenzung zu allen liberalen und sozialistischen Schulen Stellung zu beziehen, ist die Erbsünde des Konservativismus des 20. Jahrhunderts, die bis in die Gegenwart fortwirkt. Vermutlich war es die allzu innige Waffenbrüderschaft mit dem Liberalismus in der Zeit des Kalten Krieges, die den Konservativismus auf dem ökonomischen Auge erblinden ließ.

2.4.1 Konservativismus und Weltanschauung

Den Konservativismus in der späten Neuzeit kennzeichnet ein weiterer Schwachpunkt, vor allem gegenüber dem Linksprogressivismus. Konservative sind nicht durch eine gemeinsame Weltanschauung geeint. Auf höchster Ebene kann man im Konservativismus zwei Lager unterscheiden, die sich in ihrer Grundhaltung so deutlich unterscheiden, dass sie eigentlich als zwei getrennte politische Schulen zu bezeichnen wären. Allein in der Moderne sind diese beiden Schulen durch ihren „unzeitgemäßen Charakter" in relative Nähe zueinander gerückt, sodass sie beide „konservativ" genannt werden. Die beiden Lager sind der **idealistische** und der **pragmatische Konservativismus**.

Der **idealistische Konservatismus** speist sich aus dem Glauben an höhere Instanzen. Eine Form dieses Konservativismus ist der **religiöse Konservativismus**. Das politische Denken ist hier eingewoben in den Glauben an eine absolute metaphysische Ordnung, weshalb nicht alle Verhältnisse des Menschseins beliebig wählbar sind. In Anbetracht des Glaubens an eine absolute Ordnung müssen Neuerungen potentiell als willkürlich und gefährlich erscheinen, da in diesem Denken von der wahren Ordnung viele Wege weg und ins Verderben führen. Für religiösen Konservativismus ergibt sich naturgemäß eine Unterklassifikation nach Konfessionen und theologischen Grundhaltungen, beispielsweise „katholisch-liberal" oder „jüdisch-traditionalistisch".

Eine weitere Form ist der **romantische Konservativismus**. Er speist sich aus einer romantischen Geisteshaltung im Sinne des 19. Jahrhunderts. Die Romantik war entstanden in Abkehr von den an der Antike orientierten Idealen des Klassizismus um 1800, was die Aufmerksamkeit von Dichtern und Malern auf den eigenen nationalen Mythenschatz lenkte, wie es etwa bei den Gebrüdern Grimm durch das Sammeln von Märchen. Allgemein erlebte das historische Denken ebenso wie historisierende Kunst im Zeitalter der Romantik eine große Blüte. Im Zuge der Industrialisierung wurde die Romantik zunehmend zum geistigen Kontrapunkt zu einer Gegenwart, welche vom Triumph von Technik und Naturwissenschaft gekennzeichnet war. Der romantische Konservativismus wurzelt also im historischen Denken, in Bezugnahme auf die Geschichte und Traditionen, vor allem des eigenen Volkes.

Der **pragmatische Konservativismus** lässt sich weniger leicht klassifizieren. Hier ist der Konservative ganz Empiriker, an Tatsachen orientiert, mithin an Zahlen und Fakten, bezogen auf die menschliche Natur auch gerne auf Biologie und Psychologie. Konservative sind hier Anwälte eines illusionslosen Realismus, der Einspruch erhebt gegen überspannten Erwartungen an den menschlichen Fortschritt oder die Aufklärung. Diese Form des Konservativismus überwiegt seit dem 2. Weltkrieg in den westlichen Ländern; seine wichtigsten Vertreter sind Konrad Adenauer, Margaret Thatcher, Charles de Gaulle. Insoweit man zwischen „rechts" und „konservativ" unterscheiden will, so wäre der idealistische Konservativismus „rechts" zu nennen. Allein ein idealistischer Konservativismus kann auch einen revolutionären Charakter bekommen, wie etwa historisch in der Form der „konservativen Revolution" der 20er Jahre.

Konservative eint das Misstrauen gegenüber universalistischen Entwürfen aus dem linken wie aus dem liberalen Lager, allerdings aus unterschiedlichen Motiven. Der pragmatische Konservative, weil er empirisch nicht hinreichend fundierten Theorien grundsätzlich misstraut, wozu für ihn auch alles Geisteswissenschaftliche zählt, erst recht alles Politische. Die Idealisten hingegen haben eigene universalistische Konzepte, die nicht allein im Raum des Politischen verortet sind, aber in dieser Form des Konservatismus in diesen hineinragen. Diese **weltanschauliche Diversität des Konservativismus** ist – wie gesagt – seine größte Schwäche, vor allem gegenüber der Linken. Hier ist der zentrale Grund zu sehen, warum Konservativismus den Kampf um die kulturelle Deutungshoheit im Laufe des 20. Jahrhunderts verloren hat. Jedes einzelne weltanschauliche Lager innerhalb des Konservativismus war zu schwach, um langfristig die kulturellen Rahmenbedingungen für die politischen Diskursräume nachhaltig zu prägen.

So verschieden idealistischer und pragmatischer Konservativismus auch sind, so gibt es doch eine Klammer zwischen beiden, nämlich die Rechtfertigung der Religion aus pragmatischen Gründen. Neben ähnlichen Gedanken bei Kant findet sich dies bereits im 17. Jahrhundert bei René Descartes in seinen vier prägnanten Regeln für eine *provisorische Moral*:

1. Folge den Gebräuchen Deines Landes und bewahre die Religion, in der Du aufgewachsen bist.

2. Bleibe in Deinen Handlungen so fest entschlossen, wie es nur geht, auch wenn letzte Zweifel bestehen bleiben.

3. Versuche eher, dich selbst zu kontrollieren als das Schicksal, und eher Deine Wünsche zu ändern als die Ordnung der Welt.

4. Fördere die Vernunft und bemühe Dich in der Erkenntnis so weit voranzukommen, wie Du nur kannst.

Descartes sah die Entwicklung der Wissenschaften noch nicht als abgeschlossen an, an deren Ende auch eine *endgültige Moral* stehen solle. Er rechtfertigt *aus pragmatischen Gründen* das Festhalten an *tradierter Religiosität* und baut damit eine Brücke zwischen pragmatischem und idealistischem Konservativismus.

Nebenbei sind seine weiteren Grundsätze ebenso klar Ausdruck einer konservativen Geisteshaltung. Dies verweist darauf, dass der Konservativismus mit dem Rückgriff auf die geistesgeschichtliche Tradition des Abendlandes über einen großen Schatz verfügt, der ihm als intellektuelles Rüstzeug dienen kann. Das macht klar, in welchem Maße selbst neurechte Intellektuelle dem Geist der späten Neuzeit verhaftet sind, wenn ihre intellektuellen Expeditionen vom philosophischen Dreigestirn Spengler, Nietzsche und Heidegger geleitet werden.

2.4.2 Gemeinschaft und Wahrhaftigkeit

Wir hatten bereits dargelegt, dass ein Leitwert des Konservativismus **Gemeinschaft** ist. Gemeinschaften sind die nicht verfassten, sondern aus einer gewachsenen Gewordenheit bestehende soziale Verbünde. Das sittliche Band derselben ergibt sich nicht aus Verträgen, sondern aus Konventionen. Daran ist zu erkennen, dass sich die britische Nation durch einen starken Patriotismus als gemeinschaftsbildendes Band konstituiert, indem sie bis heute über keine geschriebene Verfassung verfügt. Die Familie, ebenso wie traditionelle Religionsgemeinschaften stellen Instanzen dar, die gemeinschaftlich verstanden werden müssen und die typischerweise im konservativen Denken Wertschätzung erfahren. Die Nation hat beide Aspekte, den der Kulturgemeinschaft und den der Staatsnation. Erstere ist für den Konservativen stets mit gemeint, wenn er von „Volk", von „Nation" spricht, während Linksprogressive und Liberale hierin wahlweise etwas Nichtiges oder eine beengende und negative Instanz sehen.

Als Leitwert des pragmatischen Konservativismus muss auch die **Wahrhaftigkeit** genannt werden. Sie ergänzt die Wertetrias der Französischen Revolution um einen Wert, der in einer politischen Kultur, die sich auf die Aufklärung beruft, nicht hoch genug gehalten werden kann. Sie äußert sich konkret in der schonungslosen Konfrontation mit der empirischen Wirklichkeit, mit den tatsächlichen politischen Vorgängen jenseits der medialen Schönfärberei. Überspitzt spielt dieser pragmatische Realismus ins Zynische, benennt aber in jedem Falle illusionslos die Beweggründe für politisches Handeln, auch jenseits aller guten Absichten.

2.4.3 Konservative, Rechte, Faschisten

Die theoretische Schwäche des Konservativismus zeigt sich in einem weiteren Punkt. Er vermochte es nicht zu verhindern, dass bis heute im gesellschaftlichen Diskurs der Faschismus in der eigenen, der rechten Ecke positioniert wird. Mit Ausnahme des spanischen Faschismus ist das eine unzutreffende Zuordnung, denn die Nazis wie die italienischen Faschisten waren keine radikalen Konservative. Nicht ohne Grund haben die drei europäischen Faschistenführer – Hitler, Mussolini und der britische Faschistenführer Oswald Mosley – in ihren Biographien linksradikale Episoden zu verzeichnen. Linksradikalismus ist eine essenzielle Zutat für den historischen Faschismus. Vom Linksradikalismus übernahm der Faschismus die Neigung zum radikalen Umbau der Gesellschaft mit dem Ziel eines neuen Menschen. Ferner stammten nicht wenige seiner Herrschaftswerkzeuge aus dem Werkzeugkasten des Bolschewismus. In der Methode also gleichen sich Stalinismus und Faschismus und müssen als gesellschaftliche Verwirklichung eines apodiktisch vertretenen Dogmengefüges verstanden werden. Waren die Faschisten also „links"? Auch das wäre zu einfach. Die Dogmen des Faschismus entstammen nicht primär der Aufklärung – wie bei Marx und Konsorten – sondern meist intellektuellen Niederungen spätromantisch-antibürgerlicher Art. Allein die Eugenik verfügte eine Traditionslinie, die sich auf Wissenschaft berufen konnte. Die Dogmen des Fa-

2.4 Der Konservativismus

schismus sind – wenn man so will – postaufklärerisch. In jüngerer Zeit ist Horst Mahler noch einmal diesen Weg vom Linksradikalen zum Neofaschisten gegangen und illustriert in seiner Biographie die Genese des Faschismus.

Man darf jedoch nicht vergessen, dass es konservative, rechte Parteien waren, die dem Faschismus sowohl in Italien als auch in Deutschland an die Macht verhalfen, was den Ursprung der Wahrnehmung der Faschismus als „rechts" erklärt. Ein weiterer Grund für diese Wahrnehmung besteht darin, dass die politische Linke nach 1945 geschickt verstand, die enge Verflochtenheit des Faschismus mit der Geschichte des Sozialismus zu verschleiern.

Im Rahmen dieses Manifestes ist es schmerzlich zuzugeben: Italienischer und deutscher Faschismus waren politische Mitte. Von der hier entwickelten Ideologie einer Radikalen Mitte unterscheidet er sich grundlegend dadurch, dass der Faschismus wesenhaft antiliberal ist. Liberalismus ist aber ein zentrales „Werkzeug" der Radikalen Mitte. Mehr noch: Radikale Mitte kann als „Liberalismus auf höherer Ebene" verstanden werden, eine grundsätzlich liberale, d.h. plurale Einstellung bezogen auf die großen Schulen der politischen Philosophie.

Was über den Faschismus gesagt werden kann, gilt in abgeschwächter Form für manche Rechte. Sie sind mitunter ähnlich ideologisch strukturiert wie Linke, operieren von wenigen abstrakten Grundsätzen heraus, teilen die Welt ähnlich in zwei Lager ein – anstelle von „progressiv/antiprogressiv" eben „patriotisch/antipatriotisch" – reden in einem ähnlichen Tonfall, übersehen gerne empirische Tatbestände, wenn sie nicht ins Bild passen, denken also ähnlich schematisch, stützen sich nur auf eine andere Handvoll Dogmen. In der Art, wie viele Rechte denken, sind sie Geschwister der gegenwärtigen Linken. Kurzum: Politischer Gnostizismus ist auch im rechtskonservativen Lager weit verbreitet.

Dabei müsste sich doch ein authentischer Konservativismus gerade bei der Art und Weise, wie gedacht wird, ganz eigenständig darstellen. Konservatives Denken fußt auf einem breiten Fundament an Erfahrungswissen. Konservative Denker sind selbstredend zuvorderst historisch gebildet, gut informiert über biologische, soziologische, ökonomische und psychologische Randbedingungen des menschlichen Daseins, um kenntnisreich Einspruch erheben zu können gegen überambitionierte Sozialklempnerei von links und ebenso waghalsiges Experimentieren nach libertären Grundsätzen. Nur wenige öffentliche Persönlichkeiten vermitteln in diesem Sinne auch im Denkstil konservative Werte. Hier wären Henryk M. Broder oder Peter Scholl-Latour zu nennen.

2.4.4 Faschismus

„Faschismus" ist heute ein Kampfbegriff der politischen Linken. Die Verhinderung eines neuen Nationalsozialismus ist jedoch nur vordergründig die Absicht derer, die diesen Begriff über Gebühr strapazieren. Denn seien wir mal ehrlich: Die Befürchtung, noch einmal könnten prügelnde SA-Horden die Republik aus den Angeln heben, ist albern und wird mit jedem Jahr alberner. In wenigen Jahren liegt die Machtergreifung der Nationalsozialisten 100 Jahre in der Vergangenheit. Dass sich eine derart kurzfristig und aus sehr speziellen historischen Umständen entstandene Bewegung – Weltwirtschaftskrise, eine kriegstraumatisierte Generation junger Männer, Inflation, geistige Verwerfungen durch die junge Moderne – nach so langer Zeit wie Phönix aus der Asche erhebt, ist unrealistisch.

Der Grund für die Beliebtheit des Faschismus als Projektionsfläche für alles Übel der Welt muss an anderer Stelle gesucht werden. In linksprogressiven Kreisen dominieren atheistische und agnostische Weltbilder. In einem durch Zweifel und Kritik geprägten Milieu ist es aber nicht einfach, ein leicht verständliches, universelles Fundament moralischer Grundsätze zu schaffen. Einfacher ist es, sich eine materielle Vorstellung vom Bösen zu machen, angelehnt an ein historisches Beispiel. Wenn man sich darüber einig ist, was als die ultimative Katastrophe anzusehen ist, dann ist man moralisch schon einmal einen Schritt weiter. Dies ist auch der eigentliche Grund für die Gesetze gegen die Leugnung des Holocausts. Auch hier geht es nicht darum, einen neuen Nationalsozialismus zu verhindern, sondern darum, den Nullmeridian des sittlichen Selbstverständnisses des Westens nicht aus den Angeln heben zu dürfen.

Selbstredend gibt es daneben noch einen ordinären Grund, die Kampfbegriffe „Nazi" und „Fascho" im Munde zu führen: Propaganda. Bezeichnenderweise erlebte die Nazikeule genau in jenen Jahren eine nie dagewesene, inflationäre Hochkonjunktur, als die unmittelbare Erinnerung an den Nationalsozialismus verblasste. Ein Hanns-Dieter Hüsch – Urgestein des deutschen Nachkriegs-Kabaretts – konnte sich in authentischer Weise als Antifaschist begreifen, hatte er den Nationalsozialismus als Heranwachsender noch selbst erlebt. Hüsch wirkte bis in die Nullerjahre und starb 2005. Für die Nachgeborenen sind die historischen „Nazis" Statisten der Grusel-Melodramen schwarzer Geschichts-Pädagogik. Sie wissen kaum mehr, wovon da die Rede ist. Hitler ist längst zu einer mythischen Figur stilisiert worden, zur Teufelsgestalt eines agnostischen Mystizismus.

So beliebt der Begriff des Faschismus in der politischen Linken jedoch ist, sie ist dennoch kolossal daran gescheitert, das Wesen des Faschismus zu begreifen. Und dies aus mehreren Gründen. Erstens: Sie nahmen bei dem Versuch einer Wesensbestimmung des Faschismus ihren Ausgangspunkt bei dem Begriff „Nationalismus". Sie übersahen dabei ein zentrales Vorbild des Faschismus, vor allem italienischer Prägung: das Römische Imperium. Gerade die Mussolini-Bewegung nahm ganz ausdrücklich Rückbezug auf das Cäsarenreich, erhob das römische Herrschaftssymbol der „Fasci" (Rutenbündel mit Beil) in vielfacher Weise gar zum Symbol der faschistischen Bewegung wie des faschistischen Staates.

Das Römische Reich aber war immer ein Vielvölkerstaat mit den beiden Hauptsprachen Latein und Griechisch. Der Begriff des „Römischen Bürgers" war gänzlich anderer Art – auch der Jude Paulus aus dem Neuen Testament war ja ein solcher – als Anfang des 20. Jahrhunderts die Zugehörigkeit zu einem Volk verstanden wurde. Man könnte vom Römischen Reich von einem „Multi-Kulti-Staat" sprechen, in dem es zwar eine dominante Leitkultur gab, in der aber ethnische Vielgestaltigkeit über Jahrhunderte auch ein Pfeiler des Erfolgs war. *Die italienischen und deutschen Faschisten waren Nationalisten, weil sie eine Art neocaesaristischen Imperialismus anstrebten, und nicht umgekehrt.* Der Nationalismus war also Mittel zum Zweck, dem Zeitgeist entlehnt, und taugt daher nicht zur Wesensbestimmung des Faschismus.

Es ist ja auch zu bedenken: Die Zeit zwischen 1789 und 1945 war durchweg geprägt von Patriotismus und Nationalismus, und zwar über viele politische Lager hinweg. Auch die US-Soldaten zogen mit patriotischem Herzen gegen den Faschismus in den 2. Weltkrieg. Hier müsste erst einmal der spezifisch faschistische Nationalismus begrifflich herausgearbeitet werden. Ferner muss der historische Faschismus ausdrücklich als ein spezifisch modernes Phänomen begriffen werden. Er konnte sich so nur im 20. Jahrhundert herausbilden und ist strikt vom romantischen Patriotismus, insbesondere aus der Vormärzzeit, zu unterscheiden. Zur Erinnerung: Damals war Patriotismus ein Programm der politischen Linken als Gegenentwurf zur alten, ständisch geprägten Feudalherrschaft. Im Laufe des 19. Jahrhunderts passten sich die hergebrachten Herrschaftsstrukturen an diesen linken Patriotismus an, so dass er „rechts"

2.4 Der Konservativismus

wurde. Etwas Ähnliches vollzog sich mit dem Linksprogressivismus seit dem 2. Weltkrieg bis heute.

Bis auf die Gegenwart ist es Kennzeichen von mitteleuropäischem Provinzialismus, zwischen „links" und „patriotisch" einen unvereinbaren Gegensatz zu erkennen. Für die politische Linke in Lateinamerika oder Ostasien bestand eine solche Unvereinbarkeit nie. Die Kämpfer des Vietkong konnten problemlos zugleich Patrioten und Kommunisten sein. Selbst baskische Linksanarchisten können widerspruchsfrei separatistische Nationalisten sein. Umso mehr im Zeitalter der Globalisierung, in dem der Kapitalismus längst jede nationale Bindung überwunden hat. Da wirkt der „Nationalismus" als Feindbild linksprogressiven Denkens nur noch verstaubt und antiquiert. Ein solcher Progressivismus wähnt sich auf der Welle des Fortschritts, doch ist es nicht die Bugwelle der gesellschaftlichen Entwicklung, sondern die Heckwelle. Wenn Menschen von gestern sich an Feindbildern von vorgestern abarbeiten, dann ist das Heckwellen-Progressivismus – und damit Etikettenschwindel.

Der zweite Grund, warum die linke Faschismustheorie gescheitert ist, besteht darin, dass sie den „Faschismus" als eine Art ideengeschichtliche Größe begreift. Das ist in mehrfacher Hinsicht verfehlt. Zum einen verfügt der Faschismus zu Beginn des 20. Jahrhunderts im Gegensatz zum Sozialismus nicht über eine lange, viele Jahrzehnte zurückreichende ideengeschichtliche Tradition. Er entstand im Zuge des Ersten Weltkrieges durch die Fusionierung verschiedener und zum Teil widersprüchlicher Ideen: Eugenik, Lebensreform, Lebensphilosophie, völkische Bewegungen, Neuheidentum, Futurismus, Ökologismus, Vegetarismus, Imperialismus (i.S.v. Cecil Rhodes) etc. Keine dieser Ideen ist eine Erfindung des Faschismus – der somit in ideengeschichtlicher Hinsicht herzlich unoriginell war. Die Faschisten haben all diese Ideen aufgegriffen, weil sie dem Zeitgeist entsprachen, nicht weil sie „genuin faschistisch" waren. Sie haben diverse Modeströmungen ihrer Zeit aufgegriffen und, um daraus in einer Epoche der Unruhe, Verunsicherung und Bedrohung eine scheinbar zeitgemäße Antwort zu formulieren, die in ihrer Entschlossenheit die Verheißung einer sicheren Zuflucht war. Ideologisch waren ihre Gedanken wenig ausgereift, ein Kessel Buntes aus ungaren Ideen, weswegen es wenig ergiebig ist, sich um diese Ideen zu bemühen, will man das Wesen des Faschismus erfassen. Der moderne Faschismus war ideengeschichtlich hohl. Er kann damit gar nicht als ideengeschichtliche Instanz aufgefasst werden.

Ironischerweise tut aber die politische Linke genau das. Sie lässt sich auf den Faschismus ideengeschichtlich ein, zwar ausgesprochen selektiv, aber sie tut es. Dabei widerspricht dies fundamental dem traditionellen linken Ansatz, Ideologien als Überbau von sozioökonomischen Verhältnissen zu interpretieren. In narzisstischer Manier wird der Gegenpol des „Nazis" dazu verwendet, um sich darin selbst als „Antifaschist" spiegeln zu können. Das ist weder aufrichtig noch hilfreich.

Den historischen Faschismus ideengeschichtlich zu verstehen verbietet sich über das Genannte hinaus auch deshalb, weil es von Anfang an eine Verstrickung in geheimdienstliche Kreise gab. Hitler und Mussolini hatten beide nachrichtendienstliche Verbindungen. Schließlich trägt der klassische, moderne Faschismus den Charakter von Traumabewältigung. Wir wissen aus der Traumaforschung, dass eine Heroisierung traumatisierender Erlebnisse ein Bewältigungsversuch der traumatisierten Psyche sein kann. In diesem Sinne müssen die Faschismen der 20er Jahre als Reflex auf die Traumatisierung einer Generation junger Männer gesehen werden, die nicht das Glück hatten, dem eigenen Leiden einen höheren Sinn in Form eines miterrungenen Sieges abzugewinnen. Offensichtlich sozio-pathologische Erscheinungen als ideengeschichtliche Instanzen zu zitieren ist fragwürdig.

2.4 Der Konservativismus

Was aber ist der Faschismus? Sollte die Radikale Mitte diesen Begriff überhaupt verwenden? Ja, denn in ihm drückt sich eine Gefahr für die freiheitlich-demokratische Grundordnung aus, die auch in der Gegenwart noch nicht gebannt ist. Das Vorbild des Faschismus im 20. Jahrhunderts war das Römische Imperium. Es zwingt sich förmlich auf, die Zerstörung der Römischen Republik durch die Machtergreifungen von Augustus als Urbild der faschistischen Machtergreifungen zu interpretieren. Und in der Tat – wenn wir das tun, dann erblicken wir das eigentliche Wesen des Faschismus und entkleiden ihn seiner zeitgeschichtlichen Besonderheiten aus dem frühen 20ten Jahrhundert: Er hat eine freiheitlich-republikanische Gesellschaftsordnung zur Voraussetzung und zielt darauf ab, sie zu zerstören. Dabei bedient er sich jedoch nicht des offenen Angriffs auf die bestehende Ordnung, sondern gibt typischerweise vor, in der Abwehr eines Notstandes eine höhere Ordnung wiederherstellen zu wollen. Das höhere Ganze ist dabei im Prinzip austauschbar. Die Beschränkung von Freiheitsrechten wird mit der Notwendigkeit gerechtfertigt, eben dieses höhere Ganze zu schützen. In den letzten Tagen der Römischen Republik gab Augustus die Parole aus, die Republik nach den Wirren der Bürgerkriege wiederherzustellen – wobei er das Gegenteil tat. Die faschistischen Schwarzhemden gaben vor, die Wirren nach der gescheiterten sozialistischen Revolution in Italien zu befrieden – ganz ähnlich die Nationalsozialisten, die eine durch die Weltwirtschaftskrise aus den Fugen geratene soziale Ordnung wieder herzustellen versprachen. Das Wesen des Faschismus ist also Antiliberalismus, wobei die bestehende Gesellschaftsordnung nicht offen zerstört werden soll, wie das kommunistische Revolutionen angestrebt haben, sondern die Angriffe erfolgen verdeckt, mit besserer Tarnung und häufig unter dem Vorwand, einen Notstand abwenden zu müssen.

Es handelt sich bei dem Vorgetragenem um eine Aktualisierung des Faschismusbegriffes, die allein deswegen notwendig ist, da nicht damit zu rechnen ist, dass eine wörtliche Wiederbelebung des historischen Faschismus noch einmal politisch relevant werden wird. Wir haben also mit Metamorphosen des Faschismus zu rechnen, und hierfür sollte die Radikale Mitte durch einen angemessenen Faschismusbegriff gewappnet sein.

2.5 Konvergenz

Die großen politischen Schulen des Westens – Liberalismus, Linksprogressivismus und Konservativismus – sind unterschiedliche Sichtweisen auf Mensch und Gesellschaft, die mit unterschiedlichen Aspekten des Menschseins zusammenhängen. Wenn man so will, hat jeder Mensch also progressive, konservative und liberale Anteile. Nur sind diese Anteile in jedem Menschen verschieden gewichtet. Darüber hinaus haben wir alle durch unsere verschiedenen Lebenswirklichkeiten unterschiedliche Interessen. Die Ansicht, es gäbe eine wahre Form der politischen Gesinnung, würde eine gottgleiche Allwissenheit voraussetzen. Jeder kennt vor allem die eigenen Bedürfnisse und Interessen, die zu bestimmten politischen Ansichten führen. Wenn ein Sozialpädagoge etwa für einen linken Standpunkt plädiert, entspricht das zunächst einmal einem natürlichen Eigeninteresse, da die eigenen beruflichen Perspektiven von einer linken Politik profitieren dürften.

In einer Zeit der weltanschaulichen Pluralität und Verunsicherung tendieren politische Weltanschauungen dazu, als Philosophie- oder Religionsersatz zu dienen. Das ist gefährlich, denn politische Überzeugungen sind in der Praxis stets gefärbt von Propaganda. Politischer Gnostizismus findet sich in allen Lagern. Die **Radikale Mitte** hält die verschiedenen politischen Ideologien nebeneinander, ohne an eine von ihnen vollständig zu glauben. Dies entschärft den weltanschaulich aufgeladenen Charakter politischer Debatten. Wenn politische Ideologien für die **Radikale Mitte** aber keinen Letztendlichkeitscharakter haben, dann muss sie sich auf einer höheren, philosophischen Ebene um Letztendliches bemühen. Darum wird es im nächsten Abschnitt gehen.

Zwischenspiel: Physiognomie der Krise

Wer will leugnen, dass die Neuzeit, jene vor gut fünfhundert Jahren zum Durchbruch gekommene Denkungsart der abendländischen Kultur, bis vor wenigen Jahrzehnten eine beispiellose Erfolgsgeschichte war? Keine andere Zeit und Kultur wurde mit einer solchen Monstrosität weltbeherrschend. Wo sind die Menschen, die sich dem Sog dieser globalen Kulturdisruption entziehen können? Ihre zwischenzeitlich als Allmacht empfundene Gewalt verdankt sie Naturwissenschaft, Technik und dem damit verbundenem funktionalen Denken. Dieses Denken fügte mit strategischer Hartnäckigkeit allen außereuropäischen Kulturen schwerste, mithin tödliche Schläge zu.

Wir könnten uns als Sieger wähnen. Doch ermattet liegen wir in der Ecke des Rings und es dämmert uns: Wir haben uns zu Tode gesiegt. Dem Triumph folgte die Erschöpfung. Die Neuzeit als kulturhistorische Epoche neigt sich ihrem Ende entgegen. Wir wissen nicht weiter, deswegen klammern wir uns an Konzepte der Vergangenheit. Die Früchte sind geerntet und ausgepresst. Gewiss findet sich an den Schalen noch der ein oder andere Fetzen Fruchtfleisch und mag noch den ein oder anderen Tropfen spenden. Doch im Großen und Ganzen war es das. Das Spiel ist aus.

Eine noch kleine, aber stärker werdende Minderheit erkennt am Horizont die ersten Zeichen einer Dämmerung. Hier brauchen wir eine Aufklärung ganz neuer Art. Hier erkennt die **Radikale Mitte** ihre Aufgabe. Ja, wir leben in einer Epoche-machenden Zeit. Dieses Manifest ist ein Weckruf in dieser Zwischen- und Transformationszeit. Bevor wir den Blick nach vorne richten, blicken wir noch einmal zurück: Was ist, was war dieses sterbende Zeitalter?

Drei Doktrinen prägten es, in zunehmendem Maße, je länger es währte: **Nominalismus**, **Voluntarismus** und **Relativismus**. Dies sind die **Erzideologien der Neuzeit**. Sie vertrieben um das Jahr 1900 endgültig die Geister der römisch-griechischen Antike, der bis dahin für Jahrhunderte die abendländische Kulturentwicklung begleitet hatte. Ein dritter Modernisierungsschub setzte ein, nach Renaissance und Aufklärung, jene totale Moderne, die seither im Westen das gültige politische und kulturelle Paradigma darstellt.

Der **Nominalismus**, jene erkenntnistheoretische Doktrin, nach der Begriffe nichts weiter sind als Übereinkünfte, legt in der Praxis die Überzeugung nahe, dass es nichts wesenhaft Geistiges gibt. Damit wird alles sprachlich Erschlossene zum Gegenstand der menschlichen Erfindung. Zum Guten wie zum Schlechten. Definitionen werden konstruiert, Axiome gedrechselt und damit die Grundlagen geschaffen für Mathematik, Naturwissenschaften, Technik, Rechtswesen, Ökonomie, Kostenrechnung, Kreditorenbuchhaltung, Lohnbuchhaltung. Für jeden Zweck werden eigene **Sprachmaschinen** konstruiert. Es gibt dann nichts Eigentliches mehr, nurmehr Verzwecktes. Der Mensch, das Leben, die Natur – alle Horizonte der Unmittelbarkeit werden eingefasst durch die Mechanik der Nützlichkeit. Die daraus folgende Seelennot versuchte sich mithin Luft zu verschaffen in eigenen Philosophien, die Kontrapunkte zur herrschenden Doktrin setzen, ohne den Hauptstrom in neue Bahnen lenken zu können: Bergson, Nietzsche, Klages, Evola. Weiterhin verblassen die Dinge hinter den **Sprachmaschinen**. Der Nutzen wird zum allbestimmenden Ziel, bemessen vor allem durch das Geld, jener dreiste Frucht, nominalistischer Spekulation. Wenn alles Sprache ist, dann scheint auch alles möglich, was sich formulieren lässt. Kapitalismus und Nominalismus sind zwei Seiten derselben Medaille. Denn das Geld der Neuzeit, vor allem jenes von jedem materiellen Wert gelöste Fiat-Geld der letzten Jahrzehnte, ist geradezu das Sinnbild des Nominalismus und seines – scheinbaren! – Sieges über die echten Lebenszusammenhänge. Alles mit Geldwert Bemessene wird durch immer neue Vereinbarungen zu neu konstruierten Werten – Aktien, Optionsscheine, CDS – alles entsteht durch ein ungezügeltes Definieren immer neuer Wertkonstruktionen. Was immer nur machbar und nützlich erscheint, wird formuliert.

Wozu aber dienen die nominalistischen Sprachmaschinen? Dem Guten? Dem Schönen? Nein, der Nominalismus der späten Neuzeit ist total. Und so gibt es eben keine höheren Werte, denen sich die profanen Händel der Welt zu fügen haben. Letztendlich bleiben nur die Demiurgen von Kultur und Gesellschaft, die Willen der Menschen. Die Reifung der Neuzeit vollzieht sich im Sieg des **Voluntarismus** über den **Intellektualismus**. Im 19. Jahrhundert wurde dieser Sieg durchdekliniert: Schopenhauer, Kierkegaard, Nietzsche. Der antikische Vernunftbegriff wurde aufs Altenteil geschickt. Es ist nicht so, dass die Moderne sich grundsätzlich von Rationalität und Intellekt verabschiedet hätte – in den Reservaten gesellschaftlicher Teilsysteme werden sie bis heute als Bereichsrationalitäten auf hohem Niveau kultiviert. Allein all jene Bereiche der Kultur, in denen es wesentlich um Selbstverständnis geht – Kunst, Debatte, Literatur, Politik – jener Kultur, die *reflexiv* genannt werden könnte, hat der Voluntarismus den Intellektualismus verdrängt. Der Wille zur Macht wird bestimmend, ob im darwinistischen Lebenskampf, in der Demokratie, im kapitalistischen Wettbewerb, dem marxistischen Drängen der revolutionären Arbeiterklasse oder – letztendlich – in der Willkür der Oligarchen. Der Wille aber manifestiert sich im stetigen Überschreiten des Bestehenden. Zwar kennt die reflexive Kultur eine Handvoll humanistischer Axiome – ohne die es nun einmal nicht geht – in wuchtiger Sperrigkeit aber stehen sie da und versinnbildlichen in ihrer Willkür die Unletztendlichkeit der herrschenden Denkungsart. Weit stimmiger wird der geistige Raum der reflexiven Kultur daneben von dynamistischen Prinzipien beherrscht, allen voran die Ideen des „Fortschritts" oder der „Emanzipation". Ihr Pathos ist stets der Triumph des Willens.

Der Voluntarismus schreitet voran, sein Schwert ist der **Relativismus**. Wer kann von der Philosophie heute noch die Beantwortung großer Fragen erwarten? Die Philosophie ist herabgesunken auf das Niveau eines akademischen Debattierclubs, in dem Unterscheidung auf Unterscheidung getürmt wird, akademische Karrieren aus der immer feineren Ziselierung vorhandener Diskurse hervor getrieben werden. Gewusst wird schon lange nichts mehr. Das Große, das Ganze zu begreifen, gar in einer auf praktische Zusammenhänge anwendbaren Weise, ist ein Sakrileg. Die Unverbindlichkeit wird zur wissenschaftlichen Neutralität umgedeutet. Der Intellektuelle pocht darauf, das letzte Wort zu behalten, seine Knie beugen sich nicht vor einer Weltvernunft oder den Korrelaten einer objektiven Wirklichkeit. Alles Konstruktive wird dekonstruiert. Der stolze Intellektuelle behält das letzte Wort durch seine Kritik und schmeichelt damit dem stolzen Subjekt, das mit seinen Launen, seinem Hedonismus unhinterfragt bleibt.

So wähnt es sich als Sieger, im Triumph seines Willens. Und sieht sich doch getäuscht. Denn es bleibt unterworfen unter die Zwänge der Ökonomie. Humankapital darf das Subjekt sein, Konsument, aber niemals Mensch, dessen Selbstrückhalt sich speist aus Werten, welche sich in keiner Weise durch Politik, Ökonomie oder Propaganda vereinnahmen lassen. Werte, die nicht einer gemachten Sprachmaschine entsprungen, sondern jenseitig der Sphäre der Sprache verankert sind. Allein, hier liegt die eigentliche Quelle von Würde. Wenn wir glauben wollen, die Würde des Menschen sei unantastbar, dann muss sie jenseits nominalistisch begriffener Diskursräume liegen. Denn hier ist ja alles nur Vereinbarung und damit prinzipiell auch änderbar. Die Würde des Menschen muss akzeptiert werden als etwas Quasi-Metaphysisches.

Die Doktrin der Neuzeit mit unbedingtem Fanatismus zu verwirklichen, heißt, sich von der Idee der menschlichen Würde zu verabschieden. Der Nominalismus, ins Fanatische übersteigert, besagt, dass alles Sprache ist, dass Sinn und Bedeutung immer an die Gruppen gebunden bleibt, die eine gemeinsame Sprache sprechen. Weil Sprache aber kulturell geworden ist, gibt es nichts Letztendliches. Jede Vergewisserung durch eine große Erzählung wird mit dem Verweis auf die Zufälligkeit einzelner Sprachen zum Mythos erklärt. Das bedroht in letzter Konsequenz auch die Erzählung von den Menschenrechten.

Ein ins Fanatische gesteigerter Voluntarismus führt zu einer gesellschaftlichen Konstellation, in der es nur noch Interessen und Macht gibt. Ideen von „Gemeinwohl" oder auch nur einem allgemeinen Standpunkt der Vernunft müssen aufgegeben werden. Paart sich dies mit linksprogessivistischen Annahmen, so ergeben sich damit die unseligen Theorien als Unterfütterung des gegenwärtigen Vulgärsozialismus: kritische Rassentheorie, Genderismus, und all die Epigonen des Marxismus – selbst schon eine vulgäre Variante der Aufklärung –, die sich als Potenzierung intellektueller Grobschlächtigkeit erweisen.

Ein ins Fanatische übersteigerter Relativismus schließlich führt zur Auflösung sämtlicher Gewissheiten. Geschlecht, Herkunft, Religion, Identität, Weltanschauung – alles wird zum Uneigentlichen, zum Gegenstand privater Vorlieben. Echte Debatte ist dann nicht mehr möglich, da einer gemeinsamen Basis von Wahrhaftigkeit, Logik und Vernunft der Boden entzogen ist. Anstelle eines durchaus sportlich zu verstehenden Ideenwettbewerbs tritt eine die Dünnhäutigkeit zelebrierende Gekränktheitskultur.

An diesem Abgrund stehen wir. Die letzten Konsequenzen werden aus einem Denken gezogen, das für Jahrhunderte

Quell einer kraftvollen Kulturentwicklung war. Doch diese Quelle ist versiegt. Oder vielmehr vergiftet. Es herrscht eine ins Fanatische gesteigerte Form der Moderne, die von der Radikalen Mitte als **Modernizismus** kritisiert wird. Das Motto dieser Doktrin lautet: **Das Gemachte ist besser als das Hergebrachte**, wo auch immer es vorgefunden wird. Konstruktiv verstanden spricht aus diesem Motto ein unbedingter Wille zur Freiheit. So weit, so gut. Doch die Selbstbehauptung des freien Willens ist gefährlich, wenn Welt- und Selbsterkenntnis fehlen. Genau hier schlägt der **Modernizismus** in Torheit um. Wenn Wissenschaft zur Gefährdung der ideologischen Gewissheit wird, wenn jede positive Beschreibung des Menschseins, jede Charakterisierung der conditio humana als Demütigung empfunden wird, die der vollständigen Selbstdefinition eines überspitzen Voluntarismus widerspricht, kippt der Modernizismus unweigerlich ins Destruktive. Eben das sehen wir in der Gegenwart im Trans- und Posthumanismus. Hierin erreichen wir den Endpunkt des Modernizismus, in dem die Mühlsteine aus Nominalismus und Relativismus schließlich auch das Selbstverständnis des Menschen zermahlen. Kein Stein ist auf dem anderen geblieben in der geistigen Welt.

Gewiss, die jüngsten Blüten des **Modernizismus** bleiben in ihrer Relevanz vor allem auf die akademische Welt beschränkt. Denn für die Mehrheit der Menschen interessieren sich die Intellektuellen schon lange nicht mehr. In den Milieus der Kulturschaffenden und Eliten herrschen Dünkel und eine Binnenlogik, die sie vom gesellschaftlichen Ganzen weit entfernt haben. Insbesondere gilt das für Politik und Medien. Diese Konstellation ist das Ergebnis eines Status Quo, der zunehmend nur noch verwaltet wird und dem eine lebendige Legitimation durch gelebte Sinnhaftigkeit zunehmend abhanden gekommen ist.

Das bestehende System trägt nicht mehr. Sein Denken verliert an Überzeugungskraft. Deswegen muss sich der Zeitgeist mit zunehmender Ideologisierung imprägnieren. Deswegen werden uns falsche Lösungen als Reformation angeboten – die nur alter Wein in neuen Schläuchen sind. Deswegen wird das System zunehmend repressiver und die Rahmensetzungen der herrschenden Narrative immer sonderlicher.

Wir brauchen einen echten Neuanfang. Alles, was uns von oben als Neuanfang präsentiert wird, verfestigt doch nur das Bestehende. Die **Radikale Mitte** sieht die Menschheit, wenigstens aber den Westen, am Anfang einer neuen Epoche, inmitten einer Transformationsphase, die dieses neue Zeitalter zur Welt bringen wird. Dies muss in jedem einzelnen Menschen beginnen. Die Menschen müssen über ein neues Bewusstsein in eine neue Lebenswirklichkeit treten. Die Wehen dieses neuen Zeitalters sind bereits in vollem Gange. Noch überwiegt der Verfall des Alten und das hergebrachte System wehrt sich mit zunehmender Gewalt gegen den Untergang. Den sich daraus ergebenden Verwerfungen muss mit konstruktiver Arbeit begegnet werden.

Was brauchen wir? Wir brauchen einen neuen Ordnungsrahmen! Wir brauchen eine positive Philosophie! Das alte China kannte den Konfuzianismus, die römisch-griechische Antike die Stoa. Dem Abendland fehlt etwas Vergleichbares. Man mag einwenden, wir hätten doch die Aufklärung. Was aber sagt die Aufklärung über die Natur des Menschen? Was über den Sinn des Lebens? Allein die grob zusammengeschusterte Ideologiemonstrosität des Marxismus vermochte hier zu liefern. Doch um welchen Preis?! Gestehen wir uns ein: Aufklärung ohne die sittliche Mentalitätstradition des Christentums hätte kaum zum Humanismus geführt, denn die technokratische Diktatur ist ihre weit wahrscheinlichere Konsequenz. Wissenschaft ist nun einmal eine elitäre Angelegenheit und keineswegs etwas, das jeder – so gleich er an Würde auch sein mag – aus sich heraus nachvollziehen kann. Daraus Machtstrukturen abzuleiten, in der eine Kaste aus Produzenten,

Kontrolleuren und Verteilern des Wissens sich in abgekapselter Erhabenheit über die Masse der „Ungebildeten", „Unwissenden" erhebt, ist nur zu naheliegend!

Im Laufe der Neuzeit ist ein Gedanke verloren gegangen, der traditionellen Kulturen als geistiger Fixstern selbstverständlich war. Im alten Ägypten nannte es sich „Maat", in der griechischen Antike „Logos", im Mittelalter „Ordo" – die Vorstellung, dass es eine geistige Ordnung der Dinge gibt, eine Art Weltvernunft. Gewiss, auch unser Zeitalter kennt mit den Fundamenten der Naturwissenschaften einen objektiven Ordnungsrahmen. Doch der Verwaltungsbereich der theoretischen Physiker ist den meisten Menschen, ja den meisten Intellektuellen ein Buch mit sieben Siegeln. Und über die großen Lebensfragen vermag die theoretische Physik auch nichts auszusagen. So endet dieser Ordnungsrahmen doch nur als Bereichsrationalität, die zur reflexiven Kultur wenig beiträgt. Der dem Relativismus verfallene Intellektuelle mag hier die Nase rümpfen und „Reaktion!" rufen. Allein seine Alternative, sich „Sinn" und „Menschsein" aus bildender Kunst, schöngeistigen Romanen und Feuilleton-Artikeln zusammenzustückeln, mag in seiner Schicht mehr schlecht als recht tragen – die Mehrheit der Menschen wird auf derartigen Pfaden nicht folgen, sondern fällt der Ausbeutung durch die Kulturindustrie anheim.

Den Menschen fehlt heute mehr denn je ein Ordnungsrahmen für die zentralen Fragen des Menschseins. Dieser Ordnungsrahmen fehlt auch in der Politik. Wenn wir keine klaren Vorstellungen davon haben, was der Sinn des gesellschaftlichen Zusammenseins letztlich ist, wie wollen wir ihm dann eine sinnvolle Richtung geben? Und wenn Politiker selbst über kein solides Wertefundament verfügen, werden sie dann nicht zwangsläufig Opfer von Karrierismus, Opportunismus und Lobbyismus?

Im dritten Teil dieses Manifestes wollen wir es wagen, einen solchen Ordnungsrahmen zu entwerfen. Das ist selbstredend ein Tabubruch! Ja, wir suchen Anschluss an Formen zeitlich und räumlich entfernter Kultur. Unsere Motivation ist jedoch nicht Nostalgie oder Ressentiment. Es geht uns um die Menschen. Rastlos, ohne Selbstrückhalt, mit fragiler Identität, so erzieht die Moderne die große Mehrheit der Menschen. So sind sie verwertbar in einer maschinisierten Welt. Wir aber wollen Menschen, die mit geistiger Nahrung gestärkt sind. Wir wollen Menschen mit einem verlässlichen geistigen Kompass! Aus pragmatischen Gründen sind wir Idealisten!

Hier ist die wahre Avantgarde! Was sich im Geiste des Modernizismus so nennt, ist doch ein alter Hut! In der modernen Kunst etwa werden seit Generationen alte Seh- und Hörgewohnheiten aufgebrochen. Doch wozu? Ist es nicht an der Zeit, sich wieder einmal um Immerwährendes zu bemühen anstatt dynamistisch-voluntaristischem Pathos zu huldigen? Wagen wir es, uns um bleibende Wahrheiten zu bemühen, die unanfechtbar sind durch Zeitgeist, Moden und Propaganda! Hier brauchen wir einen grundlegenden Kulturwandel! Wir brauchen die Suche nach epochen- und kulturübergreifenden Wahrheiten! In der Philosophiegeschichte hat sich für eine derartige Grundhaltung das Schlagwort einer „philosophia perennis", einer „ewigen Philosophie" gebildet. Vor allem auch der deutsche Philosoph Leibniz kritisierte engstirnige Zeitgenossen, die nur „Anhänger der heutigen Philosophie" seien. Wahrlich, Leibniz hätte heute viel zu klagen!

Philosophia Perennis im Sinne der Radikalen Mitte besagt aber noch mehr. In ihr drückt sich die zutiefst den Menschen zugewandte Haltung aus, dass nicht nur jeder Philosoph, sondern jeder Mensch mit irgendetwas Recht hat. Wer dies ernst nimmt, denke nicht nur an triviale Wahrheiten! Die verschiedenen philosophischen Schulen, ja auch die für die Radikale Mitte so bedeutsamen Schulen der politischen Philosophie haben also in je unterschiedlicher Weise Anteil an der Wahrheit. Natürlich schließt dies Irrtümer nicht aus, und wir sollten nicht versuchen, in harmonistischer Weise Dinge zusammenbringen zu wollen, die einfach nicht zusammen gehören. Doch ist ein erheblicher Anteil an Widersprüchen in der Philosophie darauf zurückzuführen, dass Teilaspekte der Wahrheit isoliert betrachtet und in überzeichneter Form aufgefasst werden. Geleitet von dieser Überzeugung brauchen wir eine neue Aufklärung! Was ist der Mensch? Was ist der Sinn des Lebens? Eben um gesellschaftliches Sein darauf zurückführen zu können, worum es eigentlich geht. Das ist die Mission der **Radikalen Mitte**! Es wird der Tag kommen, an dem die Menschheit aus der Höhle des Relativismus herausgetreten sein wird und verwundert mit der Frage zurückblickt, wie sie es denn so lange in jener trübseligen Enge ausgehalten habe.

Doch halt! Kommt uns das nicht bekannt vor? Die finstere Vergangenheit, die lichte Zukunft? Bevor wir in die Fußstapfen des Gnostizismus treten, seien wir durch unsere eigene Ideologie gewarnt: Auch der Geist der Neuzeit, so sehr wir ihn als defizitär erkennen, so sehr wir ihn in seinen letzten fanatischen Konsequenzen des Modernizismus als destruktiv geißeln müssen, auch dieser Geist hat sein Recht! Wir wollen daher nicht in Schwarzweiß verfallen und die Errungenschaften der Neuzeit durch eine simple Aufzählung ihrer Negierungen auf den Kopf stellen. Die Zeit der großen Pendelschläge, welche die Jahrtausende beherrschte, ist vorbei: Idealismus und Materialismus, moralischer Rigorismus und Laissez-faire, ein Zeitalter der Intuition, ein solches der Wissenschaft, weltzugewandte Antike, weltabgewandtes Mittelalter. Wir müssen den Gesamtbestand des geistigen Erbes der Menschheit ins Auge fassen, Konstruktives von Destruktivem trennen und zu einer Mitte finden. Genauer gesagt – zu vielen Mitten! Denn jede Kultur, ja jeder Mensch hat seine eigene Mitte! Sich ihrer im Spiegel eines allgemeinen geistigen Rahmens zu vergewissern ist das Gebot der Stunde!

Diese Mitte kann aber niemals ein einziger, erstarrter Zustand sein, sondern muss sich in einem dynamischen Gleichgewicht finden. Einatmen und Ausatmen, Herzschlag und Stille, Wachen und Schlafen, Anspannung und Ruhe – maßvolles Pendeln zwischen Polen, stets in Bewegung, aber bewehrt mit geistigen Leitplanken, so vollziehen sich die Wechselspiele, die das Leben, die Natur seit jeher zeitigten.

3 Die großen Dinge

Wir haben Großes vor! Wir werden versuchen, eine Ahnung davon zu bekommen, welcher Art die geistige Ordnung der neuen Zeit sein wird. Wir liefern Ideologie, keine Philosophie. Das verhält sich wie Verbandskasten zu Universitätsklinikum. Geistige Erste Hilfe ist das Gebot der Stunde, sie substanziell zu gründen ein Auftrag für Jahrzehnte.

Wir haben bisher die politische Lage der Gegenwart analysiert und uns einen ersten Begriff von den drei politischen Großlehren gemacht. Heißt nun „Mitte" nur ein Abwägen zwischen diesen Großlehren, ein Austarieren von liberalen, konservativen und linksprogressiven Positionen? Kurzfristig mag diese Bestimmung von „Mitte" hinreichen, langfristig ist sie gefährlich. Eine Gesellschaft kann noch so fröhlich die politischen Lager abwägen – wenn die Fäulnis überall um sich greift, wird sie dennoch dem Abgrund entgegensteuern. Die Fäulnis könnte darin bestehen, dass Oligarchen durch Stiftungen und Nichtregierungsorganisationen, Medien und Denkfabriken alle politischen Lager in einer Weise korrumpieren, die der eigenen Machtakkumulation dient. Die Fäulnis könnte in einer Erosion der intellektuellen Fundamente bestehen, welche die politischen Großlager tragen, so dass von keiner Seite noch fundierte Kritik formuliert werden kann. Sich auf der Tugend des Abwägens entgegengesetzter Standpunkte auszuruhen, reicht also nicht aus. Denn die damit getroffene Mitte ist immer eine *relative*, die sich am Status Quo des Zeitgeistes orientiert. Das hilft nichts, wenn der Zeitgeist *an sich* in der Krise ist. Und das ist gegenwärtig ganz klar der Fall!

Wir brauchen einen Denkrahmen, der weiter ist. Er muss in einer gewissen Weise unabhängig von Zeitgeist und Kultur sein. Wir leben in einer Welt, in der die Kulturen nicht mehr in gegenseitiger Abgeschiedenheit weitgehend nur für sich existieren. Ferner haben wir für die Gegenwart schon schwerwiegende Krisensymptome diagnostiziert. Es wäre also töricht, einfach weiter blind dem Zeitgeist des Westens zu folgen. Wir müssen grundsätzlicher werden. In Zeiten, in denen die geistigen Gewissheiten der hinter uns liegenden Jahrzehnte und Jahrhunderte fragwürdiger werden, in denen die Pfade der Traditionen unkenntlicher werden, gilt es, wieder tiefer zu gründen, um ein geistiges Fundament zu legen. Die wissenschaftliche Gründung eines solchen geistigen Fundamentes, eines intellektuellen Denkrahmens für politisch-gesellschaftliches Urteilen, ist ein anspruchsvolles Projekt, das dieser Text nicht leisten kann. Wir wollen daher pragmatisch sein und uns einen solchen Rahmen einfach setzen. Er bleibt infolgedessen für die Radikale Mitte eine Arbeitshypothese, die nicht alternativlos zu sein braucht.

Wir werden in diesem Abschnitt vier Konzepte kennen lernen. Sie sind uns Richtschnur, dienen als Rahmen für unsere Analysen und sind uns Schwert und Schild gegen die geistige Krise der Gegenwart. Sie sollen uns ermächtigen, uns zu Neuem vorzukämpfen. Die Überraschung dabei: Das „Neue" ist mitunter verwandt mit erstaunlich „Altem". Eben dies ist aber zu erwarten, wenn wir nach Orientierung jenseits des Zeitgeistes suchen, da wir nicht taumeln wollen in den Wirbeln der Moden wie ein welkes Blatt im Wind. Diese vier Konzepte sind: **die vier Ebenen der Betrachtung**, die **drei Stufen der Sittlichkeit**, die **drei Aspekte des guten Lebens** und die **vier Grundpolaritäten des Menschseins**.

Den Begriffen „radikal" und „Mitte" werden wir damit eine tiefere Bedeutung geben. Um die Mitte finden zu können, müssen die Extreme ausgelotet werden, was uns auf die Erforschung von Grundpolaritäten führt. „Radix" der lateinische Wortstamm von „radikal", meint Wurzel. Unsere Diskussion der politischen Lager als einer ersten Definition des politischen Koordinatensystems wird ergänzt um grundlegendere Ordnungsrahmen, die auch Letztendliches nicht aussparen.

3.1 Vier Ebenen der Betrachtung

Der **politische Gnostizismus** tritt immer mit theatralischem Gestus auf. Es geht stets um den großen Kampf von Gut gegen Böse – sei es direkt in der Bekämpfung vermeintlicher Übeltäter, politischer Oberschurken oder der kriminalisierten Klasse der „alten weißen Männer", sei es indirekt in Abwendung einer vermeintlichen Apokalypse wie der „Klimakatastrophe". Immer geht es darum, mit moralischem Rigorismus alle menschlichen Zusammenhänge in ein eindeutiges Schema von „Schwarz" und „Weiß" zu pressen, die „Achse des Bösen" niederzuringen und sich selbst auf der „richtigen" Seite zu wähnen.

Die Gefahren des Gnostizismus scheinen der Menschheit schon lange bekannt zu sein. Der Urmythos des Christentums kann so gelesen werden, dass der Gnostizismus die Ursünde der Menschheit ist. Die Vertreibung von Adam und Eva aus dem Paradies hat vordergründig einen paradoxen Charakter. So verführt die Schlange das „erste Menschenpaar" dazu, vom „Baum der Erkenntnis" zu essen, der zur „Unterscheidung von Gut und Böse" verhilft. Warum aber ist diese Erkenntnis so gefährlich? Sollten gläubige Juden oder Christen nicht nach dem Guten streben? Und muss man, um nach dem Guten zu streben, dieses nicht auch erkennen können? Das Christentum lebt wesentlich vom Gegensatz „gut" und „böse". Doch ist der Mensch im christlichen Sinne dazu angehalten, sich auf die Suche nach der Erkenntnis von „gut" und „böse" *in sich selbst* zu machen, und nicht vor allem außerhalb der eigenen Person zu suchen. Die „Erkenntnis von Gut und Böse" als großes Welterklärungsschema ist ausgesprochen gefährlich, da es von den eigenen Schwächen und Fehlern ablenkt, wodurch an diese Stelle eine übertriebene Beschäftigung mit dem tatsächlich oder vermeintlich Bösen in der Welt tritt. Je scherenschnittartiger unser Weltbild dabei ist, desto mehr Ungerechtigkeiten begehen wir zwangsläufig, wenn wir alles und jeden nach „gut" und „böse" einteilen. Und vergessen wir nicht: Moralinbesoffene Grobheit ist der Stoff, aus dem Propaganda ist. Kommunisten und Faschisten waren sich stets sicher, was das Böse in der Welt ist und wie es zu bekämpfen sei. Deswegen sollte man mit dem Rückbezug auf das Höchste, nach dem der Mensch zu streben vermag, vorsichtig sein. Wer weiß, wie Gut und Böse in der Welt verteilt sind, ist fertig mit der Analyse und kann zur „guten Tat" schreiten – dumm nur, wenn gar keine Analyse stattfand. Wahrlich: Der Gnostizismus ist das größte Einfallstor für das Böse in der Menschheit. Denn Menschen, die sich bewusst für das Böse entscheiden, mag es geben – doch das sind Minderheiten. Viel größer ist die Zahl derer, die für das vermeintlich Gute kämpfen und dabei den Stab über Menschen und Verhältnisse brechen, die sie letztlich doch nicht beurteilen können. Im fanatischen Furor schließlich brechen die Dämme und der Zweck heiligt die finstersten Mittel! Un- oder halbbewusst bietet sich dann die Möglichkeit, tatsächliche Boshaftigkeit auszuleben, ohne dies vor sich und anderen eingestehen zu müssen.

Deswegen ist Moral ein heikles Terrain. **Die Moral sollte das letzte, nicht das erste Wort haben.** Der sittlichen Bewertung sollte eine gründliche Analyse vorausgehen. Um das zu gewährleisten, werden wir ein Schema entwerfen. Dieses Schema ist nicht neu, sondern in verschiedenen Zusammenhängen gebräuchlich. Im militärischen Kontext unterscheidet man zwischen der taktischen, operativen, strategischen und normativen Ebene. In ökonomischen Zusammenhängen nutzt man eine ähnliche Unterteilung, wobei unglücklicherweise hier die Bedeutungen von „taktisch" und „operativ" gerade vertauscht sind. Neu an unserem Zugang ist die Art der Herleitung, welche plausibilisiert, warum wir vier und nicht drei oder fünf Ebenen der Betrachtung ins Auge fassen. Neu ist auch, dass sie entgegen den militärischen und ökonomischen Begriffen stärker als Mittel der Beschreibung dienen, und damit herausgelöst sind aus der unmittelbaren Bezogenheit auf Handeln.

3.1.1 Die materielle Ebene

Unser viergliedrige Schema wollen wir als Konzept für die Radikale Mitte systematisch verstehen. Das ist keineswegs schwer. Zunächst einmal unterscheiden wir zwischen Materiellem und Geistigem. Materiell ist das, was sich auf die Sinneswahrnehmungen zurückführen lässt. Geistig ist alles, wo dies nicht möglich ist. Beispiele für Geistiges sind Dinge wie die Idee der Gerechtigkeit, mathematische Formeln, Romane und wissenschaftliche Begründungen. Alles, worüber sich sprechen lässt, existiert auf eine gewisse Weise. Es soll uns nicht um die Frage gehen, ob Geistiges in ähnlicher Weise ein eigenständiges Substrat besitzt wie das Materielle mit den Elementarteilchen und physikalischen Fundamentalkräften. Das ist für unseren Begriff des Geistigen aber auch gar nicht nötig. Mathematische Konstrukte wie „Vektorraum" oder „Funktion" wurden noch nie im Labor eines Physikers untersucht wie etwa ein supraleitendes Metall. Trotzdem können wir über Geistiges sprechen wie über Dinge. Und genau in dem Sinne existieren sie für uns. Alle Fragen, die darüber hinaus gehen, mögen der Philosophie, der theoretischen Physik oder dem Kaffeehausgespräch vorbehalten bleiben. Für die Radikale Mitte sind sie nicht von Belang.

Wenn wir nun einen komplexen Sachverhalt diskutieren – etwa den Ukraine-Krieg – so ist es sinnvoll, die Disziplin walten zu lassen, nicht sofort mit der moralischen Beurteilung zu beginnen. Wie gesagt – der absolute Charakter moralischer Bewertungen erstickt nicht selten jede Analyse. Stattdessen beginnen wir mit der materiellen Ebene. Diese Ebene bezieht sich auf das Materielle in seiner Gegenwärtigkeit und Unmittelbarkeit. Bezogen auf den Ukraine-Krieg wäre beispielsweise die geographische Lage der Ukraine bezogen auf Russland ein Gegenstand der Betrachtung. (Der europäische Teil von Russland und die Ukraine liegen auf der osteuropäischen Ebene. Eine Ukraine in der NATO würde für Russland einen erheblichen strategischen Nachteil bedeuten, da keine natürlichen Barrieren zwischen dem Militär Russlands und der NATO bestünden.) Oder aber wir würden uns mit der Lage von Rohstoffvorkommen beschäftigen.

3.1.2 Die funktionale Ebene

Auf dieser Ebene der Betrachtung bleiben wir zwar noch im Bereich des Materiellen, rücken aber dynamische Aspekte in den Fokus. Welche Entwicklungen sind in der Zukunft zu erwarten? Welche Funktionen wie z.B. Warenströme können wir ausmachen? Welche demographische Entwicklung ist zu erwarten? Welche Veränderungen auf den Rohstoffmärkten? Die blanke Gegenwart reicht hier für die Betrachtung nicht aus. Wir brauchen Zustände aus Vergangenheit und Gegenwart, um die Zukunft abschätzen zu können.

3.1.3 Die intentionale Ebene

Mit der intentionalen Ebene betreten wir den Bereich des Geistigen, zunächst in der Form, in der es noch unmittelbar bezogen ist auf Materielles. Das Geistige begegnet uns zunächst in der wichtigsten Form: durch andere Menschen, die wir zwar wahrnehmen können, woraus sich aber nicht der Kern anderer Menschen offenbart. Tatsächlich finden wir hier einen zentralen Bereich der gesellschaftlichen Analyse wieder: die Absichten der beteiligten Akteure. Staaten, Milieus, ökonomische und demographische Klassen haben verschiedene Interessen. Im geistigen Milieu der Gegenwart werden bestimmte Gruppen und Akteure nicht selten vorverurteilt, bestimmte Interessen und Absichten grundlegend delegitimiert. Dies begegnet uns in allen politischen Lagern. Hier sehen wir, wie entgegen unserem Schema von der Moral auf die intentionale Ebene geschlossen wird. Um im Urteil zu einer ausgewogenen Mitte zu kommen, ist es notwendig, Interessen zunächst einmal wertneutral gegeneinander zuhalten. Interessen, mit denen wir sympathisieren, erscheinen uns berechtigt, andere egoistisch. Hier gilt es, auf die Interessenlagen wie ein Außenstehender zu schauen, da nur so ein Abwägen divergenter Interessen möglich ist. Wenn es etwa in einem Konflikt wie dem Ukrainekrieg darum geht, einen Waffenstillstand oder Frieden zu verhandeln, werden die Propaganda-Erzählungen der beiden Seiten wenig helfen. Denn sie sind nun einmal darauf ausgelegt, den Kampf zu motivieren. Am Verhandlungstisch muss aber nüchtern über Interessen gesprochen werden. Wer also Frieden will, sollte sich nicht damit begnügen, an die Moral zu appellieren, sondern muss Interessen diskutieren, nicht weniger pragmatisch als ein Händler über die Warenbestände seines Lagers.

Will man aber Interessen nachvollziehen, so kann es notwendig sein, sich mit der Gedankenwelt der Interessenträger auseinanderzusetzen. Hier nun betreten wir den Bereich von Identität und Geschichte. Das Interesse Russlands, der Ukraine den Anschluss an westliche Wirtschafts- und Militärbündnisse zu verwehren, hat nicht nur militärstrategische oder ökonomische Gründe, sondern hat auch viel mit der gemeinsamen Vergangenheit von Russland und der Ukraine zu tun. Um die Absichten Russlands in diesem Konflikt zu verstehen, ist es also notwendig, sich mit der kulturellen Identität des Landes im Verhältnis zur Ukraine auseinanderzusetzen. Dies ist ein Gebot der praktischen Vernunft und hat nichts mit „Putin-Versteherei" zu tun.

3.1.4 Die normative Ebene

Die höchste Ebene der Betrachtung schließlich besteht in einer sittlichen Bewertung. Hier spielt die Ebene des internationalen Menschen- und Völkerrechts ebenso eine Rolle wie allgemeine Überlegungen zu Moral und Sittlichkeit. Das Verhältnis von „statisch" zu „dynamisch" ist bei den geistigen Ebenen gerade vertauscht. Im Bereich des Wahrnehmbaren ist die dynamische Betrachtung auf der funktionalen Ebene allgemeiner als die statische der materiellen. Im Bereich des Geistigen ist die intentionale Ebene die dynamische. Hier geht es um das Wechselspiel der Interessen, wie es auf dem Parkett der Diplomatie ausgehandelt wird. Die normative Ebene ist statisch. Menschen- und Völkerrechtsstandards ändern sich, verglichen mit den tagespolitischen Konstellationen langsam, moralische Standards in gewissen weltanschaulichen Lesarten mithin gar nicht.

Daseinssphäre	Ebene	Zeitlichkeit
geistig	**normativ**	*statisch, überzeitlich*
	intentional	*dynamisch*
stofflich	**funktional**	*dynamisch*
	materiell	*statisch, gegenwärtig*

Mit dem Schema der vier Ebenen der Betrachtung können komplexe politische und gesellschaftliche Fragen strukturiert diskutiert werden. In der vorgetragenen Reihenfolge abgehandelt bewahrt es davor, vorschnell ein moralisches Urteil zu treffen – nicht weil Moral in der Politik keine Rolle spielen sollte, sondern weil die moralische Brille dazu verleitet, sich über eine gründliche Analyse der Gegebenheiten hinwegzusetzen. Die Radikale Mitte macht sich für eine auf Sachlichkeit ausgerichtete Politik stark, die methodisch gegen propagandistische Vereinnahmung gewappnet ist.

Wir hatten bereits angemerkt, dass dieses Schema nicht neu ist. Es entspricht formal und inhaltlich weitgehend dem Schema, das sich im „Höhlengleichnis" Platons findet. So verstanden kann es als Aktualisierung von altem Menschheitswissen, als Teil einer Philosophia Perennis begriffen werden.

3.2 Drei Stufen der Sittlichkeit

Als höchste Ebene der Betrachtung haben wir hier diejenige gesetzt, auf der sittliche Urteile getroffen werden. Da Bewertungen auf dieser Ebene letztendlichen, abschließenden Charakter haben, gilt es genauer hinzuschauen. Für die Radikale Mitte ist der Mensch nicht entweder gut oder böse, sondern vereint anteilig beides in sich. Er hat die Wahl, sein Streben nach Glück in einer Weise auszuleben, die anderen Menschen mehr oder weniger nutzt oder schadet. Allgemein ist die Kultivierung von konstruktiven Verhaltensweisen erstrebenswert. Um individuelle und gesellschaftliche Verhaltenskomplexe beurteilen zu können, ist es hilfreich, Verhaltensweisen nach ihrem Grad an Konstruktivität zu differenzieren. Wir wollen hierzu **drei Stufen der Sittlichkeit** unterscheiden.

3.2.1 Neutrales oder hedonistisches Verhalten

Neutrales Verhalten schadet anderen Menschen nicht, hat aber auch keinen Nutzen für sie. Oder aber es entspricht einem Tauschgeschäft, in dem Menschen sich wechselseitig nützlich sind. Die meisten Menschen leben die meiste Zeit auf dieser mittleren Stufe: arbeiten und dafür Geld bekommen, sich etwas gönnen, einfach nur auf der Terrasse sitzen und die Sonne genießen, schlafen, essen, in den Urlaub fahren. All dies ist ein neutrales Verhalten. Insoweit wir uns dabei selbst etwas Gutes tun, können wir es auch hedonistisch nennen.

Trotz dieser Normalität hat sich die Einstellung zu dieser Stufe der sittlichen Bewertung in den letzten Jahrzehnten grundlegend gewandelt. Hier spielte der Kulturwandel der Nachkriegszeit – oft etwas verkürzt mit der 68er Generation in Verbindung gebracht – eine entscheidende Rolle. Die traditionelle bürgerliche Moral hatte enge Vorstellungen davon, was „sich gehört", was „anständig" ist. Sie hatte eine Tendenz dazu, mit einem zweistufigen Schema zu operieren: Auf der einen Seite das, was „gut", „normal" oder „gesittet" ist: heiraten, Kinder kriegen, einem anständigen Beruf nachgehen, nach Wohlstand zu streben. Verhaltensweisen, die von diesem Schema abwichen, wurden auf der anderen Seite schnell als „unsittlich" abgewertet: als Mann lange Haare tragen, homosexuell sein, dem Müßiggang frönen, Bluejeans tragen, neuartige Musik hören.

Der Siegeszug des Liberalismus in der Nachkriegszeit hat zu einer erheblichen Aufwertung der mittleren Ebene der sittlichen Bewertung geführt. Viele Verhaltensweisen, die in der traditionellen bürgerlichen Moral Abwertung erfuhren, wurden von diesem Stigma befreit. Es fand eine enorme Ausweitung dessen statt, was als „normal" galt. Insbesondere kam es zu einer erheblichen Aufwertung des Hedonismus. Letzteres war im Sinne eines materialistisch ausgerichteten Kapitalismus. Es wurde demnach vor vielen Jahrzehnten das Fundament gelegt für das, was in der Gegenwart als Bündnis von weiten Teilen des Linksprogressivismus und Kapitalismus in Form des „woke capitalism" sichtbar wird.

3.2.2 Destruktives Verhalten

Destruktives Verhalten bedeutet, anderen Menschen zu schaden und wird gesellschaftlich durch Strafen sanktioniert. Dennoch ist es für eine freiheitliche Gesellschaft essenziell, eine Gleichsetzung von sittlicher und rechtlicher Ordnung zu vermeiden. Freiheit muss auch die Freiheit beinhalten, in einem gewissen Maße destruktiv handeln zu dürfen. Zu lügen, den Intimpartner zu betrügen, zu lästern ist zwar in gewissem Maße destruktiv, jedoch nicht strafbar. Und das ist gut so. Denn es ist ein Kennzeichen totalitärer Staaten, Legalität und Legitimität gleichzusetzen. In solchen Diktaturen gilt: Was staatlich erlaubt ist, ist gut; was verboten ist, ist böse. Je liberaler ein Staat ist, desto größer ist der Bereich, den der Staat unangetastet lässt. Gleichwohl kann Liberalität auch dahingehend missverstanden werden, jede Verhaltensweise, die nicht strafbar ist, als „gut" zu bewerten.

3.2.3 Konstruktives oder altruistisches Verhalten

Auf der höchsten Stufe der Verhaltensweisen wachsen Menschen über sich hinaus und lassen anderen Gutes angedeihen. In Reinform ist dies kaum zu beobachten, liefert aber traditionell den Stoff, aus dem Heldengeschichten sind. In der Praxis wird man jedem Wohltäter auch einen gewissen Eigennutz unterstellen können, und wenn es nur das wohlige Gefühl des guten Gewissens ist. Es ist jedoch nicht hilfreich, die Idee des Guten subjektivistisch zu dekonstruieren. Wenn Menschen anderen Gutes tun, ohne davon einen direkten materiellen Vorteil zu haben, mag uns das genügen. Eingewoben in die Mittelmäßigkeit des Alltags macht es eben doch einen Unterschied: Ob Arzt, Lehrer oder Krankenschwester – man kann die beruflichen Aufgaben mit lauer Routine oder mit Herzblut und Engagement erfüllen. (Eine Handlung muss nicht nur, weil sie mit einem Eigennutz einhergeht, durch diesen motiviert sein, noch den Einsatz aufwiegen. Für echten Altruismus ist der eigene Nutzen eben nur eine angenehme Nebenwirkung, nicht aber das eigene Handlungsmotiv.)

Gesamtgesellschaftlich ist der größte Anteil an altruistischem Verhalten das, was Eltern für ihre Kinder tun. Gewiss schmeichelt es Eltern, wenn sie mit ihren Kindern gut dastehen. Dennoch darf das gewaltige Maß an Fürsorge und Lebenszeit, das Eltern – insbesondere Mütter – für die nächste Generation aufwenden, niemals unterschätzt werden. Es geht hier nicht nur um Dinge, die mit Geld aufzuwiegen oder auszugleichen wären. Traditionelle Gesellschaften sind im Allgemeinen sehr viel stärker auf familiäre Strukturen ausgelegt. Die Moderne hat zusehends gemeinschaftliche Strukturen durch gesellschaftliche ersetzt und damit insbesondere staatliche Fürsorge an die Stelle gemeinschaftlicher Solidarität gesetzt. Es darf nicht übersehen werden, dass diese Entwicklung historisch gesehen ausgesprochen jung ist. Das gilt für das ganze Projekt der Moderne, dessen langfristiges Gelingen keineswegs so selbstverständlich ist, wie sein kurzfristiger Triumph vermuten lassen mag.

Gleichwohl kann das Predigen von altruistischem Verhalten auch destruktiv eingesetzt werden. Die Appelle an Selbstlosigkeit und das moralisch Gute wurden und werden regelmäßig dazu missbraucht, aus eigennützigen Interessen Menschen dazu zu verleiten, gegen ihre eigenen Interessen zu handeln. Um Missbrauch vorzubeugen, gilt es, sich ernsthaft um die Idee des Guten zu bemühen. Sie muss wieder zu neuer Würde gelangen. Es scheint so, als sei diese Idee ein der Psyche immanentes Konzept, das jedoch durch den Zeitgeist verdeckt wird. Auf jeden Fall ruht hier eine enorme Quelle von Kraft für Heilbringung und Heilung, die freigelegt und kultiviert werden will!

Der Modernizismus will einen derartigen Glauben mithin dekonstruieren, erkennt im vermeintlich Guten nur die Interessen der Herrschenden oder die verbrämten Triebe des Menschen. Ordnungsrahmen, denen sich das stolze Ego unterzuordnen hat, stacheln seinen destruktiven Eifer an. Das Gute wird zerredet, relativiert, verspottet. Gewiss gibt es neben dem Guten auch viel Scheinheiligkeit, Heuchelei, Zynismus. Und wir sollten uns nicht vom Glanz des Guten dort täuschen lassen, wo es sinistre Absichten verschleiert. Sich dem Konzept des Guten aber gänzlich zu verschließen ist ebenso irrig, wie sich ihm naiv hinzugeben.

Wir wissen in ziemlich vielen Zusammenhängen relativ genau, was das Gute ist: Es ist nicht gut, dass täglich Zehntausende Menschen verhungern. Es ist gut, wenn Menschen in Sicherheit leben können. Es ist nicht gut, wenn Menschen ihre Fähigkeiten nicht entwickeln und wirksam machen können. Es ist gut, wenn Kinder gesund auf die Welt kommen. Es ist nicht gut, wenn Tierarten aussterben. Es ist gut, wenn Streit geschlichtet wird und Versöhnung einkehrt. Das Gute ist in vielen Zusammenhängen einfach und verständlich. Gewiss gibt es speziell in der Moderne viele Fragen, in denen richtig und falsch nicht so klar ersichtlich sind, da es mithin komplexe Wirkungen abzuschätzen gilt. Von der alltäglichen Lebensrealität, wie sie sich den meisten von uns die meiste Zeit darbietet, unterscheiden sich derartige Szenarien meist jedoch deutlich.

Die Idee des Guten ist unersetzlich. Das Gute ist ein Prinzip der Fülle, das den Menschen aufbaut, ermutigt, aufrichtet. Das Gute erkennt in allem, was ist, einen Wert und ist darin eine Bastion gegen die modernizistische Verzweckung aller Lebenszusammenhänge. Haben wir also den Mut und die Freude uns zum Guten zu bekennen! Dies mit Ernst zu tun bedeutet gerade nicht, in ständiges Moralisieren zu verfallen. Denn das Gute in seiner Fülle trachtet danach, jede Knospe des Seins zum Blühen zu bringen. Wer aber kennt schon das Innere der Knospe seines Nächsten? Das Gute will erforscht werden und fordert von uns Demut und Ernsthaftigkeit. Das Gute ist nicht auf eine einfache Formel zu bringen und dennoch in unserer Intuition für jeden Menschen zugänglich. Das Gute ist eine lebenslange Aufgabe, eben weil es nicht auf eine simple Parole zurückgeführt werden kann. Wer auch immer dies zu können vorgibt, dem sollte mit Misstrauen begegnet werden. Hier liegen die Fallen des Gnostizismus.

3.2.4 Die rechten Verhältnisse

Gewiss hatte die liberale Revolution des 20. Jahrhunderts in vielen Punkten recht, indem Verhaltensweisen vom Stigma des „Verpönten" befreit und als moralisch neutral bewertet wurden – nach dem Motto: „Was ist denn schon dabei…?". Diese kulturelle Stoßrichtung geht jedoch mit einer großen Gefahr einher: Die Heroisierung des Hedonismus als dem „neuen Guten" unterminiert das eigentlich Gute.

In der Werbung finden wir diese Heroisierung überall. Emanzipatorische Ideale werden derart überspitzt, dass der Selbstsucht das Wort geredet wird – ganz im Sinne des modernizistischen Voluntarismus. Hedonismus ist dann „Selbstverwirklichung", „sein eigenes Ding machen". So sehr die Freiheit ein fundamentaler Wert unseres Zusammenlebens sein sollte, so sehr kann eine einseitige und falsch verstandene Fixierung auf sie den Charakter verderben. Tugenden und Pflichten erscheinen dann als lästige Relikte einer finsteren Vergangenheit, die Arbeit am eigenen Charakter, Fleiß, Ausdauer, Zielstrebigkeit als überholt. Der Held als Idealtypus eines altruistisch handelnden Menschen wird unmodern. Er wird zum gebrochenen Charakter, zum Antihelden, oder bevölkert derart phantastische Universen, dass kaum ein Bezug herzustellen ist zur Lebenswirklichkeit der Menschen.

Dabei wird der Nutzen des Hedonismus überschätzt. Hedonismus macht nicht selten einsam und vermag das tiefe Bedürfnis des Menschen nach Sinn nicht zu befriedigen. So sehr Hedonismus in der Jugend ein Vehikel der Selbstfindung ist, so sehr kann er im weiteren Verlauf des Lebens zum Hemmschuh werden. Die Reifung der Persönlichkeit geschieht eben auch über Konzepte wie Pflicht und Tugend und auch durch Trauer und Schmerz. „Pflicht" und „Tugend" haben als Begriffe in der Geschichte des 20. Jahrhunderts ihre Unschuld verloren. Ein überspanntes und missbrauchtes Verständnis von Pflicht kann gewiss viel Schaden anrichten. Den Fanatikern mangelt es nie an Pflichtbewusstsein! Umgekehrt sind Pflicht, verstanden als innere Verpflichtung dem Guten gegenüber, und Tugend verstanden als Leitstern einer Persönlichkeitsentwicklung, welche dies ermöglicht, aber unabdingbar für die Kultivierung von konstruktivem Verhalten.

Ob Gesellschaften prosperieren oder verfallen, hängt ganz entscheidend davon ab, inwieweit in der gesamtgesellschaftlichen Bilanz konstruktives oder destruktives Verhalten relativ zueinander überwiegen. Wir nennen diese Bilanz die **Altruismus-Bilanz**. Neutrales Verhalten trägt zu dieser Bilanz nichts bei. Wenn aber das neutrale Verhalten in Form des Hedonismus zum Leitwert einer Gesellschaft wird, wird die Rolle des altruistischen Verhaltens marginalisiert und dem weniger offensichtlichen destruktiven Verhalten der Weg freigeräumt. Der gesellschaftliche Niedergang ist vorgezeichnet. Tückisch dabei ist, dass Hedonismus per se nicht böse ist, aber im Übermaße betrieben dem Bösen dadurch Vorschub leisten kann, dass er das Gute verdrängt.

Hier stellt sich für die Moderne eine existentielle Frage: Ist sie in sittlicher Hinsicht nachhaltig? Kann dieses gewagte Experiment in Abkehr von traditionellen Gesellschaftsmodellen dauerhaft funktionieren? Die wenigen Generationen Moderne bedeuten im Kontext der Weltgeschichte nicht viel! Der Ausgang dieses Experiments ist ungewiss, und es gibt einen triftigen Grund zur Skepsis. Denn es ist mittlerweile gut gesichert, etwa durch die Arbeiten des Religionswissenschaftlers Michael Blume: Ein Grund für die Existenz von Religionen in allen traditionellen Kulturen liegt in ihrer Wirkung auf die Demographie. Bislang hat es noch keine Gesellschaft mit erheblich areligiösem Charakter geschafft, über Jahrhunderte demographisch stabil zu bleiben. Verschwindet die Religion, so werden weniger Kinder geboren. Das heißt nicht, dass areligiöse Menschen nicht auch kinderreiche Familien gründen können, es heißt lediglich, dass die Wahrscheinlichkeit hierfür so reduziert ist, dass Gesellschaften, die von Areligiosität geprägt sind, auf kurz oder lang aussterben. In der Gegenwart manifestiert sich dies in den meisten Staaten des Westens in Form einer erheblichen demographischen Krise.

Diesen Umstand kann man sich mit dem Wein des Zeitgeistes schöntrinken. Hier hat der Modernizismus eine ausgesprochen bittere Frucht hervorgebracht. Im Schafspelz des Umweltschutzes begegnet uns eine neue Form der Menschenfeindlichkeit. Unter Anhängern der vermeintlich „letzten Generation" wird die Sichtweise populär, die Menschheit sei eigentlich eine Art Parasit der Erde und es wäre besser, es gäbe eine möglichst geringe Bevölkerung. Wenn man dem Menschen einmal vermittelt hat, ein „Schädling" zu sein, dann scheint es gerechtfertigt, wenn Ressourcen verknappt, also verteuert werden. Derartige Ideologeme vermochten es in den letzten Jahren, die soziale Frage als den Hauptgegenstand des linksprogressiven Lagers praktisch zum Verschwinden zu bringen. Hier sehen wir ein augenfälliges Beispiel, wie an Selbstlosigkeit appellierender Moralismus dazu missbraucht werden kann, Menschen dazu zu verleiten, die eigenen Interessen aufzugeben.

Nein, der Mensch ist kein Schädling! Wir sollten derartige Sichtweisen als diabolische List ansehen, die große Mehrheit der Menschen mit destruktiven Hintergedanken zu beschämen. Solche Tendenzen zur **Volksbeschämung** haben sich in den letzten Jahren massiv verstärkt. Ein altersschwaches, gesellschaftliches Paradigma imprägniert sich gegen eine dringend notwendige Häutung und macht sich daran, den gesellschaftlichen Körper – letztlich das Selbstwertgefühl eines jeden Einzelnen – durch negativistische Propaganda zu schwächen. Ob dies einem vorgefassten Plan entspringt oder dem normalen Spiel der Interessen sei dem Leser anheimgestellt.

Kommen wir zurück auf das Thema Demographie. Es sollte das Leitbild einer jeden Politik sein, eine möglichst stabile demographische Entwicklung aufzuweisen, sprich die Reproduktionsquote von robusten zwei Geburten pro Frau. Das gilt für alle Gesellschaften, also für jene, die deutlich darüber liegen, ebenso wie für solche, die – wie die meisten westlichen Staaten

– deutlich darunter. Denn eine stabile Demographie geht mit den geringsten gesellschaftlichen Verwerfungen einher. Dies anzustreben ist in einer prekären und instabilen Welt wie der unseren zunächst ein Gebot der praktischen Vernunft. Weder drohen dann verbreitete Altersarmut und Pflegenotstand noch grassierende Jugendarbeitslosigkeit und gesteigerte Armutsemigration.

Im Lichte der drei Stufen der Sittlichkeit zeigt sich das grundlegende Problem der demographischen Krise. Im Wertegefüge einer Gesellschaft schwächt es den Anteil des altruistischen Verhaltens. Wenn es stimmt, dass das Verhältnis von altruistischem zu destruktiven Verhalten über das Wohl und Weh einer Gesellschaft entscheidet, dann neigt sich die Waage durch die mangelnde Bereitschaft, Elternschaft auf sich zu nehmen, erheblich zu unseren Ungunsten. Neben den offensichtlichen, direkten Folgen sollten auch indirekte Folgen nicht übersehen werden. Es geht dann nicht darum, Neugeborene zu zählen, sondern einen Blick für den sittlichen Gesamtzustand einer Gesellschaft zu schärfen. Eltern entledigen sich des Kokons des juvenilen Hedonismus und es ist damit zu rechnen, dass sie auch in gesellschaftlichen Fragen tendenziell verantwortungsbewusster denken als Nicht-Eltern. Letztere aber verfügen gemeinhin über mehr Freizeit und damit auch über mehr gesellschaftlichen Einfluss. Es ist bedauerlicherweise eine klare Tendenz der letzten Jahrzehnte, dass die Mentalität von Dauerjugendlichen zunehmend kulturprägend wird.

Nirgendwo wird dies so deutlich wie beim Umgang der Gesellschaft mit den Themen Feminismus und LGBTQ. Tatsächlich haben sich hier linksradikale Ideologeme in der Mitte der Gesellschaft bemerkenswert gut etabliert. Letztlich sind die intellektuellen Schemata, mit denen diese Themen abgehandelt wird, aber nicht neu.

Marx entwickelte das Konzept des Klassenkampfes auf der Basis des dialektischen Gegensatzes zwischen einer herrschenden, reaktionären und einer revolutionären, progressiven Klasse. Selbstredend ist dieses Konzept ein Musterbeispiel für politischen Gnostizismus, und die Position der Radikalen Mitte hierzu klar definiert. Schon in seiner ursprünglichen Version war dieses Schema ausgesprochen grob, sind doch die antagonistischen Klassen niemals so klar definierbar, sondern stellen vielmehr Basis und Spitze eines Kontinuums einer fein differenzierten Gesellschaftspyramide dar. Hier behalf sich Marx der begrifflichen Krücke des „Kleinbürgertums" – das wir heute eigentlich als „Mitte der Gesellschaft" bezeichnen müssten und das Marx aufgrund des „nicht vorhandenen Klassenbewusstseins" verachtete. Diese Mitte der Gesellschaft interessierte Marx nicht besonders, und er kümmerte sich kaum um die Bauern, die selbst am Ende des 19. Jahrhunderts in Deutschland noch die Mehrheit gegenüber den Fabrikarbeitern darstellten.

Dieses also schon in seinem ursprünglichen Kontext fragwürdige Konzept wird im Zusammenhang des linksprogressiven Feminismus und der Pro-LGBTQ-Ideologie mit ziemlicher intellektueller Gewalt auf die Fragen der geschlechtlichen Identität übertragen. Nach marxistischer Logik muss es eine ausbeuterische, herrschende und eine unterdrückte und zu befreiende Klasse geben. Deshalb tritt im marxistisch grundierten Feminismus an die Stelle der Bourgeoisie das „Patriarchat". Hatte Marx in seiner Geschichtsphilosophie den jeweiligen Entwicklungsstufen im dialektischen Materialismus noch eine gewisse Rationalität zuerkannt, so verfallen seine Epigonen vollends im gnostizistischen Narrativ der „finsteren Vergangenheit" und einer potenziell „lichten Zukunft", zu der sich hin-emanzipiert werden muss. Unhinterfragt ist also nach feministischer Logik das Patriarchat zu überwinden.

Das Problem dabei: Als ein wesenserklärendes, soziologisches Großkonzept taugt der Begriff „Patriarchat" in keiner Weise. Es darf ja nicht übersehen werden, dass die Vorrechte von

Männern in vormodernen Gesellschaften auch stets mit Pflichten verbunden waren. Ein Mann, der heiraten wollte, musste eine Familie ernähren können. Und Männer hatten im Kriegsfall den Dienst an der Waffe zu leisten. Es hat also auch in vormodernen Gesellschaften ganz klare Privilegien von Frauen gegeben. Der Begriff „Patriarchat" ist folglich keineswegs selbsterklärend. Traditionelle Gesellschaften zeichnen sich eben dadurch aus, dass die Rollen von Männern und Frauen relativ starr und voneinander verschieden sind. Diesen Rollen aus den Verhältnissen der Zeit heraus jede Vernünftigkeit abzusprechen ist hochmütig und dumm. Und es ist keineswegs so klar, wie es feministische Narrative suggerieren, welche Rolle lebensweltlich betrachtet angenehmer war. Ein Ritter etwa hatte die unbequeme Pflicht, seinem Lehnsherr auf beschwerliche und gefährliche Kriegszüge zu folgen, und musste die Ehre seines Hauses auf Ritterturnieren verteidigen. Seine Gemahlin stand dem Haushalt eines ritterlichen Gutes vor, was persönlich von schwerer Arbeit befreit – die Mägde und Knechte erledigten –, und hatte folglich ein geruhsameres und komfortableres Leben als ihr Gatte – wenn man von Schwangerschaft und Geburt absieht. Gesellschaften mit dem Begriff „Patriarchat" erklären zu wollen verdeckt auch wesentliche Mechanismen der gesellschaftlichen Hierarchisierung – damals wie heute. Eine hochadelige Dame stand natürlich auch im Mittelalter gesellschaftlich weit über einem unfreien oder gar versklavten Mann. Und auch heute verdeckt das marxistisch-feministische Narrativ die eigentlichen Mechanismen der sozialen Differenzierung: Vermögen und Herkunft.

Die Übertragung klassenkämpferischer Denkschablonen auf Geschlechterfragen wird noch absurder im Zusammenhang mit der jüngeren Frucht des **linksprogressivistischen Klassizismus**, der Queer-Theorie. Nämlich dann, wenn nicht-heterosexuelle Menschen zu einer Art neuer Avantgarde stilisiert werden, und Heterosexualität ebenso als Signum der „herrschenden Klasse" wie Männlichkeit im Falle des „Patriarchats" verstanden wird. Doch selbst wenn man nicht so weit geht bleibt festzustellen: Es ist das eine, nicht-heterosexuelle Beziehungsmodelle nicht zu kriminalisieren oder entsprechend lebende Menschen nicht prinzipiell schlechter zu stellen. Es ist etwas anderes, diese Modelle in jederlei Hinsicht als gleichrangig zur heterosexuellen Lebensweise anzusehen.

Denn eine Ungleichheit ist doch so offensichtlich wie die Nase im Gesicht! Die Fortpflanzung basiert im Wesentlichen auf Heterosexualität. Sicher gibt es Modelle, wie auch nicht-heterosexuell lebende Menschen Kinder großziehen können, doch basieren sie in der Regel darauf, dass *ein* natürliches Elternteil vom eigenen Kind getrennt und umgekehrt ein Kind getrennt von einem Elternteil aufwächst. Dieser Umstand kann keine wünschenswerte „Normalität" darstellen. Und auch ein paar Tausend Kinder pro Jahr (in Deutschland), welche zur Adoption zur Verfügung stehen, werden den Umstand nicht ändern, dass die allermeisten nicht-heterosexuellen Paare kinderlos bleiben werden.

Betrachten wir den Sachverhalt im Lichte der drei Stufen der Sittlichkeit. Ziehen wir eine **Altruismus-Bilanz**! Nicht-heterosexuelle Beziehungsmodelle tragen unterm Strich kaum dazu bei, die nächste Generation großzuziehen. In dieser Hinsicht haben sie für die Gesellschaft also kaum einen Mehrwert im Sinne des altruistischen Verhaltens. Sie werden niemals einen vergleichbaren relativen Anteil an Familienarbeit leisten können, auch wenn gesetzlich absolute Gleichstellung erreicht sein sollte. Diese Lebensmodelle – welche gemeinhin als hedonistische Dyaden begriffen werden können – sind also nicht im gleichen Maße förderungswürdig wie Lebensmodelle, welche mit erheblicher Wahrscheinlichkeit zur Familiengründung führen werden. Man kann darüber diskutieren, ob hier der Ehestand oder die Geburt von Kindern das entscheidende Kriterium sein sollte – dies ändert nichts daran, dass der bedeutendste Teil an altruistischem Verhalten für die Gesellschaft wesenhaft gekoppelt ist an Heterosexualität. Lebensmodelle wie die Regenbogenfamilie mögen im Einzelfall keine schlechtere Altruismus-Bilanz aufweisen als auf Heterosexualität basierende Familien – allein politisch relevant bleibt das globale Bild, dass in der Summe nicht-heterosexuelle Beziehungsmodelle auch relativ einen marginalen Anteil an der gesamtgesellschaftlichen Reproduktionsarbeit leisten.

In den letzten Jahren mutierte die Regenbogenflagge vom Zeichen einer Subkultur zu dem einer Mehrheitsgesellschaft, die sich einreden will und auch muss, sich nach wie vor auf dem Pfade des Fortschritts zu befinden. Je drängender die Zweifel werden angesichts einer bestürzenden sozialen und politischen Wirklichkeit, umso schriller wird sich in symbolischen Ersatzhandlungen um „Minderheiten" bemüht. Die mit Diversitäts-Trophäen gespickte mediale Kunstwelt simuliert eine marktkonforme Version eines progressivistischen Utopias, welche mit der Lebenswirklichkeit der meisten Menschen nicht viel gemein hat. Das sind Verfallserscheinungen einer Kultur, die den sittlichen Kompass verloren hat. Wahrhaft mutig und avantgardistisch ist es heute, wieder von dem Guten zu sprechen, Altruismus zu bilanzieren und notgedrungen einer verzweckten und kommerzialisierten Moderne kein besonders gutes Zeugnis auszustellen.

Bemerkenswerterweise ist das vorgetragene Schema der „drei Stufen der Sittlichkeit" ähnlich einem Schema aus der islamischen Rechtswissenschaft, dem al-Ahkam al-chamsa. Es unterscheidet fünf sittliche Stufen: verpflichtend (fard), empfohlen (mandub), erlaubt (halal), verpönt (makruh) und verboten (haram). Wir hatten beim destruktiven Verhalten bereits eine Verfeinerung unseres dreigliedrigen Schemas vorgenommen, indem wir strafbare von nicht strafbaren Verhaltensweisen unterschieden hatten, so dass sich unser dreigliedriges Schema im Prinzip zu einem fünfgliedrigen erweitern ließe. Auch hier also haben wir womöglich einen Keim für eine Philosophia Perennis gefunden. Und es wird deutlich, dass eine wahre Philosophia Perennis stets auch interkulturelle Aspekte beinhalten kann und sollte.

3.3 Das Letztendliche oder: die drei Aspekte des guten Lebens

Von den vier Ebenen der Betrachtung aus sind wir über die drei Stufen der Sittlichkeit beim „Guten" angelangt. Doch was ist das „Gute"? Was ist ein gutes Leben? Diese letztendliche Frage soll und darf nicht ausgespart bleiben. An einem minimalen Konsens bezüglich dieser Frage hängt im Grunde genommen alles. Im Namen von Freiheit und Individualismus wurden in der Moderne die Antworten auf diese Frage zusehends zur Privatsache erklärt. Zum Teil zu Recht, denn eine Staatsreligion kann nicht das Ziel sein, zum Teil aber um den Preis des Relativismus. Unsere Mägen mögen noch so voll sein, geistig sind wir nicht selten unterernährt.

Ja, die Spätmoderne ist geistig verarmt. Ausgetrocknet sind unsere geistigen Biotope. Die Kirchen sind leer, ebenso die Salons der Intellektuellen. Wo sind die leuchtenden Gestalten der Gegenwart, die geistige Orientierung bieten könnten? Wo eine Hannah Arendt, wo ein Adorno, ein Sartre, ein Hegel, ein Kant? Von Buddha, Konfuzius oder Jesus ganz zu schweigen! Die Verzwergung der Geistigkeit hat riesenhafte Ausmaße angenommen. Alles ist erstarrt unter einer großen Koalition der neuzeitlichen Ideologeme. Kapitalismus und Linksprogressivismus sind als „woke capitalism" eine unheilige Allianz eingegangen. Ihre Apostel heißen Zuckerberg, Gates und Bezos. Es gibt im eigentlichen Sinne keine politischen Lager mehr, wenigstens in Deutschland. In der Viereinhalb-Allparteien-Koalition, die Deutschland regiert, sind die Bündnispartner praktisch austauschbar – an der gefühlten Alternativlosigkeit ändert sich nichts.

Dies alles ist eine notwendige Folge der aktuellen historischen Situation. Wir leben in einer Spätzeit, die Erstarrung ist symptomatisch. Nichts Neues unter der Sonne der Neuzeit, außer ein paar letzte überspannte Grillen des Radikalnominalismus. Diese kulturelle Friedhofsruhe schreit förmlich nach einem Aufbruch. Ein solcher wird mit Sicherheit kommen. Ein neuer Idealismus wird sich erheben und all die dürftigen Versuche, einen solchen zu simulieren – wie der Klimatismus – werden verstummen, da sie im Wesentlichen negative Ideologien sind. Aktuell noch haben negativistische Denkansätze – rechts wie links – Hochkonjunktur. Sie sind im Wesentlichen gegen etwas, gegen Rassismus, gegen Patriarchat, gegen CO_2-Emissionen oder aber gegen die Islamisierung, den Genderismus oder die Überfremdung. Dieses „dagegen" aber ist ein Ausdruck der Schwäche.

In diese Flanke muss vorgestoßen werden! Hier brauchen wir von Seiten der Radikalen Mitte eine **neue Positivität**. Vor allem psychologisch macht es einen Unterschied, ob man aus Liebe zum Guten (Euphilie) oder aus Angst vor dem Schlechten (Kakophobie) handelt. Ersteres ist in jedem Falle kraftvoller und langfristig erfolgreicher. Wir brauchen also Visionen, positive Ziele, Pläne, für die sich die Menschen begeistern können! Wir sind nicht die letzte Generation, sondern die erste! Der allgemeine Inhalt dieser neuen Positivität ist nichts atemberaubend Neues, denn die meisten Menschen wissen intuitiv, worum es im Leben geht. Eine Rückführung auf das Letztendliche, auf das Gute, Wahre und Schöne stellt in einer verstandeslastigen Zeit wie der unseren jedoch eine Ungeheuerlichkeit dar. Einen Affront. Eine Provokation. Der Verstand vereinzelt, differenziert, führt immer neue Unterscheidungen ein, verkompliziert und analysiert. Der Verstand verliert das Ganze aus dem Blick, zerfasert das Denken, zerfasert die Menschen, korrumpiert kraftvolle Persönlichkeit. Zweifelsohne gebührt ihm ein Platz im Menschen, doch sollte er niemals zum Herrn werden. Die neue Positivität ist ganzheitlich, bietet Perspektive, gibt Richtung und Orientierung. Sie stemmt sich gegen die Allverzweckung aller Lebenszusammenhänge. Sie

3.3 Das Letztendliche oder: die drei Aspekte des guten Lebens

stemmt sich gegen Manipulation und Propaganda. Sie stemmt sich gegen eine Kultur der Verkomplizierung und Relativierung, in der es nur noch „wenn" und „aber" gibt (Relativismus!), doch kaum noch Bekenntnisse, die sich aus einem substanziellen Selbstrückhalt ergeben.

Es ist eine große Schwäche des modernen Denkens, den Menschen in wesentlichen Fragen des Lebens keine oder nur sparsame Antworten zu geben. Das ist die offene Flanke! Eine Frage wie „Was ist der Sinn des Lebens?" mag fast als anstößig gelten. Gemeinplätze wie „Das muss jeder selbst für sich entscheiden!" lassen nicht lange auf sich warten. Zugegeben: Die Erfahrungen des Totalitarismus lehren nicht zu Unrecht, dass allzu dogmatische Universalantworten leicht in Bevormundung und Tyrannei enden. Doch darf man nicht übersehen, dass sich all unsere Vorstellungen von einer besseren Gesellschaft schlussendlich aus Antworten auf die letztendlichen großen Fragen ergeben.

Hier offenbart sich auch eine Schwäche des Sozialismus. Einerseits wird der revolutionäre Kampf nicht selten in die Höhen einer politischen Religion gehoben, andererseits aber verliert jenseits dessen, also bei Erreichen des vermeintlichen revolutionären Endziels, diese politische Religion ihren Sinn nahezu gänzlich. Darin besteht sicherlich einer der Gründe, warum sozialistische Revolutionen bislang niemals das utopische Ziel erreicht haben, da dies zur Selbstaufhebung der zugrundeliegenden Ideologie führen würde.

Für eine kraftvolle politische Ideologie ist es wichtig, dem Menschen eine Sinnperspektive zu geben. Wir dürfen hier nicht feige sein. Wir brauchen einen minimalen Konsens darüber, was für Städte, Regionen, Nationen, Kulturen und die Menschheit als erstrebenswert gilt. All diese gesellschaftlichen Horizonte bilden sich letztlich aus Einzelmenschen. Deshalb ist es die Sinnperspektive des Individuums, die Frage nach dem guten Leben, die wir in den Fokus nehmen müssen.

Traditionell wurde dieses Feld der „letzten Dinge" der letztendlichen Sinngebung des Daseins von der Religion besetzt. Wir leben aber in einer weltanschaulich heterogenen Welt. Es gibt religiöse und areligiöse Menschen. Und das Ansinnen, die Probleme auf unserem Planeten dadurch zu lösen, dass eine weltanschauliche Partei die Hegemonie erringt, muss als Wahnsinn erscheinen, wenigstens wenn entsprechende Gruppierungen dies mit politischen Mitteln durchsetzen wollten – man denke an den „Islamische Staat"! Wir brauchen also keine neue Religion, da wir von Seiten der Radikalen Mitte in metaphysischer Hinsicht nicht danach streben, alle großen Fragen zu beantworten. Eine Ebene unterhalb der Religion befinden wir uns auf derjenigen der Philosophie. Hier ist unser Tätigkeitsfeld! Diese Ebene hat die wichtige Funktion, verschiedene Weltanschauungen ins Gespräch zu bringen. Mit Mitteln der philosophischen Reflexion ist es möglich, Weltanschauungen in einer neutralen Sprache zu beschreiben. Gerade die Gegenwart erlebt eine neuerliche Sakralisierung der Politik. Egal ob Corona oder der Ukraine-Krieg – der Tonfall der Politiker erinnert zunehmend an die Kanzel! Moralischer Rigorismus ersetzt Analyse und Argument. Umso wichtiger ist es, auf der Ebene der Philosophie die Stellung zu halten.

Politische Religionen wie Faschismus und Kommunismus haben im 20. Jahrhundert verheerende Wirkung entfaltet. Es ist bemerkenswert, dass die Philosophie Jahrzehnte zuvor einen bedauerlichen Niedergang erlebte. Nach den Höhenflügen durch Kant und Hegel Anfang des 19. Jahrhunderts fand sich die Philosophie in den weiteren Jahrzehnten dieses widersprüchlichen Zeitalters zwischen Romantik und Wissenschaft zunehmend in Rückzugsgefechte verwickelt. Bezeichnenderweise kann man zu Recht die Frage stellen, ob der wirkmächtigste Philosoph am Ende jenes Jahrhunderts – Nietzsche –

überhaupt Philosoph sei – und nicht doch eher Dichter. Die Philosophie hatte Anfang des 20. Jahrhunderts wichtige Felder geräumt und es den aufziehenden dunkeln Mächten der Totalitarismen überlassen, ganzheitliche Weltdeutungen zu liefern.

Man hat mithin die Frage gestellt, warum gerade im „Volk der Dichter und Denker" der Faschismus so ungebremst wüten konnte. Nicht „trotz" sondern „wegen" der bildungsbürgerlichen Prägung! Denn betrachten wir den beruflichen Werdegang der berühmtesten deutschen Philosophen, so zeigt sich: Fast alle verfolgten eine Beamtenlaufbahn. Staatstreu residierten sie in den alimentierten Gelehrtenstuben, bar jeder echten politischen Verantwortung. Im Elfenbeinturm lässt es sich trefflich schwadronieren und unter seinesgleichen wortreich das Firmament vermessen. Regalmeter an Traktaten und nichts, was für die Politik taugt. Wer erinnerte sich noch daran, dass einst ein gewaltiger Feldherr bei einem großen Philosophen in die Schule ging? Allein der Ideenkrämer Marx war erfolgreich darin, politisch relevant zu sein – zu erfolgreich! – aber er war Journalist und nicht Professor. Ja, die selbstgefälligen und ganz mit sich selbst beschäftigten deutschen Bildungsbürger, die Dichter und Denker, die verbeamteten Maulhelden haben in ihrem Dünkel die Straße den Grobianen, Einpeitschern und Demagogen überlassen. Und als es zu spät war, haben sie ihr Fähnchen ohne Rückgrat in die neue Windrichtung gehalten.

Wir brauchen ein Bindeglied zwischen der intellektuellen Kultur und der politischen Praxis. Wir sprachen schon von Marx, der hier als einziger erfolgreich war. Vergleichbares ist auch im liberalen und konservativen Lager vonnöten – und erst recht für die Radikale Mitte! Wir brauchen eine Anbindung letztendlicher Fragen an die sich täglich vollziehenden gesellschaftlichen Debatten. Eine konstruktive Politik, eine prosperierende Gesellschaft, eine blühende Kultur – all das speist sich aus dem, was für den Menschen als erstrebenswert gilt. Ohne einen derartigen Rückbezug auf das, was letztendlich Menschsein wertvoll macht, können Gemeinwesen nicht dauerhaft prosperieren. Der Radikalen Mitte muss es also auch um das Letztendliche gehen. Wir müssen es auf eine Weise so formulieren, dass möglichst viele Menschen zustimmen können. Wir werden uns demnach nicht auf Gott oder die Evolution berufen.

Dabei beginnen wir beim Menschen, den wir als leibliches, geistiges und seelisches Wesen begreifen. Dieser Dreiheit entsprechen drei Ziele, die der Mensch in seinem Leben anzustreben versucht. Dies sind die **drei Aspekte des guten Lebens: Wohlergehen, Sinn und Glück.** Eine der grundlegenden Herausforderungen des Lebens besteht darin, diese nicht selten widersprüchlichen Bedürfnisse des Menschen in Einklang zu bringen. Soll ich bei meiner Berufswahl vor allem auf materielle Sicherheit setzen oder meinen geistigen Neigungen folgen? Wie viel bin ich bereit, einer höheren Sache zu opfern, wenn es mir Leid verursacht? Wir werden daher diese Grundbestrebungen des Menschen einzeln ansprechen. Dabei begehen wir das Wagnis, den Tabubruch, dies in Form von thesenhaften Behauptungen vorzutragen:

Der **Sinn des Lebens** besteht darin, sich in seelisch-geistiger Hinsicht zu entwickeln, um der Verwirklichung des Guten zu dienen und dieser Verwirklichung dienlicher zu werden. Diese seelisch-geistige Reifung vollzieht sich in verschiedenen Zusammenhängen: in der Fruchtbarmachung der eigenen Talente, in Beziehungen zu anderen Menschen, in der gegenseitigen Unterstützung auf diesem Weg und schließlich darin, dem Wohle der Menschheit zu dienen. Sinnerfüllung zu finden, ist das höchste Streben des Geistes. Ein Gradmesser dafür, den Sinn des Lebens gefunden zu haben, besteht in der Fähigkeit, selbstlos zu handeln. Denn das Gute, das man sich selbst tut, kann für andere schädlich sein und damit nicht gut an sich genannt werden. Es ist wichtig, ein hohes Ideal von Altruismus aufrechtzuerhalten, nicht nur, weil es Gesellschaften stabilisiert, sondern auch, weil altruistisches Verhalten eine höhere Sinndividende liefert als ein pragmatisches Nützlichkeitskalkül. Da jeder Mensch unterschiedlich veranlagt ist und eine eigene Geschichte hat, konkretisiert sich diese Maxime der Singsetzung für jeden Menschen individuell. Unser ganzes Leben bleiben wir damit beschäftigt, diesen Sinnauftrag für unsere Lebenswirklichkeit auszudeuten.

Doch nicht nur nach Sinn strebt der Mensch, er will auch glücklich sein. Das Streben nach **Glück** ist das höchste Streben der Seele. Sinn macht den Menschen leidensfähig, das Streben nach Glück treibt ihn dazu, Leid zu vermeiden. Die Seele zieht fortwährend Bilanz über bewusste und unbewusste Vorgänge und teilt diese dem Bewusstsein über die aktuelle Stimmungslage mit. Eben weil der Mensch sich selbst nicht völlig transparent ist, weil wir uns nicht vollständig selbst kennen, es Unbewusstes, Verdrängtes, noch nicht Reflektiertes, kaum erst geahnte Hoffnungen und Sehnsüchte gibt, kann eine individuelle Sinnsetzung allein nicht ausreichen, in uns das Gute zu verwirklichen. Und aus demselben Grunde ist das Glück unserem Denken auch nicht so zugänglich wie der Lebenssinn. Das Glück lässt sich nicht ohne weiteres durch zielgerichtetes Handeln erlangen, weil unsere Seele unerbittlich über die ganze Psyche bilanziert, auch über jene Winkel, die vom Licht unserer Reflexion nicht erhellt werden.

Durch das „gute Gefühl" kann die Seele aber auch getäuscht werden, sich in Süchte verstricken, dem Egoismus frönen, manipuliert werden durch Reklame und Propaganda. Doch auch der Geist kann getäuscht werden – durch Fanatismus, welcher der Wirklichkeit eine einseitige Sinninterpretation überstülpen will und damit andere unglücklich macht. Ein gutes Leben besteht nicht darin, im Zustand eines sinnlosen Glücks zu verharren, etwa durch eine Glücksdroge, oder aber im Zustand des glücklosen Sinns, einer immerwährenden Aufopferung für eine höhere Sache bei ständigem Leiden. „Sinn" und „Glück" wollen austariert werden. Und es gibt hierfür in der Tat ein Prinzip: die Liebe. Denn in der Liebe findet der Mensch sein Glück im Glück des anderen. Er wünscht das Glück des anderen und genießt die Gegenwart des glücklichen Gegenübers.

So viel zum Idealismus. Wir haben die seelisch-geistigen Strebungen des Menschen nach Sinn und Glück angesprochen, weil sie in politisch-gesellschaftlichen Debatten der Moderne häufig zu kurz kommen. Denn die Moderne trägt weithin materialistischen Charakter. Und in der Tat scheint die Herausforderung, möglichst vielen Menschen materielles **Wohlergehen** zu ermöglichen, schon schwierig genug: Ein sicheres Auskommen, körperliche Unversehrtheit, Gesundheit. Hierüber wird auf unterschiedliche Weise in der Politik ständig verhandelt. Und in der Moderne sind wir, bezogen auf diese Aspekte, aufeinander angewiesen. Denn kaum einer vermag sich gänzlich selbst zu versorgen. Die Arbeitsteilung der Moderne schafft hier einen Organisationsaufwand, der zu erheblichen Teilen durch die Politik gestaltet wird.

Der defizitäre Charakter des Materialismus bezogen auf die Grundbestrebungen des Menschen offenbarte sich unter der Herrschaft des Kommunismus. Es war nicht so, dass die Menschen des Ostblocks hungern oder unter der Brücke schlafen mussten. Das war nicht der Grund, warum die Menschen die abenteuerlichsten Ausbruchsversuche wagten: Seilwinden, selbstgebaute Heißluftballons, Mini-U-Boote. Es war der Mangel an geistigen Entfaltungsmöglichkeiten, die Beschneidung individueller Sinnsetzungen, etwa in der Verwirklichung der eigenen Talente, welche die Menschen in die Flucht trieb. Denn wie jeder Mensch für sich persönlich die drei Grundstrebungen verwirklicht, ist eine individuelle Angelegenheit. Welchen Stellenwert hat materieller Wohlstand? Welchen geistige Ent-

3.3 Das Letztendliche oder: die drei Aspekte des guten Lebens

faltungsmöglichkeiten? All dies kann unser universelles Programm des Letztendlichen nicht beantworten. Und gewiss mögen Christen das formulierte Programm anders nuancieren als humanistische Agnostiker. Dieses Programm ist bei all seiner Kürze auch nicht viel mehr als ein Wegweiser, der jedoch in vernünftiger Weise eingebettet ist in das anthropologische Verständnis des Menschen als das eines Wesens bestehend aus Leib, Geist und Seele.

Es ist nicht wahr, dass sich bezüglich letztendlicher Dinge überhaupt kein Konsens erzielen lässt. Diese Frage zur reinen Privatsache zu erklären heißt, sie zu marginalisieren. Natürlich kann es kein Schema für ein geglücktes Leben geben, das für jeden gleichermaßen gilt. Doch ein gewisser Konsens ist notwendiges Regulativ gegenüber den Auswüchsen eines Zeitgeistes, der immer öfter den Menschen in seiner Ganzheit aus den Augen verliert.

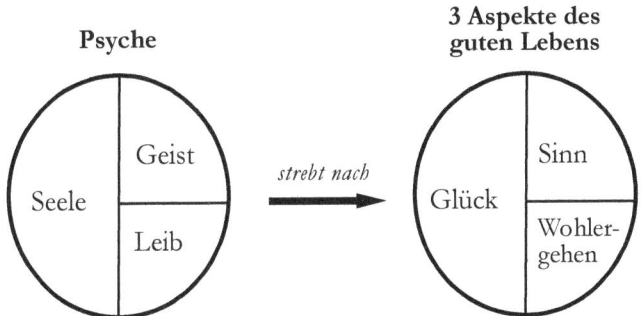

Dies hat der Umgang des Westens mit der Corona-Krise eindrücklich gezeigt, denn hier wurde in ungebührlicher Weise allein das gesundheitliche Wohlergehen zum Leitwert erhoben, während geistige und seelische Schäden der Maßnahmenpolitik erst spät und mit geringer öffentlicher Aufmerksamkeit thematisiert wurden. Wir sehen also, dass die hier entwickelten Vorstellungen davon, was der Mensch ist und worin sein Grundstreben besteht, unmittelbare Konsequenzen auf die Politik haben können. Die Radikale Mitte sollte sich für eine Politik einsetzen, die den Menschen als Ganzheit begreift und in der möglichst viele Menschen befähigt werden, Wohlergehen, Sinn und Glück im Leben zu finden.

3.4 Die vier Grundpolaritäten des Menschseins

Im Zusammenhang mit den drei Stufen der Sittlichkeit sprachen wir davon, dass das Gute danach strebe, jede Knospe des Seins zum Blühen zu bringen. Doch welche Verheißung steckt in den Knospen? Welche Qualitäten kann Sein haben, insbesondere das menschliche? Um der Diversität der Menschen und Kulturen gerecht zu werden, brauchen wir eine Möglichkeit, Unterscheidungen zu treffen. Ohne einen theoretischen Rahmen werden wir uns im nominalistischen Irrgarten der Worte und Meinungen wiederfinden. In einer Unendlichkeit der Begriffe, die häufig Ähnliches meinen, ohne identisch zu sein, setzt sich das Differenzieren und Debattieren immerwährend fort. Dies gewahrend bleibt schlussendlich nur das Dekonstruieren. Und das Verzweifeln. Hier geht die Radikale Mitte einen anderen Weg. Wir werden in diesem Kapitel das vierte theoretische Konzept kennen lernen, das uns helfen soll, in den herausfordernden Gefilden des Geistigen, Kulturellen, Gesellschaftlichen und Politischen nicht die Orientierung zu verlieren: die **vier Grundpolaritäten des Menschseins**.

Traditionell wurden nicht-relativistische Ordnungsrahmen durch Religionen definiert. Sie zeichnen die großen Linien der Menschheitsgeschichte. Bis heute definieren sie große weltanschauliche Lager der Menschheit: Christentum, Islam, Hinduismus, chinesische Spiritualität mit den drei klassischen Lehren Buddhismus, Daoismus und Konfuzianismus sowie die heterogene Vielheit der indigenen Religionen. Hierzu gesellt sich in der Moderne die Gruppe der Areligiösen – Atheisten und Agnostiker. Sollen wir auch hier nun versuchen, im Sinne der Radikalen Mitte abzuwägen, gar einen Kompromiss auszuhandeln?

Nein. An einen Gott zu glauben oder nicht, ist nicht Gegenstand der Ideologie der Radikalen Mitte. Dazu ist diese Ideologie zu pragmatisch. Wir müssen als Menschen auf diesem Planeten miteinander auskommen, unabhängig von den Ideen über Gott und metaphysisch letzte Dinge. Deswegen sollten die geistigen Fundamente unseres gemeinsamen Verständnisses von Welt und Mensch so formuliert sein, dass sie für Menschen mit und ohne metaphysischen Glauben annehmbar sind. Es kann nicht darum gehen, sich in Streit um die ganz großen Fragen zu entzweien, wo offensichtliche, schwere Krisenerscheinungen die Gegenwart kennzeichnen. Wenn das Schiff sinkt, ist keine Zeit für geistreiche Kamingespräche. Wir wollen nicht so vermessen sein, über so schwierige Fragen wie die Existenz Gottes Einigung anzustreben, wo wir uns bis jetzt noch nicht einmal darauf einigen können, den gröbsten Unfug bei der Gestaltung unserer ganz diesseitigen Verhältnisse zu vermeiden. Hier braucht es Bescheidenheit. Jedem Menschen sei seine eigene Sicht auf die Welt, das Leben und den Menschen zugestanden, solange grundlegende ethischen Maßstäbe nicht unterschritten werden.

Der Ordnungsrahmen muss also abstrakt und nicht im traditionellen Sinne metaphysisch sein.

Ein einzelner Begriff kann zu einem Ideal erhoben werden – beispielsweise die Gleichheit – doch für sich genommen führen einpolige Ideale leicht in Fanatismus. Begriffliche Paare sind gut geeignet, um als Schlüssel zu dienen, der in den Niederungen der Vielgestaltigkeit des Daseins das Tor zu einem Aussichtsturm öffnet, von dem aus sich das Terrain überblicken lässt. Sie können auch verstanden werden wie Himmelsrichtungen. Ihre Kenntnis gleicht dann einem Kompass, der uns hilft, im Hier und Jetzt Standpunkt und Richtung zu bestimmen. Darüber hinaus lassen es begriffliche Gegensatzpaare zu, sich an Zwischentöne heranzutasten, und bieten damit die Möglichkeit, gedanklich ein Spektrum möglicher Verständnisweisen zu erschließen. Und schließlich sind sie – was für die Radikale Mitte besonders wichtig ist – Leitplanken beim Austarieren der Mitte.

Hat man Gegensatzpaare erst einmal formuliert, so ist es Bestandteil des Guten, danach zu streben, einerseits die Pole für sich zur Entfaltung zu bringen und sie andererseits ins Gleichgewicht zu bringen, ohne dass dabei die Verwirklichung eines Pols den anderen verkümmern lässt. Wenn wir beispielsweise das Gegensatzpaar Geist und Materie betrachten, so ist zunächst klar, dass wir als Menschen materielle, also körperliche Bedürfnisse haben. Gleichwohl streben wir auch nach geistigen Dingen: Austausch mit unseren Mitmenschen, Bildung, einem Sinn im Leben. Es wäre nun verrückt, würden wir nur einen dieser Pole ausleben wollen – etwa ohne leibliche Nahrung nur nach Geistigem zu streben. Doch auch das Umgekehrte kann kaum als gesund gelten: ausschließlich den körperlichen Bedürfnissen zu frönen. Wer kann und will schon den ganzen Tag ausschließlich mit Essen und körperlicher Liebe verbringen?

Was in diesem Beispiel selbstverständlich erscheint – nämlich dass es im Leben darum gehen muss, Pole wie Körper und Geist auszutarieren – ist in anderen Zusammenhängen weniger offensichtlich. Aus der wissenschaftlichen Psychologie etwa ist der Unterschied von Anlage und Umwelt eine etablierte Polarität, die zur Erklärung psychischer Sachverhalte wie Temperament oder Intelligenz herangezogen wird. Kaum ein Wissenschaftler würde ernsthaft wesentliche Momente des Psychischen ausschließlich auf einen der beiden Faktoren zurückführen. Dessen ungeachtet wird im politischen Kontext nicht selten so argumentiert, als sei fast ausschließlich ein Faktor ursächlich für praktisch alles. Wir wollen vom Standpunkt der Radikalen Mitte aus in der Lage sein, einen Schritt zurückzutreten, um erst einmal die Pole für sich zu benennen. Die im ersten Kapitel angesprochene **Methode der ausgewogenen Mitte** wird also um ein geistiges Kategoriensystem ergänzt, das uns im Sinne einer Arbeitshypothese dabei hilft, gegensätzliche Standpunkte zu kartographieren und so in einer krisenhaften Gegenwart den Überblick zu bewahren.

Das System der vier Grundpolaritäten des Menschseins, das wir hier vorstellen werden, stellt einen gedanklichen Rahmen bereit, von dem aus viele Gegensätze der politischen Debatte allgemeiner betrachtet werden können. Es besteht aus Gegensatzpaaren, das heißt, dass jedes Paar aus zwei begrifflichen Polen besteht. Jeder dieser Pole kann zunächst einmal wertneutral diskutiert werden, denn jeder dieser Pole stellt eine „eigene Welt" dar, genauer gesagt eine bestimmte Perspektive auf die Welt. So wie man mit gelb, grün oder blau gefärbten Sonnenbrillen nur bestimmte Aspekte unserer farbigen Umwelt wahrnimmt, so stellen diese begrifflichen Pole Filter für die Wirklichkeit dar, um bestimmte Aspekte in Reinheit wahrnehmen zu können. Jeder dieser Pole besitzt aber auch ein duales Gegenstück, also einen entgegengesetzten Filter, der genau die entgegengesetzten Aspekte in Reinheit wahrnehmen lässt. Beide Pole zusammen stellen eine Dimension dar, ein begriffliches Spannungsfeld, in dem menschliche und gesellschaftliche Zusammenhänge diskutiert werden können.

In der Praxis wird sich häufig zeigen, dass in verschiedenen ideologischen Zusammenhängen einzelne Pole des unten diskutierten Kategoriensystems auf unterschiedliche Weise bewertet werden. Nicht selten tragen Ideologien gar den Charakter, sich gedanklich auf einen einzigen Pol einer Dimension zu fokussieren. Genau dann sollten wir im Sinne der Radikalen Mitte einen Schritt zurückgehen. Wenn wir einen Leitwert, ein Ideal als gedanklichen Pol im Sinne unseres Kategoriensystems erkannt haben, dann erkennen wir unmittelbar, dass es hierzu immer auch einen Gegenpol gibt, der in die Überlegungen miteinbezogen werden sollte.

3.4.1 Die erste Grundpolarität: Selbständigkeit und Beziehung

Die großen Lebensfragen bewegen sich im Spannungsfeld von **Selbständigkeit** und **Beziehung**. Wir wollen diese Dimension die **Bestandsdimension** nennen. Wie sehr sollte man den Wünschen des Lebenspartners nachgeben oder auf die eigenen Interessen pochen? Sollte mein Händi immer griffbereit sein? Soll ich bei der Bewältigung einer beruflichen Aufgabe auf meine eigene Kreativität vertrauen oder dem Rat der Kollegen folgen?

Wir sprachen schon von dem Unterschied von „Anlage" und „Umwelt", der ein Beispiel für die Kategorien „Selbständigkeit" und „Beziehung" ist. Wodurch wird menschliches Verhalten bestimmt? Durch das, was wir im Laufe unseres Lebens erleben? Oder sind wir ganz und gar Ausdruck unserer Gene oder einer unabhängig von der Materie existierenden Geistseele?

„Selbständigkeit" und „Beziehung" lassen sich aber nicht nur in psychologischen und sozialen Zusammenhängen sinnvoll gegeneinander abgrenzen. Im Grunde benutzen wir überall dort, wo wir von Dingen und ihren Beziehungen sprechen, die Kategorien „Selbständigkeit" und „Beziehung". Diese Unterscheidung liefert wahrscheinlich das einfachste geistige Modell dafür, die Welt in irgendeiner Weise differenziert zu betrachten.

Die Bedeutung, die dem Selbständigkeit- und dem Beziehungsaspekt im Leben des Menschen zugesprochen wird, spiegelt sich auch in politischen Grundanschauungen wider. Sozialistische Denkansätze bevorzugen Erklärungsmodelle, die auf der Umwelt beruhen. Ungleichheit etwa zwischen den Geschlechtern muss dann Ergebnis der Gesellschaft sein. Erhöhte Kriminalität in einem migrantisch geprägten Milieu wird durch die schlechteren sozialen Verhältnisse erklärt. Konservatives Denken hingegen bezieht sich nicht selten auf eine unabänderliche Natur des Menschen, die es als einen unverrückbaren Ordnungsrahmen für gesellschaftliches Zusammenleben zu erkennen gilt. Die unterschiedlichen Lebensmodelle von Männern und Frauen sind beispielsweise unter einem sich auf die biologische Verschiedenheit berufenden Verständnis Teil einer natürlichen Ordnung und nicht Ergebnis der sozialen Machtverhältnisse in der Gesellschaft.

3.4.2 Die zweite Grundpolarität: Verwirklichung und Beschränkung

Die zweite Dimension unseres Kategoriensystems wird mit den Begriffen „Verwirklichung" und „Beschränkung" eingefasst. Wir nennen sie die **Rangdimension**. Was ist damit gemeint? Wenn ich als selbständiges Wesen, als Mensch, in Beziehung trete, etwa mit anderen Menschen, so kann dieses In-Beziehung-Treten meine Selbständigkeit vermehren oder vermindern. Ich kann den anderen Menschen Befehle erteilen, die ausgeführt werden, und verwirkliche so meine Ideen. Oder aber ich kann Befehle von den anderen empfangen, die ich auszuführen habe. Im ersten Falle gewinne ich durch das In-Beziehung-Treten an Selbständigkeit durch Beziehung, im zweiten Fall werde ich in meiner Selbständigkeit durch die Beziehung eingeschränkt. Eben dies meint Verwirklichung und Beschränkung.

In unterschiedlichen Zusammenhängen formen die Pole Verwirklichung und Beschränkung hierarchische Strukturen: Ganzes und Teil, Herrscher und Beherrschtes, Subjekt und Objekt. In der Dimension von Verwirklichung und Beschränkung geht es also wesentlich um Rang und Hierarchie. Aber nicht nur. Denn Hierarchien entstehen nur dort, wo beide Prinzipien als solche aufeinander bezogen sind. Wir können jedoch auch jeden Pol dieser Dimension für sich betrachten. Wenn Menschen in Beziehung treten, muss es nicht zwingend so sein, dass einer den verwirklichenden und einer den eingeschränkten Part einnimmt. In einer Freundschaft etwa könnten beide beteiligten Personen die Beziehung als Teil ihrer Selbstverwirklichung begreifen. Wir haben die Situation eines wechselseitigen Gewinns, der von beiden als Selbstverwirklichung begriffen wird. Umgekehrt können sich in einer unglücklichen Beziehung beide Partner durch den anderen unfrei und eingeschränkt fühlen.

Wenn es um Hierarchien geht, dann findet man sich je nach weltanschaulichem Milieu sehr schnell in einem wertenden Diskurs. Linksprogressive und Libertäre werden Hierarchien tendenziell negativ bewerten, während Konservative und Liberale mit stark ausgeprägter Leistungsethik Hierarchien durchaus positive Aspekte zuschreiben. Ganz allgemein wird im aufklärerischen Freiheitsethos der unbeschränkte Daseinsvollzug, der Selbstverwirklichung als ein anzustrebendes Lebens- und Menschheitsideal ausgewiesen. Aus Sicht der Radikalen Mitte lauern hier Gefahren, die leicht in Einseitigkeiten bis hin zum Fanatismus führen können.

Wir haben uns in diesem Text schon mehrfach in der **Rangdimension** bewegt, etwa wenn es um den Gegensatz von Autarkismus und Universalismus ging. Auch die vier Ebenen der Betrachtung sind als Rangfolge ganz im Sinne der **Rangdimension** zu verstehen.

Geist und Materie

In manifester Weise treten „Verwirklichung" und „Beschränkung" uns im schon genannten Gegensatz von Geist und Materie entgegen. Das Dasein des Menschen hat offensichtlich eine stoffliche, materielle Seite. Wir alle haben einen Körper, brauchen Nahrung, fühlen uns von der Erscheinung anderer Menschen körperlich angezogen oder abgestoßen. Dies alles sind Aspekte unseres biologischen Daseins. In der Körperlichkeit sind wir durch die Naturgesetze wesenhaft unterworfen und beschränkt. Selbstverwirklichung hingegen erfahren wir im Begreifen unserer bewussten, geistigen Natur.

Im linksprogressiven Lager wird Selbstverwirklichung, Emanzipation mitunter derart überspitzt, dass in ihrem Namen gegen die biologischen Grundlagen des menschlichen Daseins rebelliert wird. Das ist dumm und langfristig auch zum Scheitern verurteilt. Wenn etwa Fortpflanzung als Lebensaufgabe im Kontext eines modernizistischen Radikalismus marginalisiert wird, muss das zwingend in einem demographischen Niedergang enden – vor allem auch für die entsprechenden Milieus. Das könnte am Ende auch die kulturelle Dominanz des Linksprogressivismus gefährden. Bestimmte statistisch nicht zu leugnende Unterschiede zwischen den Geschlechtern sind als Randbedingungen des menschlichen Daseins hinzunehmen. So wissen wir, dass die Geschlechtshormone bei Männern und Frauen ganz unterschiedliche Wirkungen auf die Psyche haben. Dadurch bedingt sehen und empfinden Männer und Frauen die Welt geringfügig anders. Damit ergeben sich aus männlicher und weiblicher Perspektive durchaus verschiedene Antworten auf die Frage, was als ein gelungenes und glückliches Leben anzusehen ist. Vor diesem Hintergrund ist es eine Form der intellektuellen Grobschlächtigkeit, Gerechtigkeit zwischen den Geschlechtern allein aus einem Ideal der Gleichheit abzuleiten. (Natürlich geht es hier in der Regel um Nuancen und man sollte die Geschlechterunterscheidung nicht zu schematisch verstehen. Man darf nicht übersehen, dass es bei nahezu allen psychischen Faktoren innerhalb eines Geschlechtes erhebliche Unterschiede gibt.)

Es gibt ein nachvollziehbares Motiv, gegen die biologischen Fundamente des menschlichen Daseins zu rebellieren. Denn wir empfinden uns, bezogen auf unseren Körper, als unfrei – und das ist nicht angenehm. Diese Beschränkungen zu überwinden, ist ein alter Menschheitstraum. Früher mögen es Vorstellungen von Zauberei gewesen sein, heute ist es die Technik, die uns davon träumen lässt, die Zwänge der Materie loszuwerden. Doch hier gilt es, nicht so hochmütig zu sein wie Ikarus, der mit seinen selbstgebauten Flügeln der Sonne zu nahekam und abstürzte. Das mag es sich trivial anhören, doch Geschlechtsumwandlungen im Jugendalter lassen Zweifel aufkommen, ob gesellschaftlich das Gespür für den Grat zwischen berechtigter Selbstermächtigung und törichter Selbstüberhöhung noch zuverlässig ist.

Die stoffliche Seite des menschlichen Daseins hat einen Gegenpol: Bewusstsein, Philosophie, Kunst und Konzepte wie Freiheit, Gerechtigkeit, Menschenrechte kennzeichnen die geistige Seite des Menschen. Bis auf weiteres ist es nicht möglich, die eine Seite gänzlich durch die andere zu erklären, weswegen wir sie als zwei verschiedene Bereiche ansehen. Damit ist noch keine Aussage über den letztendlichen Charakter dieser Bereiche getätigt. Existiert ein Geist unabhängig von der Materie? Kann man alles Geistige auf Gehirnfunktionen zurückführen? Wir sollten unsere politischen Überzeugungen nicht zu eng an die Beantwortung derart grundlegender metaphysischer Fragen knüpfen, zumindest insoweit wir in einer Gesellschaft politische Diskussionen führen und uns auf eine gemeinsame Politik einigen wollen bzw. müssen. Unter Theisten, Atheisten und Agnostikern gibt es viele kluge und intelligente Menschen, aber auch solche, deren Verhalten nicht unbedingt vorbildlich ist. Gegenseitiger Respekt ist das Gebot der Stunde, auch wenn für die Zukunft der Menschheit nicht ausgeschlossen ist, dass tatsächlich bahnbrechende Erkenntnisse auf diesem der Naturwissenschaft bislang unzugänglichen Terrain gemacht werden.

„Geist" und „Materie" in dieser idealisierten Gegenüberstellung sind zwei Pole, zwischen denen es ein weites Kontinuum gibt. In unserem Bewusstsein durchdringen sich beide Bereiche. Wir befinden uns ständig in der Spannung zwischen Wahrnehmen (der materiellen Seite) und Bewertung (der geistigen Seite). Wenn wir Goethes Faust gelesen haben, ist es uns nicht mehr möglich, dieses Buch als etwas rein Materielles anzusehen. Es wird für uns immer „der Faust" sein, ob wir wollen oder nicht. So hat das allermeiste Materielle einen geistigen Anteil und umgekehrt. Der geistige Anteil nimmt zu, wenn man von der Betrachtung der Teile zum Ganzen übergeht, oder von einem konkreteren Begriff wie „Apfel" zu einem abstrakteren wie „Obst".

3.4.3 Die dritte Grundpolarität: Ähnlichkeit und Abgrenzung – Seele und Verstand

Stellen wir uns eine junge Frau vor, die in einem Unternehmen arbeitet. Sie ist vielleicht Projektleiterin, muss bestimmte Prozessvorgaben einhalten, hat in ihrer Rolle eine Reihe von Funktionen zu erfüllen. Nach der Arbeit trifft sie sich mit einer Freundin, um beim Kaffee über dies und das, den neuesten Beziehungsklatsch, über Gott und die Welt zu reden. Hier begegnen uns zwei grundsätzlich verschiedene Arten des Menschseins.

Im ersten Fall sorgt die Einbindung in das Unternehmen dafür, dass die junge Frau verschiedene Anforderungen ihrer beruflichen Rolle erfüllt. Diese Form des Menschseins entsteht erst durch den Beziehungszusammenhang des Unternehmens. Durch den Eintritt in das Unternehmen bekommt sie ein neues Sein, das allerdings nicht an die Stelle ihrer eigentlichen Persönlichkeit tritt, sondern wie eine „zweite Haut", eine Maske oder ein Kleidungsstück fungiert. Wir haben es also mit einer Art „Verdoppelung des Seins" zu tun.

Dieser Umstand begegnet uns auch in anderen Zusammenhängen. So lässt sich bezüglich der Dinge der Natur nur deshalb Wissenschaft betreiben, weil die Dinge in Klassen zueinander identischer Elemente zusammengefasst werden. Dies ist keineswegs selbstverständlich, sondern sorgt auch hier dafür, dass es zu einer Art Verdoppelung des Seins kommt. Ein Kanarengirlitz (Artbezeichnung des Kanarienvogels) ist eben zum einen das, ein Vertreter der Spezies „Kanarengirlitz", zum anderen aber vielleicht auch „Fritzi", den mir meine Oma zum Geburtstag geschenkt hat und der zu Michael-Jackson-Musik mit dem Kopf wackeln kann. Auch hier haben wir es mit einer Art „Verdoppelung des Seins" zu tun, insoweit „Fritzi" Gegenstand der biologischen Wissenschaft ist oder nicht.

Kommen wir wieder zu unserer Mitarbeiterin zurück. Wenn sie sich mit ihrer Freundin im Café trifft, so liegt der Reiz darin, dass sie mit ihrer Freundin „über alles" reden kann. Die Freundinnen können sich gegenseitig spiegeln, geben sich also wechselseitig das Gefühl, die jeweils andere zu „verstehen". Das Prinzip eines solchen gemeinschaftlichen Beisammenseins ist also das der Ähnlichkeit. Umgekehrt ist es für die Wahrnehmung einer beruflichen Funktion notwendig, viele Aspekte der eigenen Persönlichkeit gegen diese Funktion abzugrenzen. In diesem Zusammenhang meint das Prinzip der Abgrenzung nicht das Gleiche wie das der „Selbständigkeit" aus der ersten Grundpolarität, sondern eben jene „Verdoppelung des Seins", zu dem das In-Beziehung-Treten wesentlich gehört.

Diese beiden zentralen Aspekte des Menschseins wollen wir mit den traditionellen Begriffen von „Seele" und „Verstand" ansprechen. Die Unterscheidung von „Seele" und „Verstand" muss als deutlich schwieriger und damit auch kontroverser angesehen werden als die bisherigen beiden Unterscheidungen von „Selbständigkeit und Beziehung" sowie „Verwirklichung und Beschränkung" bzw. „Geist und Materie". Kaum jemand wird vernünftigerweise leugnen, dass es geistige und materielle Aspekte des Menschseins gibt – diejenigen, die hier in ideologischer Weise eine Wertung vornehmen, dürften heutzutage in der Minderheit sein. Ein ideologischer Materialist etwa, der sämtlichen geistigen „Überbau" als unwesentlich entwerten will, hat es in Anbetracht der Geschichte der Philosophie des

20. Jahrhunderts schwer. Auf vielfältige Weise wurde dies durch den logischen Positivismus versucht, erwies sich aber als unmöglich, ohne dabei selbst wieder eine spezielle Form der Ideologie des geistigen Überbaus hervorzubringen.

Anders ist es mit der Unterscheidung von „Seele" und „Verstand" und es fängt schon damit an, dass diese Unterscheidung bei weitem nicht so geläufig ist, ja sogar antiquiert wirkt. Ferner wird das, was wir hier mit diesen Begriffen beschreiben wollen, ganz unterschiedlich bewertet, je nachdem, von welchem weltanschaulichen Standpunkt aus die Bewertung erfolgt. Bevor wir darauf zu sprechen kommen, werden wir uns diesem Begriffspaar zuwenden.

Die Seele

Den Begriff der „Seele" hatten wir bereits im vorangegangenen Kapitel eingeführt. Wir können im Rahmen dieses Manifests keine tiefgreifenden philosophischen Herleitungen liefern. Wir setzen einfach eine gewisse Sprachregelung fest. Das Seelische, wie es hier diskutiert wird, ist zunächst davon zu unterscheiden, was man im christlich-religiösen Kontext darunter versteht, im Sinne von „Seelenheil". Das traditionelle christliche Verständnis eines Weiterlebens des Bewusstseins nach dem Tode verbinden wir mit dem Begriff der „Geistseele" und der Frage, ob eine solche unabhängig vom Körper existiert. In diesem Sinne meint „Seele" nicht diese Geistseele, sondern einen wesentlichen Aspekt des Menschseins, der sich im Kontinuum zwischen „Geist" und „Materie" bewegt.

„Seelisch" in unserem Sinne kennzeichnet einen Bereich des menschlichen Daseins, dem man sich grob mit den Begriffen „Emotion", „Intuition", „Spiritualität", „Sinnlichkeit" und „Gemüt" annähern kann. Kulturell drückt sich die seelische Seite des Menschen in jeder Form von Kunst aus – Dichtung, Gestaltung, bildende Künste, Musik, aber auch in der Religion oder privateren Formen der Spiritualität wie Mystik oder Meditation. Hier ist ebenfalls wichtig, dass diese Bereiche existieren, auch unabhängig davon, ob traditionelle metaphysische Religionen persönlich angenommen oder abgelehnt werden. Das intensive Naturerlebnis etwa stellt eine Form der Spiritualität dar, die mit einem harten, metaphysischen Materialismus durchaus verträglich ist. Und ebenso kann der Buddhismus in gewissen Lesarten als eine Form der atheistischen oder agnostischen Spiritualität gelesen werden, weswegen er mithin für moderne Intellektuelle so anziehend wirkt.

Entwicklungspsychologisch beginnt das menschliche Dasein ganz im Seelischen. Neugeborene sind beherrscht von Emotionen – weinen, schreien. Nach wenigen Wochen entdeckt der junge Erdenbürger das Lachen. Das menschliche Dasein wurzelt in der ursprünglichsten Form des Seelischen: den Emotionen. Bis zum jungen Erwachsensein verbringen wir im Wesentlichen unsere Zeit damit, unsere Verstandeskräfte zu entwickeln. Während das Seelische in Form der Emotionen von Anfang an da ist, ist die Entfaltung unserer Verstandeskräfte ein sich über Jahrzehnte hinziehender Prozess des Lernens. Das könnte den Eindruck erwecken, das Seelische sei eine archaische Form unserer Bewusstseinsäußerungen, die im Reifungsprozess zunehmend durch den Verstand verdrängt wird. Dies ist aber nicht richtig. Denn auch das Seelische reift und entfaltet sich, jedoch gänzlich anders als der Verstand. Während die Verstandeskräfte Modul um Modul bis zu einem Umfang erweitert werden, der als reif, erwachsen und fertig ausgebildet angesehen wird, sind die seelischen Fähigkeiten von Anfang an in einer ganzheitlichen Form vorhanden, erfahren jedoch im Reifungsprozess des Menschen eine Vertiefung und Differenzierung. Im Erwachsenwerden erfährt das Seelische durch das Eintreten in eine intime Beziehung und Familiengründung wiederum in einem Alter verstärkte Aufmerksamkeit, in dem die Entwicklung der Verstandeskräfte allmählich einen gewissen Abschluss erreicht.

Der Verstand

Das Gegenprinzip zur Seele ist der Verstand. Während die Seele die verschiedenen „Stockwerke des Denkens" zwischen Geist und Materie wie einen stützenden Pfeiler vom Fundament bis zum Dach durchdringt, ist der Verstand das Strukturprinzip, das sie klar voneinander trennt. Dabei kennt der Verstand zwei Richtungen.

Entweder schreitet er durch zunehmende Abstraktion von Stockwerk zu Stockwerk empor. Viele elementare Funktionen unserer Wahrnehmung funktionieren auf eine solche Weise und sind für unser Bewusstsein nicht einsichtig. Wir erleben in diesem Bewusstsein eine Wirklichkeit, die schon in einer starken Weise durch hoch komplexe neuronale Strukturen unseres Gehirns aus den Sinneswahrnehmungen gebildet wird. Bekanntlich gibt es im Zentrum unserer Netzhaut einen Bereich, auf dem wir keinen Lichtimpuls wahrnehmen können, den blinden Fleck. Weder nehmen wir diesen blinden Fleck wahr, noch können wir die ungleichmäßige Empfindlichkeit unseres inneren Hörorgans, der Schnecke, „hören". Wir finden in unserem Bewusstsein eine Sinneswirklichkeit wieder, die nicht einfach „da", sondern das Ergebnis schwerer Arbeit des energiehungrigsten unserer Organe ist: des Gehirns.

Oder aber der Verstand geht von allgemeinen Ideen aus, Konzepten und Systematiken. Stetige Verfeinerung der Begriffe geht mit einer zunehmend analytischen Betrachtung des Gegebenen einher. Alles wird gedanklich in seine Bestandteile zerlegt – von den Molekülen über die Atome bis hin zu den Elementarteilchen und Quarks. Beide Bewegungen, die aufsteigende und die absteigende, vollziehen sich beständig in der Tätigkeit unseres Verstandes – vom Materiellen zum Geistigen und wieder zum Materiellen.

Der Verstand zwängt alles, was wahrgenommen und diskutiert wird, in eine bestimmte Form. Dies ist für die Art und Weise, wie der Verstand arbeitet, notwendig. Wenn wir über bestimmte Gegenstände in allgemeingültiger Weise sprechen, dann ist das nur möglich, wenn Gegenstände als Verwirklichung allgemeingültiger Begriffe verstanden werden. Die Moderne muss als ein Abschnitt der Menschheitsgeschichte begriffen werden, in der die Verstandeskultur die bisher höchste Entwicklung erfahren hat. Die Errungenschaften der Technik legen hierfür Zeugnis ab. Diese Leistungen haben allerdings den Preis, dass die gesamte Kultur in einer Weise verstandeslastig überformt wurde, dass wir das Seelische zunehmend aus dem Fokus verloren haben. Hier eine neue Balance zu finden, ist eine fundamentale Aufgabe der Gegenwart, nicht nur für die Radikale Mitte.

3.4.4 Ungleichartigkeit von Strukturen

Seele und Verstand sind für unsere Zwecke die Hauptrepräsentanten der dritten Dimension, der **Gestaltdimension**. Sie entsprechen mit unterschiedlichen Prinzipien der Organisation komplexerer Strukturen. Veranschaulichen kann man das mit dem Unterschied von Pflanzen und Tieren.

Eine Pflanze, wie z. B. ein Baum, ist nicht nach einem festen Plan strukturiert. Es ist nicht festgelegt, an welcher Stelle ein Ast aus dem Stamm wächst. Die genaue Gestalt hängt von den einzigartigen Umständen des Wuchses ab und ist wesentlich individueller als entsprechende Formbildungen bei Tieren. Bei ihnen steht die Zahl der Gliedmaßen fest, die Organe sind hoch differenziert und ebenfalls in Anzahl und Position klar durch den genetischen Plan fixiert. Ein Tier ist also im Aufbau seines Organismus stärker funktional differenziert. Pflanzen haben darüber hinaus eine Eigenschaft, die Tieren fehlt. Aus Teilen einer Pflanze kann ein neues Individuum gewonnen werden, die sogenannte vegetative Vermehrung. Ein Teil eines Ganzen hat also die Fähigkeit, wieder zu einem Ganzen zu werden, das dem ursprünglichen Ganzen gleichrangig ist. Dies ist ein Fall von Selbstähnlichkeit. Allgemeiner kann man das strukturbildende Prinzip des Seelischen mit dem Begriff „Analogie" beschreiben.

Ähnlichkeit und Selbstähnlichkeit bedeuten im Kontext des Psychischen etwas, das für die Individualität eines Menschen entscheidend ist. Jeder Mensch verfügt über einen individuellen Stil, ist situationsübergreifend sich selbst ähnlich. Er hat eine unverwechselbare Art. Dieses Unverwechselbare, Einmalige, sich dennoch in vielfacher Weise Variierende einer einzigartigen Persönlichkeit ist im engeren Sinne das Seelenhafte. Das bedeutet nicht, dass sich ein Mensch schematisch und berechenbar verhält, sondern in sich eine lebendige, einzigartige Qualität birgt, die sich in unterschiedlichen Augenblicken je einzigartig äußert.

Verglichen mit einer Pflanze ähnelt der tierische Organismus einer Maschine (wenngleich es natürlich auch wesentliche Unterschiede wie Selbsterhalt etc. gibt, was hier aber nicht betrachtet werden soll). Das dementsprechende Strukturprinzip kann man „rational" oder „funktional" nennen. In einer Maschine wird Strukturierung nach funktionalen Kriterien idealtypisch verwirklicht. Elemente einer Maschine fügen sich in diese auf Grundlage bestimmter Funktionen ein (technisch gesprochen: Spezifikationen). Insoweit Bauteile bestimmte Funktionen erfüllen, können sie in die Maschine eingebaut werden und sind untereinander austauschbar, auch wenn sie in ihrer inneren Struktur gänzlich verschieden sein können. Elemente einer funktional konstruierten Struktur haben also ein äußeres Sein, als dass sie in den funktionalen Zusammenhang integriert werden, und ein inneres Sein, welches im funktionalen Zusammenhang nur insoweit interessiert, als es die Funktion ermöglicht. Diese Spaltung der Dinge ist Voraussetzung für Dinge allgemeingültige Gesetze aufzustellen und über sie logische Aussagen zu treffen. Denn Allgemeingültigkeit kann es nur dort geben, wo es Gleichförmigkeit gibt. Dies ist aber nur dort möglich, wo die Einzigartigkeit der Einzeldinge durch eine Schicht der Abstraktion überformt wird, die eine Klasse gleichförmiger Elemente schafft.

Der Verstand ist das psychische Vermögen, das dazu da ist, funktionale, rationale Strukturen zu erkennen und hervorzubringen. Die Seele ist das psychische Vermögen, das dazu da ist, analogische, auf Ähnlichkeit und Selbstähnlichkeit beruhende Strukturen zu erkennen und hervorzubringen. Die Unterscheidung von analogischen und rationalen funktionalen Strukturen erstreckt sich auf viele Bereiche: Soziologisch haben wir die Unterscheidung von Gemeinschaft und Gesellschaft, die wir im ersten Abschnitt dieses Manifestes erläutert haben. Kulturgeschichtlich haben wir die Unterscheidung von Moderne und Vor- bzw. Antimoderne. Ferner treten einander gegenüber: Kunst und Wissenschaft, Spiritualität und Philosophie. Abschließend können wir folgende Übersichtstabelle aufstellen:

Aspekte des Mensch-seins (und Seins)	Seelenhaftes Vermögen der Psyche – analogische Strukturen	Verstandeshaftes Vermögen der Psyche – rationale/funktionale Strukturen
Denken	intuitives Denken, ganzheitlich-ästhetisches Erfassen	funktionales, rationales Denken
Gestaltqualität	Ähnlichkeit, Selbstähnlichkeit, Analogie	Identität und Differenz
Geschichtlichkeit	Tradition, beständiges Wachstum	Innovation, Überwindung der Tradition
Hochkultur des Einzelnen	Kunst	Wissenschaft
Hochkultur des (letztendlich) Ganzen	Spiritualität, Religion	Philosophie
Sozialität	Gemeinschaft	Gesellschaft
Geistesgeschichte	Vor- bzw. Antimoderne, Romantik	Moderne, Aufklärung, Utilitarismus
Kultur	östliches Denken, indigene Völker	westliches Denken

3.4.5 Die Kombination von zwei Grundpolaritäten

Es ist hilfreich, die Betrachtung der beiden Dimensionen „Geist vs. Materie" und „Seele vs. Verstand" zu kombinieren. Es ergibt sich dann folgendes zweidimensionale Schema:

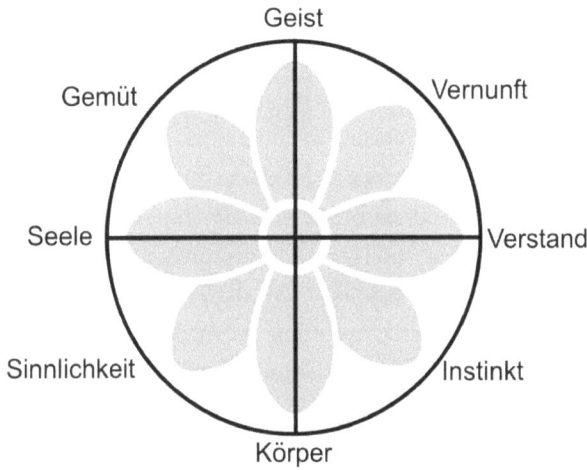

Neben den bereits eingeführten Begriffen wurden vier weitere Begriffe hinzugefügt, die als eine Art Mischung der besprochenen Pole verstanden werden können. „Instinkt" meint dabei körpernahe Fähigkeiten der Psyche, die funktionalen Charakter haben. Beispielhaft kommen sie beim Sport zum Tragen – das Gespür für den richtigen Bewegungsablauf beim Stabhochsprung oder der Instinkt für den richtigen Zeitpunkt einer Flanke im Fußball. Sinnlichkeit bezeichnet körpernahe Fähigkeiten, die emotionalen oder ästhetischen Charakter haben: eine Umarmung, der angenehme Duft eines frischen Blumenstraußes, die Freuden der Erotik oder des guten Essens. Die Vernunft kennzeichnet den Verstand unter Bezugnahme auf die Tiefe unseres Bewusstseins als dem Gewahren unserer Persönlichkeit im Augenblick und über unsere ganze Existenz hinweg, also einschließlich unserer Geschichte und Zukunft und sowie der uns umgebenden Welt. Das Gemüt wiederum kennzeichnet jene Fähigkeiten der Psyche, durch die Verträglichkeit, Liebe, emotionale Verbundenheit, Empathie, aber auch innere Verletzlichkeit zustande kommen.

Auf diese Weise ergibt sich ein Kranz an psychischen Fähigkeiten, in dem sich mehrere Polaritäten finden. Der Wert besteht darin, hier zugleich ein Schema für die Erlangung eines inneren Ausgleichs an die Hand zu bekommen. Denn in vielen Lebenssituationen geht es darum, einander gegenüberliegende Fähigkeiten in Ausgleich und Einklang zu bringen. Wenn also beispielsweise ein Mensch das Problem hat, immer wieder verletzt zu werden, und damit übermäßig ins Gemüthafte verstrickt ist, so könnte eine Lösung darin bestehen, die instinkthaften Fähigkeiten zu mobilisieren, die Kämpfernatur, die auf Selbsterhalt und Selbstbehauptung im Außen abzielt. Ein starker Verstand macht uns scharfsinnig, intelligent, lässt uns technische Zusammenhänge verstehen. Fehlt jedoch die innere Ausgewogenheit, so kann das zu seelischer Armut führen, zu Kaltherzigkeit und Freudlosigkeit.

Jeder Mensch hat sein eigenes inneres Gleichgewicht. Wir alle haben im Feld unserer Psyche verschiedene Schwerpunkte. Der eine ist eher sportlich, der andere eher künstlerisch begabt. Es gibt Gemüts-, Vernunft-, Instinkt- und Sinnesmenschen. Im Sinne einer Philosophia Perennis kann dies identifiziert werden mit der historischen Charakterlehre von Melancholiker, Phlegmatiker, Choleriker und Sanguiniker. Wenngleich diese Klassifizierung durch den Psychologen H. J. Eysenck mit modernen Methoden im 20. Jahrhundert aktualisiert wurde, so gilt sie in der wissenschaftlichen Psychologie dennoch als veraltet. Es sei deswegen erwähnt, dass als Verfeinerung ein differenzierteres anthropologisch-psychologisches Modell existiert, welches Anschluss an die moderne Psychologie erlaubt, jedoch hier nicht vorgestellt werden kann.

3.4.6 Die vierte Grundpolarität: weiblich und männlich

Der Gegensatz von weiblich und männlich stellt die vierte Dimension dar und ist aufgrund seiner Subtilität am schwierigsten zu verstehen. In unserer Gegenwart besteht die besondere Herausforderung darin, die dritte Dimension, den Gegensatz von Verstand und Seele, in Einklang und Ausgleich zu bringen. Erst wenn wir kulturell, philosophisch und gesellschaftlich diesen Gegensatz hinreichend verstanden haben, können wir die Aufmerksamkeit auf die Geschlechtsdimension richten. Davon sind wir kulturell und gesellschaftlich noch entfernt.

Der moderne Feminismus ist hier symptomatisch, handelt es sich doch großteils um ein Vermännlichungsprogramm für Frauen und Verweiblichungsprogramm für Männer. Der androgyne Einheitsmensch negiert die Polarität von männlich und weiblich um der vermeintlichen Freiheit willen, prinzipiell „alles sein" zu können. Doch wenn Männlichkeit und Weiblichkeit nicht als solche kultiviert werden, nutzt diese hypothetische Freiheit nicht viel. Allenfalls werden oberflächliche Zerrbilder der Geschlechter individuell kombiniert, um daraus eine vermeintliche Vielfalt zu konstruieren. Das mag der Logik der an Produktvielfalt satten Supermarktregale entsprechen – mit einem tiefen Verständnis von Geschlechtlichkeit hat das nichts zu tun.

Als Abschluss des Abschnitts über die Grundpolaritäten des Menschseins sei darauf verwiesen, dass die Kulturgeschichte mehrere ähnliche Entwürfe kennt. Genannt seien im westlichen Denken die Kabbala, im östlichen Denken die verschiedenen Systeme der daoistischen Philosophie, die als Kernbestand die Prinzipien von Yin und Yang beinhalten. In beiden Systematiken werden Mensch und Welt durch begriffliche Pole begreifbar gemacht. Zwar unterscheidet sich das System der Grundpolaritäten von den genannten historischen, dennoch sind die Ähnlichkeiten zu den historischen Systemen unübersehbar.

Dimension	Grundpolarität des Menschseins	
1. Bestand	Selbständigkeit *vs.*	Beziehung
2. Rang	Verwirklichung *vs.*	Beschränkung
3. Gestalt	Seele (denkt in) *vs.*	Verstand (denkt in)
	Ähnlichkeit	Identität/Differenz
4. Geschlecht	Weiblichkeit *vs.*	Männlichkeit

3.5 Eine Philosophie der Mitte

Man mag an dieser Stelle entgegenhalten, dass das oben Gesagte die Grenzen eines Manifests sprengt. Anders als das Vorwort erwarten ließ, sei es viel zu philosophisch. Gewiss ist eine Ideologie der Radikalen Mitte in philosophischen Begriffen geschrieben. Die hier dargelegten Konzepte sind aber nicht in eine systematische philosophische Theorieentwicklung eingebunden – und insofern Ideologie.

Damit wird für die Radikale Mitte ein Auftrag ausgesprochen. Er besteht darin, dass sich die Radikale Mitte langfristig um eine entsprechende politische Philosophie bemühen muss. Eine solche wird aber immer in eine allgemeine Philosophie eingebettet sein. Wir brauchen also eine **Philosophie der Mitte**. Die in diesem Abschnitt vorgestellten Konzepte müssen dabei nicht unberührt bleiben, sondern dienen uns im Rahmen dieses Manifestes auch als Vision, welcher Art die angestrebte **Philosophie der Mitte** sein könnte. Diese zukünftige Philosophie darf sich nicht darauf beschränken, im Elfenbeinturm des akademischen Maulheldentums professorale Lebensläufe zu ermöglichen, sondern muss sich um die Menschen bemühen.

Wir brauchen ein konsistentes geistiges Gebilde, das zwei Bedingungen erfüllt: Es muss so flexibel sein, dass es mit unterschiedlichen metaphysischen Annahmen kompatibel ist. Innerhalb einer Philosophie der Mitte könnte es einen atheistischen Flügel geben, ebenso wie einen christlichen oder buddhistischen. Gegenseitiger Respekt und das gemeinsame Bemühen um einen möglichst breiten Konsens müssen hier zur Kultur werden. Eine Philosophie der Mitte bietet damit selbst noch kein vollständiges Weltbild an, dient aber als Basis, um zwischen weltanschaulichen Milieus und politischen Diskursräumen zu vermitteln.

Eine Philosophie der Mitte muss ferner mit einem humanistisch-pädagogischen Verständnis einhergehen. Die Wirkung einer Sache kann als Produkt aus Qualität und Quantität (Wirkung = Qualität x Quantität) verstanden werden. Eine subtile Philosophie, die nur wenigen Experten zugänglich ist, hat ebenso geringen Wert wie ein halbgares Gebräu aus Parolen, das weithin Verbreitung findet. Wir brauchen also eine konsistente Hierarchie, die von akademisch abgesichertem Denken bis hin zur Ratgeberliteratur und praktischer Lebenshilfe verläuft. Dies schließt den psychologisch-therapeutischen Bereich mit ein, darf aber keinesfalls darauf beschränkt bleiben. Es gibt Ansätze, die ein Ausgangspunkt sein könnten – etwa Viktor Frankls Logotherapie. Sie ist philosophische Theorie vom Menschen und Therapieform gleichermaßen, also nicht nur für therapeutische Zwecke anwendbar, sondern kann auch als angewandte Lebensphilosophie verstanden werden.

Schließlich können wir schon mit den bis hierher entwickelten Konzepten Formen des Denkens kritisieren, mit denen wir bei unseren Gegnern zu rechnen haben. Erste Ansätze hierzu waren die **Kritik des politischen Gnostizismus** und die damit eng verwandte **Kritik des politischen Fanatismus**. Hierbei handelt es sich in der Regel um **unipolares Denken**, also ein Denken, welches auf einen Hauptwert fixiert ist, wie beispielsweise der individuellen Freiheit im Falle des Libertarismus oder die Gleichheit im Falle des Sozialismus. Die einzige Unipolarität, welche aus Sicht der Radikalen Mitte akzeptabel ist, ist die letztendliche Bezogenheit auf das Gute, welche aber durch Begriffe wie das (seelenhaft) Schöne und (verstandeshaft) Wahre schon darauf angelegt ist, in verschiedene Richtungen entfaltet zu werden. Im Sinne der Grundpolaritäten des Menschseins kann unipolares Denken erweitert werden zu einem **dualen Denken**. Im Rahmen dieses Manifestes kann nicht diskutiert werden, dass sich ein solches duales Denken auch damit beschäftigen kann, inwieweit komplementäre Gegensätze auch zur Synthese gebracht werden können, in welchem Falle man von einem **dialektischen Denken** sprechen würde. Wohl aber ergibt sich schon jetzt eine klare Kritik an einem **moralistischen Denken**, ein Denken, welches niederrangige Ebenen der Betrachtung zugunsten der **normativen Ebene** vernachlässigt. Sowohl duales als auch dialektisches Denken können kritisiert werden als ein **eindimensionales Denken**, und zwar dann, wenn nur ein duales Gegensatzpaar diskutiert wird, demgegenüber **mehrdimensionales Denken** im Sinne der vier Grundpolaritäten des Menschseins einzufordern ist. Wir hatten bereits den **Gleichheits-Gnostizismus** als einen Fall von eindimensionalem Denken kritisiert. Auch die hier angerissene Typologie von Denkformen wäre im Sinne einer Philosophie der Mitte zu vertiefen und zu systematisieren.

Zwischenspiel 2: Die praktische Seite der Krise

Nach den theoretischen Höhenflügen des dritten Teils stellt sich die Frage: Was bedeuten die bisherigen Ausführungen für die Praxis? Was läuft falsch im Westen?

Wir befinden uns in einer **Stagnationskrise**. In vielen gesellschaftlichen Bereichen treten wir auf der Stelle. Mehr noch – vielfach läuft die Uhr des Fortschritts rückwärts. Schon lange sind der hochtrabende Selbstanspruch des Westens und die politische Wirklichkeit nicht mehr zur Deckung zu bringen. Die Europäische Union genügt offensichtlich nicht den Minimalstandards einer Demokratie. Nach der eigenen Logik ist sie eine Diktatur und der europäischen Einigungsprozess demnach nichts anderes als der Versuch eines stillen antidemokratischen Putsches. Konsequenzen werden daraus nicht gezogen. Demokratieermüdung zeigte sich auch im Umgang des Westens mit der Corona-Krise. Nur allzu selbstverständlich folgten die meisten westlichen Staaten mit einer drakonischen Maßnahmenpolitik dem Beispiel der Diktatur Chinas. Eigentlich sollte es uns die Schamesröte ins Gesicht treiben, doch kaum jemand schien zu bemerken, mit welcher Leichtfüßigkeit die eigenen Ideale verraten wurden. Ein liberaler Umgang mit dem Virus – wie in Schweden praktiziert – wurde von unserer regierungshörigen Journaille immer wieder als „Sonderweg" und für gescheitert erklärt. Gewiss wurden auch in Schweden Fehler gemacht, doch gemessen an anderen europäischen Staaten ist dieses Modell keineswegs gescheitert. Es wäre auch für andere Staaten gangbar gewesen, und die westlichen Staaten hätten ihn mehrheitlich gehen müssen. Denn die liberale schwedische Alternative entsprach viel eher dem kulturellen Selbstverständnis des Westens als das, was wir mehrheitlich durchleben mussten.

Daran sieht man, wie verfallen und degeneriert unsere politische Kultur ist. Der Westen ist moralisch korrumpiert, seine Eliten gleichen immer mehr einem antisozialen Mob. Ihre Wasserträger und Hofschranzen in Medien, Wissenschaft und Wirtschaft gleichen Halbtoten, die wie verhext den Gleichschritt einer verengten öffentlichen Meinung exerzieren. Keine Individuen erleben wir, in würdevollem Selbstrückhalt, vielmehr Statisten eines immerwährenden Theaterstücks, dessen Drehbuch wir schon auswendig kennen, ohne es wirklich begriffen zu haben.

Die **Stagnationskrise des Westens** umfasst nicht nur die politische Kultur. Von der Popmusik bis zum Kino beobachten wir ein Ermatten der innovativen Kräfte. Die alten Konzepte werden immer wieder neu aufgelegt. Darin vorkommende emanzipatorische Narrative werden zunehmend phrasenhaft und oberflächlich – bis hin zu regelrechtem Emanzipationskitsch. Formelle und informelle Quotenregelungen halten Einzug in Filmen, Politik und Wirtschaft. An die Stelle gesellschaftlicher Utopien sind gnostizistische Apokalypseerzählungen getreten, rechts wie links.

Die politische Rechte sehnt sich in eine vermeintlich „gute alte Zeit" zurück und streitet sich darüber, ob diese auf 1980, 1950, 1890, 1750 oder gar 1250 zu datieren sei. Stets geht es darum, den Untergang des Abendlandes abzuwenden, wobei sie sich mit der Definition dessen, was als „Abendland" zu verstehen sei, schon schwertut. Christlich oder nicht? Demokratisch oder nicht? Hier ist die politische Rechte zerstritten. Eine belastbare philosophische Rechtfertigung der eigenen Widerständigkeit gegen die Moderne fehlt weithin. Allenfalls gibt es Rückbezüge auf Philosophen, die schon Jahrzehnte tot sind: Nietzsche, Spengler, Heidegger. Ebenso fehlt eine Vision davon, wie Politik und Gesellschaft in ein bis zwei Generationen gestaltet werden könnten.

Wer glaubt, eine solche Vision im progressiven Lager zu finden, wird schwer enttäuscht. Denn hier hat mit dem **Klimatismus** längst die Neuauflage einer alten, gnostizistischen Erzählfigur der Apokalypse das Feld übernommen. Im Sinne dieses Narrativs ist es das Beste, was wir erreichen können, wenn wir für die „Rettung des Klimas" nur kleinere Einschränkungen hinnehmen müssen. Von linken Projekten wie Arbeitszeitverkürzung oder einer Dämpfung der sozialen Gegensätze ist kaum noch die Rede. Wo es nicht um das ganz große Apokalypsekino geht, gibt es egalitaristisches Mikro-Management oder scholastisch anmutende Diskurse um „Intersektionalität" und Ähnliches, die zwar dazu angetan sind, in ideologisierten Sozialwissenschaften immer neue Magister- und Doktorarbeiten zu generieren, aber mit den Interessen der unteren und mittleren Schichten kaum noch etwas zu tun haben. Nicht selten sehen wir dann gut ausgebildete und passabel verdienende Vertreter*innen der neuen Mittelschicht die großzügig bereitgestellte Bühne der medialen Öffentlichkeit betreten, um sich als „Opfer" zu gerieren, weil sie „PoC" sind oder „non-binär". Auch das ist wieder hervorragend dazu geeignet, die alten sozioökonomischen Wurzeln der Linken zu kappen. Wer nur noch über Minderheiten spricht, schweigt eben über die Nöte der Mehrheit, ja delegitimiert die entsprechenden Diskurse. Elitistische Wohlfühl-Progressivität ist das, politisches Pharisäertum, professionalisierte Heuchelei.

All das hat nichts damit zu tun, der Tradition des Abendlandes folgend ein neues Kapitel der Freiheitlichkeit aufzuschlagen. Von 1820 bis 1920 gelang es, die Arbeitszeit von über 80 Stunden pro Woche auf etwa 45 Stunden pro Woche zu reduzieren. 2020 betrug die durchschnittliche Wochenarbeitszeit für Vollbeschäftigte noch immer über 40 Stunden. In der jüngeren Vergangenheit haben wir hier also wenig erreicht.

Doch es hieße, verkürzt im Sinne des materialistischen Sozialismus zu argumentieren, wenn wir nur auf die Frage der Verteilungsgerechtigkeit schauen würden. Ein gutes Leben besteht eben nicht nur aus materiellem Wohlergehen. Es stellt sich die Frage, ob es sinnvoll ist, den Menschen mehr Freizeit zu ermöglichen, wenn sie nicht in einer Weise genutzt wird, die ihrer Entwicklung und ihrem Glück dient. Wenn mehr Freizeit dazu führt, dass die Menschen mehr Zeit in kommerziell eingehegten Konsumwelten verbringen, auf von Produktdesignern vorgezeichneten Pfaden, so ist Skepsis angebracht. Wer also die – berechtigte – Forderung danach erhebt, dass die Menschen zunehmend auch mit Teilzeitarbeit ihren Lebensunterhalt in hinreichender Weise verdienen können sollten, muss weiterdenken. Wir sollten uns für eine Kultur einsetzen, in der die persönliche Identität zunehmend durch Tätigkeiten definiert wird, die in Freiwilligkeit vollzogen dennoch einen gewissen altruistischen Beitrag leisten: als Programmierer in einem Open-Source-Projekt, als Autorin einer Online-Enzyklopädie... Wenigstens aber sollte eine ethische Einstellung richtungsweisend sein, bei der die persönliche Entwicklung in Hinsicht auf ein dreifach gutes Leben einen höheren Stellenwert eingeräumt wird als dem Geldverdienen und Konsumieren.

Nun sind das alles schöne Gedanken. Doch wir spüren stählerne Fesseln an unseren Gelenken, die uns das alles als bare Träumerei erscheinen lassen, als blühende Phantasie, als Phantasterei. Die Verhältnisse sind nicht so. Denn die ganze Welt befindet sich ökonomisch in einer prekären Lage. Die Instabilität hat ein Maß erreicht, das den baldigen Zusammenbruch realistisch erscheinen lässt. Katastrophal ist es bislang erst in Schwellenländern wie der Türkei, Sri Lanka oder Argentinien. Galoppierende Inflation führt zu einer breiten Verarmung. Die Einschläge kommen aber näher. Auch in den Kernländern des Westens erreichen die Inflationsraten Rekordniveau. Man lasse sich nicht täuschen: Krisen wie die Corona-Pandemie oder der Ukraine-Krieg mögen die Symptome verschlimmern, alleinige Ursachen der ökonomischen Probleme sind sie nicht. Vielmehr hat das auf Verschuldung, Zins, unbeschränkte Kapitalakkumulation und Renditeerwartung ausgelegte kapitalistische System sein „Mindesthaltbarkeitsdatum" schon länger überschritten. Bereits zur Finanzkrise 2008 befand sich die Weltwirtschaft an einem kritischen Punkt, wobei durch massives Gelddrucken und die Inpflichtnahme der Allgemeinheit durch „Bankenrettungen" damals das Schlimmste noch abgewendet werden konnte. Die Schonfrist ist nun vorbei.

Es muss uns klar sein: Die Überwindung des spätneuzeitlichen Kapitalismus ist ein wesentlicher Bestandteil des anstehenden Epochenumbruchs. Für die Radikale Mitte muss aber auch klar sein, dass die Lösung nicht wieder der Neuzeit, insbesondere nicht dem Marxismus entnommen werden kann. Es geht darum, die alten Paradigmen hinter uns zu lassen. Wir müssen Freiräume erkämpfen, in denen Lösungen im Kleinen wachsen können. Das betrifft über die Ökonomie hinaus alle gesellschaftlichen und politischen Bereiche.

4 Radikale Mitte in der Gegenwart

Wenn es so einfach ist, so scheinbar trivial, das letztendliche Ziel des menschlichen Lebens – das **gute Leben** – zu benennen, was hindert uns daran, eine Welt zu gestalten, in der dieses Ziel für jeden leicht erreichbar ist? Die Antwort ist nicht weniger trivial: Macht und ihre korrumpierende Wirkung. Da eine unbegrenzte **Selbstpotenzierung** sich in letzter Instanz auch gegen die Eliten selbst wendet, indem das gesellschaftliche Ganze instabil und nicht mehr beherrschbar wird, sind Mechanismen der Machtbeschränkung also im Grunde genommen auch im Sinne der Eliten. Zu große Machtkonzentrationen überfordern regelmäßig ihre Besitzer. Herausragende Machtkonzentrationen zerfielen häufig erstaunlich schnell: Dschingis Khan, Pol Pot, Hitler, Napoleon. Mehr als eine chinesische Kaiserdynastie ist daran zugrunde gegangen, dass eine Fraktion der gesellschaftlichen Eliten – beispielsweise Militär in der Tang-Dynastie oder Großgrundbesitzer in der Han-Dynastie – das Gemeinwesen über Gebühr dominierte. Umgekehrt sind politische Gebilde, die starke Mechanismen der Machtbegrenzung besitzen, nicht selten ausgesprochen stabil: Das Papsttum begrenzt die Macht der Päpste dadurch, dass dieses Amt nicht erblich ist. Gleiches galt für das venezianische Dogentum, das viele Jahrhunderte bestand und erst durch die äußere Gewalt Napoleons beseitigt wurde. Die Lagunenrepublik hatte in einer bewegten Verfassungsgeschichte ein System herausgearbeitet, in dem es keiner Adelsdynastie möglich war, dauerhaft die Führung des Staates an sich zu reißen. Und niemals hatten die englischen Könige eine solche Machtfülle wie die französischen zur Zeit des Absolutismus. Das englische Königtum gibt es noch heute, das französische ist lange Geschichte.

Auch gegenwärtig gibt es Machtkonzentration von einem solchen Ausmaß, dass sie die Stabilität der Gesellschaften bedrohen. Die Instanzen dieser Machtkonzentration sind die Staaten, die Oligarchen und supranationale Körperschaften jedweder Art – Konzerne, „philanthropische" Stiftungen, NGOs, die großen Medienhäuser, ordensartige Vereinigungen (Jesuiten, Freimaurer, diverse Ritterorden...). Wir haben die Weggabelung längst hinter uns, bei der noch ein gewisser organischer Bezug zwischen den Eliten und der großen Mehrheit bestand.

In Anbetracht dieser vermeintlichen Übermacht sollten wir nicht ohne Utopie bleiben. Stellen wir hierzu einen Vergleich an. Vor dreißig Jahren brach schlagartig die sozialistische Ordnung in den Staaten des Ostblocks zusammen. Dem gingen ermüdende und frustrierende Jahrzehnte der Stagnation voraus. Auf ähnliche Weise wird es auch im Westen zu einem fundamentalen Paradigmenwechsel kommen müssen. Der entscheidende Unterschied ist, dass der Dampfer des real existierenden Sozialismus sinken konnte und die Rettungsboote namens „Demokratie" und „Marktwirtschaft" bereitstanden, um die Menschen aufzunehmen. Der Westen hat keine Rettungsboote. Und sollten doch selbsternannte Weltenretter in den Leitmedien präsentiert werden, so ist es an der Radikalen Mitte, davon auszugehen, dass es sich um Wölfe im Schafspelz handelt. Denn selbstredend wissen die Eliten, dass die Stunde geschlagen hat. Und irgendeinen verquasten Lösungsvorschlag werden sie schon aus dem Hut zaubern. Hier ist es durchaus angebracht, ein wenig mit Verschwörungshypothesen zu spielen: Verspricht uns der WEF ein Grundeinkommen gegen die Akzeptanz eine Social-Credit-Systems? Wächst sich der Klimatismus zum handfesten Ökofaschismus aus, dem schlussendlich Demokratie und Grundfreiheiten zum Opfer fallen? Plant die NASA eine Alien-Invasion mit holographischen Himmels-Projektionen? Härten wir unseren Geist durch das illustre Durchspielen derartiger Schwachsinns-Szenarien ab! Vermutlich wird das, was uns erwartet, noch irrsinniger sein. Dann lachen wir herzlich und wenden uns mit Ernsthaftigkeit und Zuversicht einer neuen Zukunft zu. Diese Zukunft ist staats- und konzernärmer, dezentraler, zum ersten Mal wahrhaft demokratisch, in ökonomischer Hinsicht egalitärer – vor allem das Verhältnis der 0,001% zum Rest – mit stärkeren Individuen und stärkeren kleinen gemeinschaftlichen Verbünden, pluralistischer in ökonomischer, weltanschaulicher, medialer und politischer Hinsicht, ernsthafter, philosophischer, optimistischer, weniger hektisch, geistiger, weniger konsumorientiert, kreativer und liebevoller. Allein – wir müssen damit anfangen. Niemand wird kommen und das „Tischlein deck` dich" vor uns ausbreiten.

Wir begannen dieses Unterkapitel damit, die Eliten als Hemmnis für die Verwirklichung einer besseren Welt zu identifizieren. Das ist nur die halbe Wahrheit. Die andere Hälfte besteht in der Ignoranz der Massen. Hier gilt es, in der Einschätzung dessen realistisch zu sein, was möglich ist. Formulieren wir die Extrempositionen! Denkbar wäre etwa die Sichtweise, dass die große Mehrheit der Menschen nichts ausrichten kann, dass wir dem Geldsystem unterworfen sind, die Tiefenwurzeln der Demokratiekorrumpierung nicht kappen können. Umgekehrt wird die Ansicht vorgetragen, dass nur viele Menschen auf die Straße gehen müssten, und „das System" wäre morgen Geschichte.

Beide Sichtweisen verkennen einen wichtigen Aspekt: Historische Veränderungen ereignen sich nur im Ausnahmefall schlagartig. In der Wahrnehmung sind diese Veränderungen spektakulär: die Französische Revolution, die Oktober-Revolution, der Fall der Berliner Mauer. Derartige Symbolereignisse basieren aber auf kontinuierlichen Veränderungen, die darüber hinaus die Geschichte weit nachhaltiger prägen als die spektakulären Ausnahmemomente. Es geht also hauptsächlich um kontinuierliche Veränderungen. Um dabei nicht zu verzweifeln, sollten wir so handeln, dass wir selbst nicht erwarten dürfen, die Früchte unseres Tuns ernten zu können. Gut Ding will Weile haben. Wer sich in der Ethik nur um den Nutzen bemüht, wird schnell ungeduldig. Neben dem Nutzen gibt es aber auch noch das Bemühen um Tugenden und Pflichten. Was dem Modernizismus ein Gräuel ist, soll dazu dienen, im stetigen Bemühen um das Gute durchzuhalten, uns für das gute Leben aller einzusetzen. Es geht darum, durch stetiges Bemühen neue Ansätze wie die der Radikalen Mitte in die Mitte der Gesellschaft zu tragen. Die Kultur muss langfristig verändert werden. Erst wenn es Filme, Romane, bildende Kunst, Philosophie, Sozialwissenschaft in diesem unseren Geiste gibt, kann daran gedacht werden, der Politik eine neue Richtung zu geben. Die engen, allzu engen Diskursräume der Gegenwart müssen aufgebrochen werden. Ein neues Denken braucht Raum, um sich entfalten und wachsen zu können. Das wird nicht gleich in den Leitmedien geschehen. Wir brauchen also wieder eine echte Gegenkultur. In den letzten fünfzig Jahren hat die politische Linke die Gegenkultur weitgehend geprägt. In einer Gegenwart, in der über dem Reichstag eine Regenbogenflagge gehisst wird, ist offensichtlich, dass die linke Gegenkultur weitgehend vollständig von den herrschenden Eliten vereinnahmt wurde. Sie kann infolgedessen kaum etwas zu einem echten Fortschritt beitragen, sondern findet sich gegenwärtig weitgehend kolonialisiert und in den Dienst genommen für die Selbstpotenzierung der herrschenden Klasse. Wir wollen in diesem Abschnitt einzelne Felder beispielhaft beleuchten, die dringend neue Impulse brauchen.

Bis hierhin ist dieses Manifest ein sehr allgemeiner Text. Nun soll es darum gehen, konkrete Positionen der Radikalen Mitte zu definieren, welche den Herausforderungen der Gegenwart begegnen. Das bedeutet: Wir treffen politische Einschätzungen und leiten daraus Forderungen ab. Dabei muss betont werden: Die radikale Mitte ist keineswegs gleichbedeutend mit diesem konkreten Programm. Sie ist eher eine Methode, eine Art, mit Politik umzugehen. Um dies zu verstehen, rufen wir uns den ideologischen Kern der Radikalen Mitte ins Bewusstsein. Erstens: Wir sind davon überzeugt, dass die Probleme der Gegenwart durch die herrschende politische Klasse nicht bewältigt werden können. Wir brauchen einen grundlegenden Politikwandel. Dabei zielen wir auf eine Weiterentwicklung der freiheitlich-demokratischen Grundordnung. Zweitens: Für uns sind die verschiedenen politischen Schulen – Konservativismus, Liberalismus und Progressivismus – nicht per se wahr oder falsch, sondern gleichen unterschiedlichen Sinnesorganen oder Therapieformen, die dem politisch-gesellschaftlichen Körper zur Verfügung stehen. Drittens: Wir vermeiden fanatische Positionen, die durch unipolares Denken entstehen und wägen gesellschaftliche Probleme multipolar, in mehreren Dimensionen und Perspektiven, ab.

Daraus folgt, dass zwei Menschen, die sich der Radikalen Mitte zugehörig fühlen, in diesen allgemeinen Grundsätzen zwar übereinstimmen, sie aber dennoch in jedem Politikfeld geradezu gegensätzlicher Meinung sein können. Da hier nun konkrete politische Positionen formuliert werden sollen, ist folglich ein anderes Programm denkbar, das ebenfalls unter dem Dach der Radikalen Mitte Platz hat. In diesem Sinne ist die Radikale Mitte keine Ideologie traditioneller Art, sondern eine wahrhaft plurale Ideologie, eine Meta-Ideologie, eine Ideologie zweiter Ordnung. Ihr geht es nicht darum, einfach eine politische Position einzunehmen, sondern mit den diversen Positionen sachlich umzugehen. Dies ist nur dann möglich, wenn man sich persönlich nicht zu sehr mit ihnen identifiziert.

4.1 Nutzung der Digitalisierung

Es ist beschämend. Vor über 10 Jahren schrieb der Autor dieses Manifests das Buch „Die Wiki-Revolution – Absturz und Neustart der westlichen Demokratie". Es befasst sich mit den Möglichkeiten der Digitalisierung, um mehr Demokratie durch neue Formen der Partizipation zu verwirklichen. Dieses Buch ist nach wie vor hochaktuell – leider. Denn getan hat sich in den letzten 10 Jahren kaum etwas. Die Digitalisierung ist zwar stetig vorangeschritten und wird immer mehr selbstverständlicher Teil unseres Alltags – allein die politische Kultur folgt nach wie vor den Prinzipien des 20. Jahrhunderts.

Noch immer sind politische Parteien die zentralen Organisationsstrukturen der westlichen Demokratien. In der Zeit vor dem Internet erfüllten sie die wichtige Aufgabe, politische Meinungsbildung zu strukturieren und die Vorauswahl der Kandidaten für demokratische Ämter zu leisten. Im 21. Jahrhundert gibt es andere Möglichkeiten, diese Aufgaben zu erfüllen. Twitter, Facebook, YouTube und Telegram haben als öffentliche Bühne für die politische Meinungsbildung längst die Institutionen des 20. Jahrhunderts an Bedeutung ein-, wenn nicht gar überholt. Die Proteste gegen die EU-Urheberrechtsnovelle von 2019 haben ebenso wie die Proteste gegen die Corona-Politik der Regierungen seit 2020 klar vor Augen geführt, dass keine Parteien oder Gewerkschaften notwendig sind, um politische Meinungsbildung im großen Maßstab zu organisieren. So manch politischer Blogger oder YouTuber hat für den öffentlichen politischen Diskurs eine größere Bedeutung als Hinterbänkler in den Parlamenten. Es ist an der Zeit, unsere Demokratie auch auf Verfassungsebene an die kulturellen Rahmenbedingungen des digitalen Zeitalters anzupassen. Dies soll an konkreten Beispielen verdeutlicht werden.

4.1.1 Die Verflüssigung der Demokratie

Die Demokratie ließe sich dadurch erweitern, dass Elemente der repräsentativen und direkten Demokratie miteinander verbunden werden. In den heutigen repräsentativen Demokratien gibt das Wahlvolk alle paar Jahre seine Stimme ab – und erhält sie nicht wieder. Ob die Parteien oder Repräsentanten sich an Wahlversprechen halten, ist eine Frage des Glücks. Jeder Hersteller muss mit Klagen wegen Betrugs oder Schadensersatzes rechnen, wenn er mit falschen Versprechen Produkte verkauft. Nicht so Politiker. Das Brechen von Wahlversprechen ist weder strafbar noch in der politischen Klasse verpönt. Vielmehr scheint es zum „guten Ton" zu gehören, Zeugnis einer „professionellen Einstellung" zu sein, sich nicht für das eigene „Geschwätz von gestern" zu interessieren. Wie anders wäre es zu erklären, dass vor der Bundestagswahl 2021 immer wieder beteuert wurde, dass es keine Impfpflicht geben würde – diese Bekundungen gegen Jahresende jedoch Makulatur zu sein schienen? Könnten die Bürger den Parlamentariern ihr Stimmrecht zu bestimmten Fragen wieder entziehen, gäbe es solche Verhöhnungen der Demokratie nicht.

In parlamentarischen Abstimmungen hätten die Abgeordneten dann nicht je eine Stimme, sondern das genaue Äquivalent der Stimmen des Wahlkreises einzubringen, den sie vertreten. Jeder Wahlberechtigte könnte dann im Einzelfall entscheiden, ob er sich durch den ihm zugeordneten Parlamentarier vertreten lässt oder die eigene Stimme selbst wahrnimmt und damit die Stimmen des Parlamentariers verringert. Die wenigsten Menschen werden zu allen im Parlament diskutierten Gesetzesänderungen selbst ihre Stimme abgeben wollen. Doch für bestimmte Themen, die in der Öffentlichkeit kontrovers diskutiert werden, könnte jeder sich seine Stimme wieder zurückholen, um sie selbst digital abzugeben. Dies würde selbstredend den Rechtfertigungsdruck der Parlamentarier gegenüber den Wählern erhöhen und dazu beitragen, die Politikmüdigkeit der spätneuzeitlichen Demokratien zu lindern.

Eine weitere, noch radikalere Idee bestünde darin, eine neue Form der Repräsentation in die Demokratie einzuführen: das Instrument der **gelosten Bürgerräte**. Das Konzept ist denkbar einfach: Per Losverfahren werden Bürger ausgewählt, die auf freiwilliger Basis die Gelegenheit bekommen, zu einer bestimmten Frage eine politische Lösung zu erarbeiten. Sie werden nur kurzfristig einberufen, können Experten konsultieren und dann Entscheidungen treffen. Schon heute gibt es Experimente mit gelosten Bürgerräten – meist auf kommunaler Ebene und nur in beratender Funktion.

Zunächst einmal mag uns spätneuzeitlichen Menschen dieses Instrument fremdartig erscheinen. Ist das nicht mit viel Willkür verbunden? Werden durch Losverfahren nicht gänzlich inkompetente Menschen ausgewählt? In einer Wiege der Demokratie – der griechischen Polis – waren Losverfahren ein etabliertes Instrument. Und auch im Sinne der Radikalen Mitte hätten geloste Bürgerräte einen entscheidenden Vorteil: Die Teilnehmer würden aus den verschiedenen politischen Subkulturen herausgenommen. Denken wir uns etwa hundert zufällig ausgewählte Personen, die gemeinsam über ein politisches Thema diskutieren müssen. Unweigerlich wären Konservative, Liberale und Linksprogressive gezwungen, miteinander ins Gespräch zu kommen. Ferner wären geloste Bürgerräte kaum durch Lobbyismus und Korruption zu manipulieren. Anders als bei Parlamentariern laufen geloste Bürgerräte nicht Gefahr, sich in eine abgeschlossene Sphäre der politischen Klasse zu verwandeln.

So interessant die Idee ist, so gewichtig sind die Einwände. Revolutionäre und progressive Bestrebungen der Vergangenheit vollzogen sich in der Regel nicht an der Bruchlinie zwischen **Elite** und **Volk**, sondern an der zwischen **Eliten** und **Subeliten**. Das Volk mag mitunter das Zünglein an der Waage sein, treibende Kraft ist es in der Regel nicht. Die Subeliten sind jene Teile der Bevölkerung, die in bestimmten Bereichen über Schlüsselqualifikationen verfügen, welche sie prinzipiell dazu ermächtigen, den Herrschaftsanspruch der Eliten in Frage zu stellen. Beispiele hierfür sind Wissenschaftler, Künstler, Menschen mit unternehmerischer Erfahrung etc. Ein historisches Beispiel für Subeliten sind die bürgerlichen aufklärerischen Kreise im 18. Jahrhundert gegenüber den Eliten der Aristokratie und der einfachen Bevölkerung, die mehrheitlich als Bauern auf dem Lande lebten. Die ideologische Einbindung und letztendliche Unterordnung der Subeliten unter die Eliten bzw. das politische System ist ein wesentlicher Machtfaktor jeder politisch-gesellschaftlichen Ordnung. Revolutionen basieren in der Regel auf einem Konflikt zwischen Subeliten und Eliten, wobei sich im Erfolgsfall neue Eliten aus dem Kreis der Subeliten bilden. Geloste Bürgerräte könnten nun als Instrumente der Eliten missbraucht werden, um die Subeliten in Schach zu halten. Die Logik dabei: durch eine hinreichend große Kontrolle der Massenmedien und dadurch mit einer Mehrheit der Bevölkerung letztendlich die potenziell gefährlichen Subeliten zu marginalisieren. Am Ende ist eine zufällige Auswahl auch nur statistisch der Durchschnitt der Bevölkerung, in dem Originalität und Exzellenz schnell untergehen können.

4.1.2 Die Verflüssigung der Bildung

Die Digitalisierung hat nach wie vor ein enormes Potential im Bereich der Bildung. Wir sehen uns vor einem gewaltigen Reformstau. So fand die letzte grundlegende Reform der gymnasialen Bildung in der Weimarer Republik statt. Durch die „Richertsche Schulreform" wurden damals neusprachliche und naturwissenschaftliche Lehrinhalte gleichberechtigt neben das humanistische Curriculum gestellt. Seitdem wurde in einzelnen Bundesländern die Gymnasialzeit mal um ein Jahr reduziert, dann wieder um ein Jahr verlängert, Unmengen an „Smartboards" angeschafft, doch eine grundlegende Reform, welche die Schule zu einem zeitgemäßen Ort des Lernens machen würde, lässt auf sich warten. Das autoritäre Grundaxiom unserer Schulen besteht darin, dass eine genaue Befolgung des von der Lehrkraft und letztlich dem Kultusministerium vorgegebenen Pfades der einzig legitime Weg zum Lernerfolg ist. Der Lehrer wird zum Zeremonienmeister der Bildungsinitiation, der Schüler und Eltern zur unmündigen Verfügungsmasse des pädagogischen Apparates macht. In unseren Bildungseinrichtungen werden autoritäre Strukturen aus vormodernen Zeiten tradiert und gepflegt. Zwar wurde dort in den letzten Jahrzehnten durchaus versucht, der Schule ein menschlicheres und demokratischeres Angesicht zu geben – was die Weisungsbefugnisse anbelangt, hat sich aber gegenüber Kaisers Zeiten kaum etwas geändert.

Wohl lässt sich argumentieren, dass Kinder die Pflicht haben, ihre geistigen Fähigkeiten so zu entwickeln, dass sie durch Berufstätigkeit selbst eine Stütze der Gesellschaft werden können. Daraus allerdings eine über eine Bildungspflicht hinausgehende Schulpflicht abzuleiten, ist dem Geist nach totalitär. Denn ein liberaler Staat darf nicht die vollständige Hoheit darüber haben, was als Bildung zu gelten hat. Eltern wird Erziehungsunfähigkeit und Kindern Bildungsunwilligkeit unterstellt, was sich durch die Institution Schule als selbsterfüllende Prophezeiung erweist. Der Staat sollte das außerschulische Unterrichten von Kindern nicht behindern, sondern unterstützen, wenngleich er durch regelmäßige Leistungstests den Lernfortschritt überprüfen könnte. Es wäre ein Gebot der Stunde, Lehrinhalte – nicht nur die Lehrpläne – vollständig im Internet zu veröffentlichen. Dies müsste in einer Weise geschehen, die Eltern und Schüler ermächtigt, eigenständig auf Lerninhalte zuzugreifen und sie sich anzueignen bzw. sie zu vermitteln. Hilfreich wäre es, in zentralen Fächern zu einer Trennung von Zertifizierung und Didaktik zu kommen. Damit ist gemeint, dass die Prüfungen nicht durch die Lehrer gestellt werden, sondern durch eine unabhängige Instanz. Was mittlerweile in der beruflichen Fortbildung Standard ist, weil es grundlegenden Prinzipien der Qualitätssicherung entspricht, wird an Schulen nur in den wenigen deutschen Bundesländern mit Zentralabitur praktiziert.

Die Doppelrolle von Lehrern als Prüfer und Unterrichtender verdirbt beides. Schlechte didaktische Leistungen können von den Lehrkräften durch Absenkung der Prüfungsstandards verschleiert werden. Und als Unterstützer beim Lernen trägt das disziplinarische Mittel der schlechten Note nicht dazu bei, ein kooperatives Verhältnis von Lehrern und Schülern zu fördern. Bei einer externen Prüfungserhebung werden auch die Lehrer geprüft – was Lehrer und Schüler zu „Verbündeten" machen kann: Das gemeinsame Ziel ist das gute Abschneiden des Schülers.

Wenn diese Trennung erst einmal vollzogen ist, können auch Eltern oder ältere Schüler den Unterricht eigenverantwortlich betreiben, ohne auf die Schule angewiesen zu sein. Die Schule als Ort des gemeinsamen Lernens müsste ihren Mehrwert beweisen, der über reine Stoffvermittlung hinausgeht. Das kann der Schule nur zugutekommen. Denn Schulen als Orte eines mit Zwang durchgesetzten, unabwendbaren Schicksals stellen sowohl für Schüler als auch für Lehrer eine Entwürdigung dar und eine Schande für jede Gesellschaft, die von sich behauptet, freiheitlich zu sein.

Die maßlose Selbstherrlichkeit des Staates und die Arroganz der Institutionen zeigt sich nicht nur an unseren Schulen, sondern setzt sich an den Universitäten fort. Es ist atemberaubend, in welch unbekümmerter Weise wir gerade hier unser wichtigstes Kapital vernachlässigen: Wissen und Bildung. Die elektronischen Mittel erlauben es bereits seit Jahren, universitäre Lehrinhalte auf hohem Niveau in digitaler Form gemeinfrei zur Verfügung zu stellen. Erst die Gewalt der Corona-Krise brachte hier eine gewisse Bewegung. Doch noch immer tun sich Universitäten schwer damit, digital kompatibel zu unterrichten.

Warum werden an dutzenden Universitäten Semester für Semester inhaltsäquivalente Vorlesungen gehalten, wo es doch sinnvoller wäre, hier mit einem gewissen Mehraufwand digitale Varianten zu produzieren, die dann überregional genutzt werden könnten? Es geht nicht darum, Lehrfreiheit zu beschneiden oder die lokalen Universitäten durch eine zentralistische Digitaluni zu ersetzen. Trotzdem wäre es ein sehr lohnendes bildungspolitisches Ziel, eine zentrale Lernplattform zu schaffen, in der vollumfängliche Studieninhalte für alle Fakultäten zur Verfügung stehen. Seien es studierende Eltern, sei es die berufliche Fortbildung, sei es die Förderung von privaten Bildungsinteressen – mit öffentlichen Mitteln alimentierte Universitäten dürfen nicht länger ihre Wissensproduktion der Öffentlichkeit vorenthalten. Im Zeitalter von YouTube und Facebook müssen Universitäten in die Pflicht genommen werden, einer dringend notwendigen Bildungsrevolution nicht länger im Wege zu stehen.

Allgemein zugängliche digitale Lehrinhalte wären darüber hinaus in die lokalen Prüfungsmechanismen der Universitäten zu integrieren. Der Effekt wäre hier ein ähnlicher wie der oben beschriebene für die Schulen: Studierende hätten dann im Lehrangebot tatsächlich die Auswahl zwischen inhaltsäquivalenten Lehrveranstaltungen. Das lokale Monopol der Universitäten für spezifische Lehrinhalte wäre gebrochen. Auch dies kann der Qualität der Lehre nur zugutekommen.

4.2 Neue Formen von Gemeinschaft

4.2.1 Gesellschaft und Gemeinschaft in der Moderne

In der Moderne wurde Gemeinschaft zunehmend durch Gesellschaft ersetzt. Dies formalisiert sich etwa in Bestrebungen gegen „Vetternwirtschaft", wo gemeinschaftlicher Zusammenhalt in der Verwandtschaft doch per se nicht schlecht ist. Verwandtschaft mag für das frühe Mittelalter ein beherrschendes soziales Strukturierungsprinzip gewesen sein – für die Moderne ist sie es nicht. Soziale Organisation geschieht mehrheitlich nach dem Prinzip von „Gesellschaft" (vgl. Kap. 2.1).

Wir werden zu Beginn des 21. Jahrhunderts als Menschen von derartigen gesellschaftlichen Strukturen überwuchert. Unser Leben wird verwaltet durch Behörden, Ämter, Vereine, Firmen, halböffentliche Körperschaften. Und doch kommen wir dabei nicht vor, nicht als Individuum, nicht als Mensch. Denn eben das können gesellschaftliche Formen der sozialen Organisation nicht leisten. Sie sind nach Verstandesprinzipien strukturiert, nach Prinzipien spezifischer Zwecke, funktionaler Differenzierung, vertragsmäßiger Gründung und logischer Schlussfolgerung. Der moderne Mensch ist gemäß den verschiedensten Rücksichten versorgt: Gesundheit, Rechtssicherheit, Altersversorgung etc. Hier leistet die Moderne in der Tat Beachtliches. Doch wesentliche Bedürfnisse des Menschen drohen zu verkümmern. Wir wollen nicht nur durch spezifische soziale Bezüge „abgesichert" sein, sondern wünschen uns in unseren sozialen Beziehungen zwischenmenschliche Resonanz. Wir wollen uns als ganze Menschen in anderen Menschen widerspiegeln, wollen als Individuen wahrgenommen und wertgeschätzt werden. Wir wollen uns auch in einer Großgruppe wissen, die uns Identität gibt – heiße sie „Nation" oder „Weltbürger".

Wir sehen auf unterschiedliche Weise, wie gemeinschaftliche Formen der sozialen Organisation in der Moderne unter Druck geraten. Denken wir etwa an die hohen Scheidungsraten. Selbstredend ist eine Ehe trotz ihres juristischen Kleides gesellschaftlicher Art im Wesentlichen gemeinschaftlich zu verstehen. Die Wirksamkeit der juristischen, gesellschaftlichen Seite einer Ehe wird ja eigentlich erst dann sichtbar, wenn die Ehe im Sinne einer Gemeinschaft gescheitert ist, wenn also eine Scheidung ansteht. Die Paarbeziehung stellt in der Gegenwart einen Rest an Gemeinschaftlichkeit dar – wenngleich durch Ideen wie der „Lebensabschnittspartnerschaft" auch dieser Status streitig gemacht wird. Da der Mensch ein hohes Bedürfnis nach Gemeinschaft hat, wird dieses Residuum an Gemeinschaftlichkeit mit Erwartungen überfrachtet. Was also in vormodernen Zeiten durch Verwandtschaft, Dorfgemeinschaft, religiöse Gemeinde, Verbundenheit mit einer Region, Verbundenheit mit einem Volk und auch der Ehe geleistet wurde, muss heute die Paarbeziehung fast alleine stemmen: dem Menschen eine soziale und kulturelle Heimat geben. Kein Wunder, dass dieser hohe Erwartungsdruck an Gemeinschaftlichkeit von Lebenspartnern oft nicht erfüllt werden kann.

4.2.2 Exkurs: Linksprogressivismus, Multikulturalismus, Identitätspolitik

Denken wir außerdem an die hitzig geführten Debatten um „Identität". Hierzu müssen wir etwas ausholen, denn bei diesem Thema werden die tiefliegenden Spannungen offengelegt, wenn Gesellschaft sich anheischig macht, Gemeinschaft zu verdrängen.

Die linksprogressive Position um „Identität" gestaltet sich schwierig. Überwältigt vom Erfolg der westlichen Kultur in der Welt findet sich das linksprogressive Lager zunächst einmal in Erklärungsnot. Wie ist es möglich, dass eine Weltregion (Europa) in der Welt so dominant werden konnte, wenn doch alle Menschen gleich sind? Vor der Beantwortung dieser Frage schreckt das linksprogressive Lager zunächst einmal zurück. Dem eigenen Denkschema folgend, dass Differenzen stets hierarchisch zu bewerten sind (wie es ja der progressivistischen Logik entspricht), lägen Erklärungen auf der Hand, die so gar nicht zum linken Selbstverständnis passen. Allerdings bieten die marxistischen Fundamente eine Lösung. Die westlichen Staaten waren einfach kolonialistische Imperialisten und haben die anderen Kulturen unterdrückt. Damit wird zwar nicht erklärt, warum das möglich war, doch auf der normativen Ebene, auf welcher der Vulgärsozialismus quasi zu Hause ist, ist diese Frage nicht weiter interessant. Da man sich als Teil einer „schuldigen" Klasse der (Post)kolonialisten versteht, bemüht man sich eifrig darum, die eigenen kulturellen Traditionen in Frage und möglichst „diverse" Perspektiven nebeneinanderzustellen.

Zu diesem kulturellen Flagellantentum mischt sich eine gehörige Portion dekadente Langeweile. Denn es hat eben einen gewissen touristischen Reiz, sich an künstlerischen oder auch nur kulinarischen Produkten anderer Kulturen zu delektieren. Freilich leistet ein solcher konsumistischer Multikulturalismus kaum etwas im Sinne der romantischen Idee desselben. Sich etwa ernsthaft mit den Philosophien anderer Weltregionen auseinanderzusetzen, findet kaum statt. Und wenn doch, dann nicht selten in der Form der sentimentalen Überhöhung oder des relativistischen Nebeneinanderstellens. Was aber notwendig wäre, nämlich die Herausarbeitung einer interkulturellen Philosophia Perennis, dazu fehlen nur allzu oft Mut und Wille.

Letzterer kann dort nicht gegeben sein, wo ein tiefliegender Relativismus und daraus resultierender Agnostizismus in einer fanatischen Weise vertreten werden. Das geschieht selten bewusst, doch unbewusst wirken die Mechanismen, sich eine Welt zu wünschen, welche die eigene Geisteswelt repräsentiert. Und eine Welt nach agnostischem Gusto ist eben eine solche, in der die Glaubensüberzeugungen bunt und widersprüchlich nebeneinander existieren, ohne dass dies ein Problem darstellt. Multikulturalismus, gerade auch in metaphysischer Hinsicht, wirkt für den metaphysisch Unentschlossenen beruhigend. Er wünscht sich die Gesellschaft so, dass sie seinem eigenen inneren Zustand der Unentschlossenheit entspricht. Dies ist einer der wesentlichen Gründe, weshalb die politische Linke in einem so starken Maße mit dem Islam flirtet, der doch den eigenen Wertvorstellungen diametral entgegengesetzt ist.

Nun sei jedem Agnostiker sein Agnostizismus gegönnt. Doch auch hier gibt es eine subtile Form des Fanatismus, den es aufzudecken und zu kritisieren gilt und darin besteht, in rechthaberischer Weise Unentschlossenheit als gesellschaftlichen Leitwert einzufordern, selbst dort, wo daraus Schaden entsteht. So kann etwa jedes Vorrecht einer angestammten Kultur in einer Region in Frage gestellt werden – unabhängig von den möglicherweise destruktiven soziokulturellen Folgen in Form eines totalen Wertrelativismus. Es ist notwendig und durchaus anspruchsvoll, hier die Grenze zu wünschenswertem Pluralismus zu formulieren.

Unterm Strich bleibt vom Multikulturalismus häufig nur eine Art kultureller Freihandel, der den materiellen Freihandel mit Waren und Humankapital kulturell flankiert. Dieses Szenario birgt erhebliche Gefahren. Wir hatten bereits festgestellt, dass die Aufnahme von neuen Impulsen und die Kultivierung des Eigenen zwei komplementäre Momente der Kulturgeschichte sind. Die Komplementarität besagt, dass die Verstärkung eines Pols mit der Schwächung des entgegengesetzten Pols einhergeht. Das kann am Beispiel der Esskultur erläutert werden: In westlichen Staaten ist heute ein breites Angebot an internationaler Küche selbstverständlich. Das ist Multikulturalismus, an den wir uns gewöhnt haben. Doch eine Konsequenz davon ist eine Verkümmerung der eigenen Esskultur. Und nicht nur der eigenen. Chinesische Restaurants in Deutschland repräsentieren nicht die chinesische Küche in all ihrer Breite, die regional ausgesprochen differenziert ist. Das, was wir in chinesischen Restaurants genießen, ist gemeinhin das Klischee chinesischer Küche aus westlicher Perspektive. Es ist – wenn man so will – kulinarischer Touristenkitsch.

Die Verflachung aller Kulturen ist eine gerne übersehene Gefahr des Multikulturalismus. Kapitalisten und Sozialisten mögen davon träumen, dass die Reibungen des Multikulturalismus am Ende alle Kulturen der Welt rundwaschen und angleichen werden. Globalistische Kapitalisten erblicken die Vorteile, etwa Produkte weltweit handeln und mit einheitlichen Werbekampagnen vertreiben zu können. Sozialisten hoffen zurecht darauf, dass die Relativierung traditioneller Kulturen den Aufschwung der eigenen Ideologie, die auf vergleichsweise wenigen und einfachen Glaubenssätzen beruht, zum verbindlichen „Weltethos" ermöglichen würde. Einmal mehr erblicken wir hier die Plausibilität eines strategischen Bündnisses zwischen dem kapitalistischen und dem linksprogressiven Lager, das wir bereits als „woke capitalism" benannt hatten. Im Ergebnis bleiben wir jedoch nicht selten auf den Kosten des Multikulturalismus sitzen. Wenn der Westen vor lauter Xenophilie die Besonderheit und den Wert der eigenen Kultur vergisst, wer soll dann diese westliche Kultur weiterentwickeln? Und ist die weithin anzutreffende oberflächliche kulturelle Xenophilie nicht gerade Symptom der schwerwiegenden Stagnationskrise des Westens?

Vor diesem Hintergrund finden wir in der politischen Linken der Gegenwart die Tendenz, den allgemeinen Standpunkt der Vernunft aufzuweichen und den politisch-gesellschaftlichen Diskursraum zu sektionalisieren. Jedes Geschlecht, jede sexuelle Identität, jede Ethnie, jede Religion bekommt einen eigenen Diskursraum zugesprochen. Tatsächliche oder vermeintliche Marginalisierungen sollen durch ungleiche Partizipationsmöglichkeiten an Diskursen ausgeglichen werden. Dabei ergibt sich ein Paradox: Damit Diskursräume definiert werden können, sind so etwas wie eine Zuschreibungen von Rasse oder Geschlecht notwendig, die aber im Sinne des radikalen Nominalismus und Relativismus der Gegenwartslinken keine essentielle Bedeutung haben und dem eigenen Progressivitätsideal gemäß aufgelöst werden sollen. Als weitere Widersprüchlichkeit ist zu beobachten, dass Gruppen, die als weltanschauliche Feinde markiert sind, selbstredend nicht vor Marginalisierung und Diskriminierung geschützt werden. Während also lesbischen Musliminnen eine Bühne gegeben wird und sie als die einzig legitimen Vertreterinnen ihrer Interessen gelten, genießen Anhänger rechtsesoterischer Siedlerbewegungen keinen Diskriminierungsschutz und legitime Diskurse werden nur über sie, aber nicht mit ihnen geführt.

Wozu diente der Exkurs dieses Unterkapitels? Die Tendenzen der Gegenwartslinken zur Fragmentierung der Gesellschaft durch Identitätsdiskurse kann als marxistisch verbrämter Versuch gelesen werden, gemeinschaftliche, sippenartige Strukturen zu etablieren. Wenn jede durch intersektionalistische Kombinatorik definierte Untergruppe ihren eigenen „Safe Space" und einen eigenen Satz an gemeinschafts- und identitätsstiftenden Erzählungen hat, dann findet sie sich in der Praxis – also an einem physischen oder virtuellen Ort – in einer Art Gemeinschaft wieder. Das Bemerkenswerte daran ist, dass die allgemeine Stoßrichtung dieser Entwicklung gerade darauf abzielt, bestimmte Formen von Gemeinschaftlichkeit – etwa die der angestammten europäischen Nationen – zu dekonstruieren bzw. in ihrer gemeinschaftlichen Verbindlichkeit zu relativieren. Das geschieht aber gerade dadurch, dass alternative Formen von Gemeinschaft etabliert werden.

Das Fazit dieses Exkurses ist, dass Gemeinschaft über die Paarbeziehung und Familie hinaus auch in der Moderne eine nicht ersetzbare Instanz, eine anthropologische Konstante darstellt.

4.2.3 Korrektur der Moderne: mehr Gemeinschaft

Daraus ergibt sich die Idee, neue Konzepte für gemeinschaftliche Strukturen zu entwickeln, welche die gesellschaftlichen Strukturen der Moderne ergänzen. Im Sinne der Grundpolarität von Seele und Verstand hat der Mensch eben diese beiden Seiten, die sich in Form der sozialen Organisation als Gemeinschaft und Gesellschaft verwirklichen. Die Tendenz der Moderne, Gemeinschaft zu verdrängen, bringt die Menschen ins Ungleichgewicht, lässt sie die eigene Mitte verlieren. Vereinsamung, Depression, Substanzmissbrauch können als Symptome dieser verlorenen Mitte interpretiert werden. Das sind destruktive Folgeerscheinungen des **Modernizismus**.

Das Bedürfnis des Menschen, sich als Ganzes in sozialen Beziehungen zu verwirklichen, kann nur durch gemeinschaftliche Formen der sozialen Beziehungen verwirklicht werden. Es wurden bereits die drei archaischen Formen von Gemeinschaft genannt: Familie, Sippe, Stamm. Von diesen dreien ist in der Moderne die Familie am beständigsten, der Stamm transformierte sich zur Nation und wird politisch kontrovers bewertet, die Sippe hingegen scheint kaum noch eine Rolle zu spielen.

Wir können annehmen, dass seit der Sesshaftwerdung des Menschen über Jahrtausende die Dorfgemeinschaft eine wichtige soziale Instanz war, die über informelle Sittlichkeitsregeln das Leben der Menschen maßgeblich prägte. Mit der Gründung der Städte verschwand die Sippe jedoch nicht, sondern fand sich in der antiken Stadt wieder in der Form des Patronatswesens, in der mittelalterlichen Stadt in der Form von Zünften, Orden, Laienbruderschaften etc.. Seit den 90er Jahren wissen wir, dass die Sippe als Menschenverband von ca. 150 Personen durchaus universellen Charakter hat. Der britische Psychologe Robin Dunbar fand heraus, dass dies genau die Obergrenze für die Anzahl echter freundschaftlicher Beziehungen ist, die ein Mensch pflegen kann. Auch wenn das strikte Verständnis dieser Obergrenze kritisiert wurde, entspricht es doch unserer Erfahrung, dass hunderte von Facebook-Freunden eben keine echten Freunde sind. Sippenartige Organisationsformen gibt es noch heute etwa in der Form freikirchlicher Gemeinden oder Studentenverbindungen. Gegenüber gesellschaftlichen Organisationsformen haben sie nicht nur den Vorteil, das gemeinschaftliche Beziehungsbedürfnis des Menschen zu befriedigen, sondern auch den, dass sie unbürokratisch funktionieren. Menschen in überschaubaren gemeinschaftlichen Gruppen fühlen sich gegenseitig verpflichtet. Die persönliche Beziehung zu allen Mitgliedern der Gruppe sorgt dafür, dass man auf komplizierte, ausdrückliche Normen weitgehend verzichten kann. Sippenartige Gebilde sind ausgesprochen effizient und entlasten infolgedessen den Menschen. Sie bieten soziale Heimat.

Gemeinschaftliche Formen der sozialen Organisation können nun danach unterschieden werden, ob man ihnen durch Geburt angehört oder ob man ihnen durch Wahl beitreten kann. Eine Liebesbeziehung bzw. Ehe ist eine Wahlgemeinschaft, während Kinder einer Familie qua Geburt angehören. Geburtsgemeinschaften können nicht neu erdacht werden. Wir wollen uns daher im Folgenden auf Wahlgemeinschaften sippenartiger Natur konzentrieren, also mit einer maximalen Größe von 150 Personen.

Beginnen wir unsere Überlegungen bei einem bekannten Modell, der Studentenverbindung. Neben dem gemeinsamen Wohnen gibt es verbindende Rituale sowie eine gemeinschaftliche Erinnerungskultur. Das gemeinschaftliche Leben bezieht sich nur auf die Zeit des Studiums, jedoch bleiben die Ehemaligen, „alten Herren" der Verbindung verbunden und verpflichtet. Das gemeinschaftliche Leben beschränkt sich auf deutlich weniger als die genannten 150 Personen. Für das Funktionieren einer derartigen sippenartigen Gemeinschaft scheint es hilfreich zu sein, dass es irgendein kulturelles, ein geistiges Band gibt. Man kann es bedauern, dass bei Studentenverbindungen ausgerechnet Biertrinken und Fechten eine prominente Stellung innehaben. Wären stattdessen nicht Musizieren oder Philosophieren denkbar?

Und warum sollen nur Studenten in den Genuss gemeinschaftlichen Wohnens kommen? Gemeinschaftliche Wohnprojekte sind keine neue Idee, doch spielen sie in westlichen Gesellschaften nur eine marginale Rolle. Im Sinne der Ideologie der Radikalen Mitte könnte die Förderung von gemeinschaftlichen Wohnprojekten ein wesentliches Moment sein, wie der westlichen Kultur wieder ein Stück Gemeinschaftlichkeit zurückgegeben werden könnte, die auf dem Weg in die Moderne verloren ging. Wir wollen dies als **Wahlsippentum** bezeichnen.

Bereits die 68er entwickelten mit der Idee der „Kommune" Konzepte für alternative Lebensformen. Der grundlegende Fehler dabei war das Ansinnen, die Familie und die intime Zweierbeziehung „überwinden" zu wollen. Die Projekte waren nicht erfolgreich. Die „Mutter" aller Kommunen in Deutschland, die Kommune 1, hatte sich nach zwei Jahren aufgelöst, in der zweiten Gründung – der „Kommune 2" – kam es zu sexuellem Missbrauch. Meist setzte sich in den Kommunen schnell wieder das Modell der Zweierbeziehung durch, so dass sich die Kommune als Gegenentwurf zur Familie letztlich nicht durchsetzen konnte.

Diese Erfahrungen lehren uns, dass der Versuch, die Familie zu ersetzen, vermessen war. Im Wahlsippentum sollte also dieser Fehler nicht wiederholt werden. Wahlsippen wären als Verbände von Familien zu verstehen, denen man durch Wahl etwa im jungen Erwachsenenalter beitreten würde. Die Gesamtzahl der Personen müsste deutlich unter der Grenze von 150 Personen liegen, da im Sinne einer freiheitlichen Gesellschaft gemeinschaftliche Beziehungen nicht auf die Wahlsippe beschränkt bleiben sollten. Eine angemessene Größe läge bei etwa 10 bis 15 Familien. Wie bei Studentenverbindungen bräuchte es für derartige Gemeinschaften ein geistiges Band. Religion bzw. Spiritualität böte sich an, eine bestimmte Lebensphilosophie oder auch nur eine intensive gemeinsame Tätigkeit wie die Beschäftigung mit Tieren oder Kunst. Ein gewisses Maß an gemeinsamen Ritualen wie gemeinsames Essen, Filmabende etc. würde den Menschen ein zeitgemäßes Äquivalent zu einer traditionellen Dorfgemeinschaft geben. Im Wohnverbund ließen sich auch Ressourcen besser nutzen: 15 Familien brauchen keine 20 Autos, sondern würden mit zehn auskommen. Auch wären keine 15 Waschmaschinen notwendig, sondern vielleicht nur drei, und eine gut ausgestattete Werkstatt wäre vielleicht auch sinnvoller anstelle eines Dutzends Werkzeugkästen und Bohrmaschinen. Gemeinsam könnte man sich auch einen gewissen Luxus leisten – wie eine Sauna oder ein Schwimmbecken. Schließlich könnte auch Kinderbetreuung oder sogar Heimunterricht in Wahlsippen organisiert werden.

Nun gibt es derartige gemeinschaftliche Wohnprojekte schon heute. Die Aufwertung der Heimarbeit durch die Corona-Krise ist sicher ein Schritt, der solchen Projekten entgegenkommt. Dadurch ist schon im familiären Kontext mehr Gemeinschaft möglich. Wenn das Modell des Wahlsippentums in der Zukunft an Bedeutung gewinnen sollte, dann stellt sich die Frage, ob hier ab einem gewissen Punkt nicht auch Unterstützung durch entsprechende Rechtsformen angebracht wäre. Wenigstens die Abschaffung der Schulpflicht wäre hier ein richtiger Schritt, denn Heimunterricht ließe sich in einer engagierten Wahlsippe leichter realisieren als in einer Kleinfamilie. Doch es muss nicht immer der Staat sein. Hier könnten sich auch Vermögen im Sinne einer Stiftung wohltuend verewigen. Denn eine Wahlsippe wäre am besten in einer eigens für sie konzipierten Wohnanlage zu beheimaten, was jedoch im Verbund von normal verdienenden Familien nicht leicht zu verwirklichen ist.

Für die Radikale Mitte geht es nicht darum, sich die Idee des Wahlsippentums in großen Lettern auf die Fahnen zu schreiben. Dieses Konzept ist *ein* Vorschlag dafür, die antigemeinschaftliche Schlagseite der Moderne ins dringend benötigte Gleichgewicht zu bringen. Es ist essenziell für die Bewältigung der gegenwärtigen **Stagnationskrise des Westens**, dass wir zwischen Gemeinschaft und Gesellschaft, Seele und Verstand, Tradition und Innovation eine Mitte finden. Diese Mitte ist verankert in einer Grundpolarität des Menschseins und damit mehr als ein Abwägen verschiedener Auswüchse des Zeitgeistes. Für die Radikale Mitte geht es darum, hierfür Bewusstsein zu schaffen, zu fördern und in unserer Gesellschaft Freiräume zu eröffnen, um in alternativen gesellschaftlichen Modellen Erfahrungen zu sammeln.

4.3 Neue Formen der Ökonomie

Die Ökonomie als Gegenstand des Intellekts ist eine der zentralen Errungenschaften des Abendlandes. Die doppelte Buchführung, das Recht der juristischen Person als Grundlage für Firmen bis hin zu Konzernen und komplexen Beteiligungskonstrukten, Banken mit bargeldlosem Zahlungsverkehr, all das war schon durch das Mittelalter auf uns gekommen. Unter der Herrschaft des **neuzeitlichen Nominalismus** wurden die spekulativen Konstruktionen immer kühner und führten zu einer Welt, in der die Märkte der irrealen Güter, der Güter also, die letztlich nur sprachlich konstruiert sind, ausgedacht, durch Vereinbarung in die Welt gesetzt, den der realen Güter um ein Vielfaches übersteigen. Schieflagen im Reich dieser Phantasmagorien sind nichtsdestoweniger folgenreich für die reale Welt. Das bewies spätestens die Weltfinanzkrise 2008.

Ein radikaler Neuanfang?

Umso erschütternder ist der ökonomische Analphabetismus breiter Teile der politischen Klasse, der politischen Diskursräume sowie der Bevölkerung. Die meisten Menschen werden sich wohl grob im politischen Spektrum verorten können – liberal, konservativ, links. Aber in ökonomischer Hinsicht? Gemessen an der immensen Bedeutung der Wirtschaft für unser aller Leben ist das allgemeine Bildungsniveau hier beschämend niedrig. Wie sollte es auch anders sein? Wir haben es mit zwei kirchenartigen Großideologien zu tun. Die ökonomischen Fakultäten der Republik werden von den monetaristisch-debitistischen Hauptschulen dominiert: Die neoklassische Chicagoer Schule à la Milton Friedman definiert bis heute das, was die Wirtschaftsfakultäten des Westens beherrscht. Bezeichnenderweise werden davon abweichende Standpunkte „Heterodoxie" genannt. Wir haben es also bei der dominierenden Lehre mit einer Orthodoxie zu tun, mit einem heiligen Offizium der

Ökonomie. Doch sie ist weder eine Sache für Großinquisitoren noch für die objektive Naturwissenschaft, sondern immer Teil der politischen Willensbildung und der gesellschaftlichen Gestaltung. Es kann gar nicht sein, dass es genau eine richtige ökonomische Doktrin gibt, denn die Zielvorstellung einer Wirtschaftsordnung ist ja nicht eindeutig definiert. Geht es um maximalen Wohlstand für alle, um maximale Steigerung des Bruttoinlandsproduktes, maximales Glück oder um maximale ökonomische Freiheit? Das ökonomische **Progressivitätskriterium** ist ebenso Gegenstand der politischen Willensbildung wie das von Linksprogressiven stets implizierte eigene Progressivitätskriterium. Beide Fraktionen tun gerne so, als sei offensichtlich, welches Zielbild die Gesellschaft anzustreben habe, doch das ist eine bewusst erzeugte Illusion. Eben genau hier liegt der Ort der politischen Willensbildung. Die ideologischen Großmächte der Gegenwart wollen uns glauben machen, hier gäbe es nichts zu diskutieren.

Wir werden die **Stagnationskrise des Westens** nicht überwinden können, wenn wir den Bann der ökonomischen Unterwerfung unter das gegenwärtigen System nicht brechen. Hierzu brauchen wir Kapitalismuskritik. Doch Kapitalismuskritik muss endlich die alten Zöpfe des Marxismus abschneiden. Diese Doktrin ist dem klassischen Kapitalismus viel zu ähnlich, als dass sie eine echte Alternative zum ökonomischen Leitparadigma der Neuzeit darstellen könnte. Karl Marx und Adam Smith waren Brüder im Geiste. Marxismus ist Kapitalismus von unten. Denn die Arbeiterklasse – genauer: die sie vertretende „Avantgarde" der Intellektuellen – fordert im Sinne des Marxismus nichts anderes als den maximalen Profit für sich. Dieser kann vernünftigerweise nicht mehr als die Gleichheit aller sein, andernfalls hieße es etwa zu fordern, dass die wenigen Kapitalisten nach der Revolution den vielen Arbeitern zu dienen hätten, eine nicht besonders sinnvolle Forderung.

Wenn nur noch wenige ehemalige Kapitalisten für den Rest arbeiten, werden vermutlich alle verhungern.

Ein real existierender, klassischer liberaler Kapitalismus läuft unweigerlich auf eine Monopolbildung privatwirtschaftlicher Konzerne hinaus – weswegen der neoliberale Kapitalismus hier Korrekturen des Staates zugunsten funktionierender Märkte zuließ. Diese Korrektur scheint in Anbetracht gegenwärtiger Monopole der Digitalkonzerne nicht mehr zu funktionieren. Der real existierende Sozialismus lief historisch hinaus auf die Monopolbildung in einem gigantischen Staatskonzern. Es macht im Ergebnis aber nicht den entscheidenden Unterschied, ob der Geldhochadel die Monopole kontrolliert oder die Bürokratenkaste einer Staatspartei – in beiden Fällen haben wir es mit einer höchst gefährlichen Machtkonzentration zu tun, die unweigerlich in Ausbeutung und Korruption endet. Heutzutage haben wir es allerdings nicht mehr mit dem einfachen Wettstreit von Bürokraten und Monopolisten zu tun, sondern mit deren Fusion bzw. Kollaboration, was wahrscheinlich noch gefährlicher ist. (Mussolini verstand den Faschismus als eine „vollkommene" Verschmelzung von Macht, Regierung und Konzernen. Hier gilt es zielgerichtet die faschistoiden Tendenzen der Gegenwart zu kritisieren, die selten als solche erkannt werden, da hergebrachte Faschismusbegriffe zu eng an die historischen Beispiele zu beginn des 20. Jahrhunderts orientiert sind. Der Faschismusbegriff der Radikalen Mitte ist hierfür ein Werkzeug.) Die **Selbstpotenzierung der Eliten** hat in der Gegenwart schwindelerregende Ausmaße erreicht und vollzieht sich hauptsächlich ökonomisch. Die Stabilität des Systems, der Weltwirtschaft, ist nachhaltig bedroht.

Es ist gut möglich, dass sich die gegenwärtige ökonomische Krise – die ökonomische Seite der **Stagnationskrise des Westens** – nur durch eine radikale Neuverteilung der Vermögen lösen lässt. Ein Blick in die Geschichte zeigt, dass jede echte Revolution – 1789, 1917, 1989 – genau dies beinhaltete.

Und schon die Bibel sah alle 50 Jahre ein Jubiläum vor, ein Zurücksetzen aller Vermögenswerte, vermutlich um Krisen der Überakkumulation wie die gegenwärtige zu vermeiden. Es wären schon übermenschliche Reformanstrengungen des Westens nötig, um einen unkontrollierten Systemumschwung zu vermeiden. Keinesfalls aber sollten wir uns durch elitistische Scheinlösungen blenden lassen. Ziel sind die Vermögen des Geldhochadels, der Kirchen, der Staatsparteien – alles andere wäre Augenwischerei und würde wahrscheinlich die bestehenden Machtverhältnisse nur zementieren.

Vor allem muss auch das Stiftungswesen grundsätzlich in Frage gestellt werden. Warum sollten wir uns überhaupt von Toten auf der Nase herumtanzen lassen? Die vom Diamantenmagnaten und Erzrassisten Cecil Rhodes vor über 100 Jahren verfügte Rhodes-Stiftung besteht noch heute. Sie dient der Selbstreproduktion der Eliten und förderte etwa Bill Clinton durch ein Stipendium in Oxford. Derartige Institutionen gibt es zuhauf. Sie engen die Möglichkeit unserer Gesellschaft, die Zukunft nach den Erfordernissen der Gegenwart zu gestalten, erheblich ein. Sie widersprechen der Grundidee der Demokratie ebenso wie der Idee einer Leistungsgesellschaft.

4.3.1 Neue Konzepte

Selbst wenn es durch ein Wunder zu einer geordneten Vermögensneuverteilung, einem weltweiten Jubiläum käme, hätten wir damit zunächst nicht viel mehr als Krisensymptome eines dysfunktionalen Systems beseitigt. Wir haben noch kein besseres System. Der Entwurf eines solchen gestaltet sich nach dem Ideal der Radikalen Mitte auch schwierig. Denn Sozialismus und Kapitalismus sind ja zwei wirtschaftspolitische Doktrinen, die dem Liberalismus und Linksprogressivismus zuzuordnen sind. Die Position des Konservativismus aber – das hatten wir bereits herausgearbeitet – ist unterentwickelt, so dass ein Abwägen zwischen den beiden großen Systemantagonisten des späten 20. Jahrhunderts an sich schon einseitig und unvollständig wäre. Das ist die traurige Ausgangslage für einen ökonomischen Systemdiskurs und zeigt einmal mehr, dass die Übermacht des Ökonomischen in der gesellschaftlichen Praxis im krassen Widerspruch zu unserer bescheidenen Fähigkeit steht, hier eine grundsätzliche Diskussion zu führen.

Daraus folgt, dass wir uns bescheiden müssen. Allzu globale Systementwürfe sind unrealistisch. Was vom Standpunkt der Radikalen Mitte aber eingefordert werden kann, sind gesellschaftliche Zustände, die es uns ermöglichen, Alternativen zur bestehenden Ordnung auszuprobieren. Was die Radikale Mitte selbst leisten muss, ist eine kritische Revision bestehender Konzepte, die den Diskurs prägen. Beides soll im Folgenden angedeutet werden.

Märkte

Radikale Linksprogressive kritisieren nicht selten Markt und Wettbewerb grundsätzlich und argumentieren damit für Formen des Sozialismus, in denen der Staat die Kontrolle über zentrale Bereiche der Wirtschaft übernimmt. Damit werden automatisch Monopole geschaffen und Marktmechanismen außer Kraft gesetzt. Dies könnte nur unter den Randbedingungen funktionieren, dass wir tatsächlich eine weitgehend vollständige Kenntnis der ökonomischen Tatbestände sowie ein an Perfektion grenzendes Verständnis von den entsprechenden Wirkzusammenhänge verfügen. Hier gilt es, wahrhaftig zu sein: So etwas ist bis auf weiteres nicht möglich. Allein, weil wir hierzu wissen müssen, wie Menschen künftig auf den Markt gebrachte Produkte annehmen und welche materiellen Wünsche sie in der Zukunft entwickeln werden. Nur dann ließen sich Marktmechanismen von Angebot und Nachfrage durch zentralistische Planung ersetzen. Am Prinzip von Versuch und Irrtum – denn nichts anderes verwirklichen Märkte – muss also festgehalten werden.

So wichtig marktwirtschaftliche Prinzipien sind, so sei doch darauf verwiesen, dass die Vergrößerung von Märkten auch einen Grenznutzen hat und die Gleichung „je größer die Märkte, desto besser" nicht universell gilt. Wenn es nur einen Anbieter von Kleinwagen gibt, dann stagniert der Markt. Der in der DDR ein de facto Monopol auf Kleinwagen innehabende Trabant befand sich auch noch in den 80er Jahren technisch auf dem Stand der 50er. Ein weiterer Hersteller mit einem Modell, das in Verfügbarkeit und Qualität konkurrenzfähig gewesen wäre, hätte den Markt ungemein belebt, vorausgesetzt ein solcher wäre marktwirtschaftlich verfasst gewesen. In einem Markt aber, in dem 50 verschiedene Kleinwagenmodelle zur Auswahl stehen, wird durch das 51ste Modell der Markt nur noch unwesentlich bereichert. Mitunter noch nicht einmal das. Wenn für den Kunden der Markt unübersichtlich wird, dann entscheidet häufig nicht mehr die beste Produktqualität, sondern das beste Marketing, was den Kundennutzen durchaus vermindern kann. Simple Denkschablonen nach dem Motto „je mehr Markt, desto besser" oder „Wettbewerb schadet der Solidarität" sind Fälle von **unipolarem Denken** und von daher aus Sicht der Radikalen Mitte grundsätzlich problematisch.

Wachstum

In kapitalismuskritischen Kreisen wird gerne der kapitalistische Wachstumszwang kritisiert. Argumentiert wird, in einer endlichen Welt könne es kein unendliches Wachstum geben. Diese Kritik ist berechtigt, wenngleich in ihrer Pauschalität falsch. Unterschieden werden müssen verschiedene Arten des Wachstums. Denn ein gewisses Wachstum scheint bis auf Weiteres tatsächlich unbegrenzt möglich zu sein. Und das ist das Wachstum an technischen Fähigkeiten, bedingt durch die Innovationskraft der Menschen. Dieses Wachstum vollzieht sich, seit der Mensch über den Erdengrund streift. Mit zunehmender Bevölkerungsdichte scheint sich dieses Wachstum zu beschleunigen. Es ist verbunden mit den Fähigkeiten, vorhandene Ressourcen effizienter zu nutzen.

Hiervon zu unterscheiden ist ein Wachstum, welches durch fortwährende Reinvestitionen von Unternehmens- und Zinsgewinnen in die Kapitalmärkte entsteht. Hierbei bildet sich zunächst ein System, dem ein exponentielles Wachstumsgesetz zugrunde liegt. Es gibt aber keinerlei Garantie dafür, dass ein solches Wachstum unter allen Randbedingungen möglich ist. Wachstum muss auch mal Pause machen können. Selbst wenn eine neue Technologie für Jahrzehnte in der Lage ist, ein exponentielles Wachstum zu ermöglichen, wird gewiss der Zeitpunkt kommen, an dem sich das innovative Potential dieser Technik erschöpft. Der Mechanismus von Reinvestition und Renditeerwartung ist hierfür jedoch blind. Ein solch blindes Wachstum aber gleicht dem Wuchern eines Krebsgeschwürs. Es ist destruktiv und stellt ein schwerwiegendes Defizit unserer gegenwärtigen Wirtschaftsordnung dar. Im Kapitalismus gibt es für die Situation, in der Unternehmen stagnieren oder schrumpfen müssten, keine guten Mechanismen. Die Schulden der Vergangenheit holen die Gegenwart unerbittlich ein und vergrößern die Gefahr von Unternehmenspleiten und Rezessionen. Wenn sich global das Potential für exponentielles Wachstum zu erschöpfen beginnt, steigt das Risiko für Börsencrashs und Finanzkrisen.

Wenn es zu Zins- und Renditeerwartung ein gleich starkes Gegenprinzip gäbe, das mit Macht das Kapital aus den Finanzmärkten wieder in die Realwirtschaft treiben würde, so dass ein stabiles Gleichgewicht oder leichte Oszillation möglich wäre, hätten wir ein System, das dauerhaft stabil sein könnte. Ein solches Gegenprinzip gibt es aktuell nicht. Eine brachiale Vermögens- oder Gewinnbesteuerung nach dem Geschmack der politischen Linken war bislang noch nirgends erfolgreich durchsetzbar. Sie stellt auch einen Gewaltmechanismus dar, welcher zwei Gefahren birgt. Zum einen wird hierdurch der Staat in einer Weise ermächtigt, die wiederum das Problem einer destruktiven **Selbstpotenzierung der Eliten** nur verschiebt und nicht löst. Zweitens handelt es sich letztlich um eine Korrektur nach dem Vorbild des labilen Gleichgewichts: Zwei starke Kräfte zerren am System, und immer dann, wenn eine Kraft leicht überwiegt, gerät das System über kurz oder lang doch wieder in eine katastrophale Situation.

Demokratischer Sozialismus

Besser wäre es, durch eine stärkere Verteilung und Regionalisierung von Vermögenswerten dafür zu sorgen, dass stark akkumulative Kräfte sich nicht beliebig selbst potenzieren können. Dies müsste eigentlich wohl klingen in den Ohren von Linksprogressiven, denn es erinnert an das, was als „demokratischer Sozialismus" diskutiert wird. Bevor hier von liberaler Seite vorschnell der Stab gebrochen wird, sei daran erinnert, dass alle bisherigen Experimente für einen demokratischen Sozialismus – die Pariser Kommune 1871, der Prager Frühling 1968 sowie Salvador Allende in Chile 1970-73 – mit militärischen Mitteln beendet wurden. Sie hatten also nicht die Chance, sich in Freiheit zu bewähren. Die genannten Experimente folgten jedoch immer noch dem Modell des Staatssozialismus, d.h. die Produktionsmittel waren wesentlich in Besitz des Nationalstaates. Als erfolgsversprechender können Modelle angesehen werden, die Marktmechanismen nicht zu sehr einschränken. China demonstriert hier eindrücklich, dass sich Markt und staatliche Beteiligung an Unternehmen durchaus verbinden lassen. Gewisse Prinzipien können hierbei sinnvoll sein: Unternehmensbeteiligungen dürfen durch Staaten nicht in einer Weise gehalten werden, dass Monopole entstehen. Insbesondere sollten nur niederrangige Gebietskörperschaften (in Deutschland: Gemeinden, Kreise, Länder) Unternehmensbeteiligungen besitzen. Diese wären optimal durch Treuhänder zu verwalten, welche erfolgsorientiert entlohnt werden, wobei „Erfolg" hier durchaus Gegenstand politischer Richtungsentscheidungen sein kann. Staatliche Unternehmensbeteiligungen sollten sich nach Möglichkeit auf Minderheitsbeteiligungen beschränken.

Neben niederrangigen Gebietskörperschaften wären beispielsweise auch die Rentenkassen Kandidaten zur kollektiven Verwaltung von Produktionsmitteln. So würde aus einem umlagebasierten ein rücklagenbasiertes Rentensystem. Ergänzt um bereichsdemokratische Elemente könnte ein derartiger „Rentensozialismus" marktwirtschaftliche Elemente beinhalten. Alle Anlagen, die über die Garantie einer minimalen Sockelrente hinausgehen, können auf Wunsch individuellen beziehungsweise berufsständischen Investitionsentscheidungen unterworfen werden. Ärzte würden dann vielleicht eher in Medizintechnik investieren, Ingenieure eher in Maschinenbauunternehmen. Vor dem Hintergrund, dass die Investitionsentscheidungen der Altersversorgung dienen sollten, wäre damit zugleich ein starker gesellschaftlicher Einfluss auf die Wirtschaft verankert, eine langfristig nachhaltige Wertentwicklung bei Investitionsentscheidungen zu bevorzugen. Ein gleitender Übergang in ein derartiges System könnte durch einen gewissen Anteil bei der Unternehmensbesteuerung geschehen, welcher in Unternehmensanteilen und nicht in Geld zu leisten ist.

Ist in „demokratischem Sozialismus" also die Lösung zu sehen, um eine destruktive **Selbstpotenzierung des Geldhochadels** zu unterbinden? Aus der Perspektive der Radikalen Mitte lautet die Antwort weder eindeutig „Ja" oder eindeutig „Nein". Grundlegende Systementscheidungen können nicht vom Schreibtisch aus getroffen werden. Entscheidend ist wie gesagt, gesellschaftlich in einen Zustand zu kommen, der es ermöglicht, Alternativen auszuprobieren. Eine Voraussetzung hierfür ist, Macht wieder stärker nach unten zu verteilen: von der EU zu den Nationalstaaten, von den Nationalstaaten zu den Ländern, von diesen zu den Gemeinden. Unabhängig davon, ob Berlins Entscheidung für einen Mietdeckel im Jahre 2020 sinnvoll gewesen wäre oder nicht – in einem höheren Sinne ist die Annullierung dieses Gesetzes durch das Bundesverfassungsgericht 2021 ein Schaden für den gesellschaftlichen Fortschritt. Denn so werden wir bis auf weiteres nicht herausfinden, was die Folgen einer derartigen Maßnahme wären. Wir werden also durch zentralstaatlichen Dirigismus dazu gezwungen, dumm zu bleiben.

Gleichwohl – neben demokratischem Sozialismus gibt es selbstredend schon heute Unternehmensformen, welche mit einer relativ egalitären Verteilung von Vermögenswerten einhergehen. Genannt seien hier Genossenschaften, Schwarmfinanzierung (Crowdfunding) oder Mitarbeiterbeteiligung an Gewinnen oder Unternehmensanteilen. Ohne sozialistische Elemente einzuführen könnten Unternehmensformen steuerlich begünstigt werden, welche hier zu einer egalitären Vermögensverteilung beitragen oder gar demokratische Elemente in die Unternehmensverfassung mit einführen. Vielleicht erleben wir auch ganz ohne staatlichen Dirigismus einen Kulturwandel derart, dass in wenigen Jahrzehnten Mitarbeiterbeteiligungen zum Standard der ökonomischen Kultur werden, so wie schon heute Gewinnbeteiligungen in Form von Prämien durchaus verbreitet sind.

Wir haben bislang nur über die Eigentumsverhältnisse der Unternehmen gesprochen. Hier und darüber hinaus ist der Möglichkeitsraum für heterodoxe Formen der Ökonomie gigantisch – Gemeinwohlökonomie, Freiwirtschaft, Vollgeld, Finanztransaktionssteuer, Grunderbe, Währungspluralismus. Ein mögliches Ergebnis einer Phase der ökonomischen Experimente zur Überwindung der derzeitigen **Stagnationskrise** im Felde der ökonomischen Doktrin könnte darin bestehen, dass es gar nicht die *eine* Lösung gibt, sondern dass entsprechend der Diversität der Menschheitskulturen auch eine Diversität der ökonomischen Kulturen möglich und sinnvoll ist.

4.3.2 Am Grunde angelangt

Die ökonomische und die philosophische Verfasstheit des Westens und der Welt sind tief miteinander verwoben. Der Westen hat sich verheddert in der unendlichen Sphäre sprachlicher Erfindungen nominalistischer Art. Der Kühnheit der sprachlichen Erfindung paart sich mit der erschütternden Erkenntnis, dass ja doch „alles" nur „Sprache ist", also letztlich willkürlicher Übereinkunft entsprungen. Wenn früher oder später jedes Werkzeug zur Dekonstruktion selbst wieder der Dekonstruktion anheimfällt, bleibt uns nur noch eine Tabula Rasa, ein Trümmerfeld. Was den Geist schwächt, dient in der Sphäre des Handels dazu, sich von den realen Gütern durch immer neue Erfindungen zu entheben. In der Hand der Großen sind wir überwuchert durch ein globales Netz des digitalen Verrechnungsaustausches. Einsen und Nullen entscheiden darüber, ob ganze Volkswirtschaften in Arbeitslosigkeit und Armut versinken. Die Herren über die Konten sind zu Göttern geworden, die ihren Daumen schwenken über die Bonität von Menschen, Unternehmen und Ländern. Vornehmlich über das Mittel des Geldes sehen wir in der Welt gigantische Machtkonglomerate. Die Selbstpotenzierung der Eliten war wohl niemals gewaltiger als heute.

Die Neuzeit begann in der Renaissance unter dem mäzenatischen Schirm von Bankiers und Kaufleuten. Dass wir am Ende dieser Epoche die unheilige Ehe von Kultur und Kommerz in schriller Monstrosität vor uns sehen, darf nicht wundern. So, wie es begann, so geht es zu Ende. Selbstredend geht es auf einer technischen Ebene darum, das derzeitige globale System des Fiat-Geldes, dem Verbunds von Zentral- und Geschäftsbanken, der gigantischen Vermögensakkumulationen zu überwinden. Einem Unternehmer sei aller Erfolg zugestanden, doch in dem Augenblick, wo aus Kapital ein politisches Machtmittel wird, wird es aus Sicht der Demokratie gefährlich. Was bringt es, das Klassenwahlrecht abzuschaffen, wenn die großen Medienhäuser in der Hand von Oligarchen sind? Was nutzt freie Meinungsäußerung, wenn Stiftungen Milliarden dafür ausgeben, die öffentliche Meinung zu verbiegen, und Medienhäuser ohne Werbeeinnahmen der „Global Player" nicht überleben können? Spätestens wenn die Kontrolle über große Vermögen über Generationen vererbt wird, herrschen de facto wieder feudale Verhältnisse und das Leistungsprinzip wird verspottet. Was wir Demokratie nennen, ist nur eine Generalprobe, was wir Meinungsfreiheit nennen, ein schwacher Abglanz. Die Aufklärung trägt gerade einmal so weit, uns ahnen zu lassen, was notwendig wäre. Wir stehen noch ganz am Anfang.

Es wird sich alles überleben. Die stolzen Institutionen müssen und werden wie Sand im Wind verstreut werden. Ihre Namen nur noch Experten einer schwachen Erinnerung wert. Bertelsmann-Stiftung, Vanguard, Weltbank, Vatikan, Microsoft, FED, Kommunistische Partei Chinas, EU, Apple, Bill & Melinda Gates Foundation, Bloomberg Philanthropies, IWF, The Children's Investment Fund Foundation, CIA, Gordon and Betty Moore Foundation, Open Society Foundation, BIZ, Rockefeller Foundation, Susan Thompson Buffett Foundation, Meta, Fidelity, Carlos Slim Foundation, Alpha, Black Rock, EZB, Charles and Lynn Schustermann Family Foundation, NSA…

Ausklang

Als Vertreter der Radikalen Mitte haben wir das Bewusstsein, für die drängenden Fragen der Gegenwart neue Antworten zu geben. Wir wenden uns gegen Fanatismus, gegen unipolares oder eindimensionales Denken und gegen politischen Gnostizismus. Wir gehen davon aus, dass die drei großen Schulen des politischen Denkens – Liberalismus, Linksprogressivismus und Konservativismus – nicht an sich wahr oder falsch sind. Vielmehr sind sie zu verstehen als unterschiedliche Perspektiven auf Politik und Gesellschaft, denen verschiedene Lösungsstrategien zu entnehmen sind. Diese sind für jeden Einzelfall unabhängig zu bewerten. Der Vulgärsozialismus als kulturell dominierende Ideologie und der Kapitalismus als ökonomisch dominierende Doktrin müssen überwunden werden. Fanatische Formen der Moderne bezeichnen wir als Modernizismus und lehnen sie ab. Denn die Verstandeslastigkeit der Moderne muss ergänzt werden durch eine neuerliche Zuwendung zu den seelischen Aspekten des Menschseins. Wir bekennen uns dabei zu Marktwirtschaft, Demokratie und einer pluralen gesellschaftlichen Ordnung. Die Stagnationskrise des Westens muss durch den Übergang von einem kristallinen in einen fluiden gesellschaftlichen Zustand überwunden werden. Dies ist ein Zustand, in dem neue Lösungsansätze in Bereichen wie Bildung, Wirtschaft oder Parlamentarismus erprobt werden können. Damit dies möglich ist, muss den Zentralisierungstendenzen der letzten Jahrzehnte durch eine neue Dezentralisierung begegnet werden. Denn wir propagieren keinen globalen Plan, sondern setzen uns für regionale Experimente ein, um neues Terrain für gesellschaftliche Lösungen zu erkunden.

So, wie die Radikale Mitte Fanatismus ablehnt, wendet sie sich gegen Relativismus. Hierzu verfügt die Radikale Mitte über die

Konzepte der vier Ebenen der Betrachtung, die drei Stufen der Sittlichkeit, die drei Aspekte des guten Lebens und die vier Grundpolaritäten des Menschseins. Die Radikale Mitte hat einen klaren Begriff davon, was für den Menschen und damit auch für die Gesellschaft erstrebenswert ist: ein gutes Leben in leiblicher, geistiger und seelischer Hinsicht: Wohlergehen, Sinn und Glück. Diese Ansätze sind durch eine Philosophie der Mitte weiterzuentwickeln. Eine solche Philosophie strebt für das Abendland etwas Ähnliches an wie es die Stoa für die Antike oder der Konfuzianismus für die chinesische Kaiserzeit war. Dies läuft auf eine neue Ernsthaftigkeit hinaus, welche danach strebt, der westlichen Kultur grundlegend neue Impulse zu geben. Die Wirren der Gegenwart drohen uns von den großen Aufgaben abzulenken, welche die Zeit uns stellt. Wir sollten uns nicht überwinden lassen von Propaganda, Spektakel, Konsumismus, Karrierismus, Gutmenschentum und sinnlosen Gewohnheiten. Eine Philosophie der Mitte kümmert sich auch um das individuelle Leben und nicht nur um die gesellschaftlichen Zustände, denn beide Sphären durchdringen sich auf vielfältige Weise.

Wir befinden uns in einer geistesgeschichtlichen Umbruchszeit. Gegenwärtig erleben wir das Ende der Neuzeit. Um hier destruktive Krisen zu vermeiden, müssen wir die kulturelle Kreativität darauf richten, diesen Übergang intellektuell zu fassen und kulturell zu gestalten. Die Radikale Mitte braucht eine breite Kulturoffensive. Unter anderem setzen wir uns kritisch mit den Erzideologien der Neuzeit auseinander: Nominalismus, Voluntarismus und Relativismus. Wir werden aber auch im eigenen Leben aktiv und versuchen, der großen Verantwortung, welche das Licht der Erkenntnis uns erblicken lässt, gerecht zu werden.

Lasst uns auf Menschen zugehen und nach Gleichgesinnten suchen! Lasst uns den Geist einer neuen Zeit zum Leben erwecken, im Kleinen wie im Großen! Lasst uns endlich beginnen!

Verzeichnis wichtiger Begriffe

Autarkismus ist eine politische Doktrin, die der Selbständigkeit politischer Entitäten einen hohen Stellenwert einräumt. Historisch war die Autarkie ein wesentliches Leitideal der griechischen Polis. In der Gegenwart wird der Autarkismus in Form des Nationalismus vor allem von rechten Parteien vertreten, im Sinne der Autarkie des Individuums auch durch den Libertarismus.

Drei Aspekte des guten Lebens sind Wohlbefinden, Glück und Sinn. Sie entsprechen der anthropologischen Dreigliederung nach Leib, Seele und Geist.

Drei Stufen der Sittlichkeit sind konstruktives Verhalten, neutrales oder hedonistisches Verhalten und destruktives Verhalten. In der **Altruismusbilanz** werden in komplexen gesellschaftlichen Zusammenhängen bestimmte Maßnahmen oder Strukturen danach untersucht, in welchem Verhältnis konstruktives und destruktives Verhalten dabei stehen.

Duales Denken ist ein Denken, das mit komplementären Begriffspaaren operiert. Es ist für die Radikale Mitte von großer Bedeutung, weil duales Denken insbesondere in Verbindung mit der Methode der ausgewogenen Mitte dabei hilft, ausgewogene Standpunkte zu erschließen, wenn man die Gegensätze als Pole begreift.

Elitismus ist eine Doktrin, welche die Interessen der ökonomischen Eliten und der politischen Klasse als gleichbedeutend mit dem Allgemeinwohl darstellt. Der Elitismus ist in westlichen Demokratien seit Ende des 20. Jahrhunderts ein dominierendes Element der Politik und trägt erheblich dazu bei, die Bevölkerung von der politischen Klasse zu entfremden. Ein Beispiel für die Wirksamkeit des Elitismus ist die Einführung des Euros. Obwohl diese in der Bevölkerung höchst kontrovers diskutiert wurde, spiegelte sich dies in keiner Weise in den Parlamenten wider.

Die **Erzideologien der Neuzeit** sind **Nominalismus**, **Voluntarismus** und **Relativismus**.

Fanatismus bezeichnet Denkformen auf der normativen Ebene, die einem Leitwert eine so dominante Stellung einräumen, dass andere Werte dadurch beschädigt werden. Fanatismus läuft Gefahr, in die **Fanatismusfalle** zu tappen, was dann gegeben ist, wenn ein politisches Programm mit bestimmten Normen und daraus abgeleiteten Versprechen verbunden ist, sich die Versprechen aber nicht hinreichend genug erfüllen und daraus die Schlussfolgerung gezogen wird, dass die Normen noch nicht konsequent genug umgesetzt wurden, so dass eine in sich abgeschlossene und sich selbst verstärkende argumentative Selbstrückkopplung entsteht.

Faschismus bezeichnet politische Ideologien und Bewegungen, die im Kontext einer vergleichsweise freiheitlichen und republikanischen Ordnung darauf abzielen, diese Ordnung auf legislativer Ebene anzugreifen und letztendlich zu zerstören, dabei aber den Schein der Legalität wahren. Typischerweise geschieht dies durch Propaganda mit dem Verweis auf ein irgendwie geartetes Ganzes und der Proklamierung eines tatsächlichen oder vermeintlichen **Notstandes**. Insoweit die freiheitliche und republikanische Ordnung auf legislativem oder nicht-legislativem Wege nur beschädigt werden soll, aber prinzipiell intakt bleibt, kann man von faschistoiden Ideologien und Bewegungen sprechen. Anders als etwa der revolutionäre Kommunismus zielt der Faschismus dabei nicht auf eine offensichtliche Zerstörung der bestehenden Ordnung, sondern interpretiert die bestehende Ordnung als Bestandteil eines höheren Ganzen. Die Zerstörung des Liberalismus geschieht dann durch als notwendig propagierte Eingriffe in die Freiheitsrechte zur Rettung oder Wiederherstellung der Ordnung des Ganzen. Die idealtypischen Beispiele für Faschismus sind: die Ideologie, die die Römische Republik in das Römische Kaiserreich überführte, der italienische Faschismus und der deutsche Nationalsozialismus. Das höhere Ganze ist beim Faschismus austauschbar. Historisch waren es vor allem der Staat (Rom) oder die Nation. Denkbar sind aber auch die Umwelt, die Gesundheit, die Sicherheit, die Freiheit von nationalistischem Faschismus (im Sinne der Antifa), die ökonomische Prosperität etc. Die faschistische Machtergreifung ist ein eigener Typus eines politischen Umbruchs in Abgrenzung zu einem Militärputsch – der typischerweise weitgehend ideologiefrei ist – und einer Revolution. Der Faschismus ist ein Feindbild der Radikalen Mitte, die sich zu Fundamenten einer freiheitlichen und demokratischen Gesellschaftsordnung bekennt.

Gemeinschaft ist eine Form der sozialen Organisation, die vor allem dem seelenhaften Anteil der Psyche entspricht. Sie beruht auf dem Prinzip der Einschließlichkeit, nach dem bis auf ausgesprochene Tabus prinzipiell alle Aspekte des Menschen in die soziale Interaktion miteinbezogen sind. Gemeinschaft konstituiert sich implizit durch gemeinschaftsstiftende Erzählungen (z.B. religiöse oder nationale Mythen, gemeinsame Erlebnisse).

Gesellschaft ist eine Form der sozialen Organisation, die vor allem dem verstandeshaften Anteil der Psyche entspricht. Sie beruht auf dem Prinzip der Ausschließlichkeit, nach dem nur die durch ausdrückliche Normen definierten Aspekte der beteiligten Personen in die soziale Interaktion einbezogen sind. In der Moderne sind gesellschaftliche Subsysteme wie das Gesundheitssystem oder das Rechtssystem gemeinhin gesellschaftlich organisiert. „Gesellschaftlich" meint im allgemeinen nicht „Gesellschaft" im hier gemeinten Sinne „betreffend", sondern generell „die soziale Organisation betreffend".

Gleichheits-Gnostizismus ist eine vereinfachende Argumentationsfigur linksprogressiver Diskurse in Zusammenhang mit Gleichheitsforderungen und ein Fall von **politischem Gnostizismus**. Dabei wird weder das Gleichheitsmaß gerechtfertigt noch mehrdimensionale Betrachtungen angestellt, sondern pauschal die „größtmögliche Gleichheit Aller" gefordert.

Ideologie im politischen Sinne ist eine auf Kernaussagen kondensierte politische Philosophie als Maxime der praktischen Vernunft.

Kapitalismus ist die spezifisch neuzeitliche Form der **Marktwirtschaft**. Das nominalistisch geprägte Wertverständnis führt auf eine Wirtschaftsordnung, welche dominiert ist durch Finanzmärkte, die durch immer neue begriffliche Konstruktionen scheinbar unbegrenzt aufgebläht werden können. Der Kapitalismus ist gekennzeichnet durch (1) die Existenz einer global einheitliche Sphäre des Investierens und Verdienens; (2) das Zurückdrängen regionaler Wirtschaftskreisläufe; damit einhergehend (3) eine immer stärkere Monopolisierung. Die Radikale Mitte kritisiert den Kapitalismus, ohne die marktwirtschaftliche Basis grundsätzlich in Frage zu stellen.

Konservativismus ist die politische Philosophie, welche der praktischen Vernunft den Vorrang einräumt. In diesem Sinne ist es dem Konservativismus inhärent, dass er über eine schwache Theorieentwicklung verfügt, bzw. von einer impliziten und auf Erfahrung basierenden Theorie Gebrauch macht, dem historischen Vergleich. Ökonomisch ist der Konservativismus im Westen unterentwickelt, da er viele Anleihen beim Liberalismus nimmt und zum konservativen Denken kohärente Ansätze wie die Historische Schule der Nationalökonomie vernachlässigt. Die zwei Hauptlager im Konservativismus sind das idealistische und das pragmatische. Das erste stützt sich erheblich auf Religion oder eine romantische Geisteshaltung, das zweite auf historisches, gesellschaftliches oder wissenschaftliches Tatsachenwissen.

Konzernmedien sind Medien, welche als Teile von Medienkonglomaraten operieren. Die Medienschaffenden sind eingebunden in konzernartige Strukturen privatwirtschaftlicher oder staatlicher Natur. Die Berichterstattung erfolgt in der Regel eingefasst durch formelle oder informelle Richtungsvorgaben („Blattlinien"). Regierungen und andere global operierende Organisationen legitimieren die eigenen Entscheidungen gemeinhin mit den Narrativen, welche von den Konzernmedien popularisiert werden.

Liberalismus ist die politische Philosophie, welche der Urteilskraft den Vorrang einräumt. Dem westlichen Selbstverständnis nach ist er die verbindlichste der drei großen Schulen der politischen Philosophie.

Linksprogressivismus ist die politische Philosophie, welche der theoretischen Vernunft den Vorrang einräumt. Aus diesem Grunde findet sich in diesem Lager die breiteste Theorieentwicklung. In der späten Neuzeit ist der Linksprogressivismus dominiert von sozialistischen Ideen, insbesondere unter dem Einfluss von Karl Marx. Eine Bedingung der Möglichkeit von Theorieentwicklung besteht darin, allgemeingültig über Vielheiten sprechen zu können, was gewisse Gleichheitsprinzipien voraussetzt. Im spätneuzeitlichen Linksprogressivismus kommt dementsprechend der Gleichheit als Leitwert eine zentrale Rolle zu, was einerseits kohärent ist, andererseits aber auch kritisiert werden kann, da anderweitige Universalien womöglich unberücksichtigt bleiben.

Marktwirtschaft kennzeichnet die für die Geldwirtschaft charakteristischen Universalien eines freien ökonomischen Geschehens, die epochen- und kulturübergreifend gültig sind.

Modernizismus ist eine fanatische Variante der Moderne, in welcher ihre Leitwerte absolut gesetzt und komplementäre Werte marginalisiert oder banalisiert werden. Der Modernizismus tritt in unterschiedlichen Formen in unterschiedlichen politischen Lagern auf. Philosophisch sind sie als radikale Varianten der Erzideologien der Neuzeit zu verstehen.

Die **Methode der ausgewogenen Mitte** ist eine Weise zu einem Urteil über einen Sachverhalt zu finden. Nach dieser Methode werden als erstes zwei Extrempositionen formuliert, die in der Regel einander ausschließen. Einer angemessenen Position nähert man sich dadurch an, dass in einem ersten Schritt das Recht und Unrecht der beiden Extrempositionen benannt werden. Schließlich wird versucht durch Abwägen der beiden Positionen sich einem ausgewogenen und annehmbaren Standpunkt anzunähern. Dieser Standpunkt ist allerdings nicht zwangsläufig in der Mitte.

Nominalismus ist eine der drei Erzideologien der Neuzeit, nach denen Begriffe lediglich Vereinbarungen unter Menschen sind. Der Nominalismus ist prägend für den Geist der Neuzeit gewesen und essentiell für viele kulturelle Errungenschaften dieser Epoche. Er legt die Sichtweise nahe, dass es nichts wesenhaft Geistiges gibt. In weiterer Konsequenz bezieht sich diese Enteigentlichung des Geistigen auch auf Theorien, was zum Dekonstruktivismus führt. Unter dem Regime eines radikalen Nominalismus wird der Begriff einer allgemeinen Vernunft wird zunehmend obskur und ersetzt durch eine Pluralität an Sprachen, die nur bedingt übersetzbar sind. Der Kapitalismus ist die ökonomische Praxis des Nominalismus.

Philosophie im politischen Sinne ist eine Wissenschaft, welche auf philosophische Analyse politischer Verhältnisse und deren Letztbegründung zielt.

Philosophie der Mitte ist eine Forderung der Radikalen Mitte als philosophische Fundierung der eigenen Ideologie und als neuer Impuls in der geistesgeschichtlichen Gegenwart des Westens. So, wie es in der Antike die Stoa und im alten China den Konfuzianismus gab, so fehlt im Westen eine hinreichend allgemein verständliche und konsensfähige Philosophie, welche sich individueller und gesellschaftlicher Fragestellungen gleichermaßen annimmt.

Populismus wird mehrheitlich als Kampfbegriff gegen politische Positionen verwendet, welche populär und gewissen Eliten nicht genehm sind. Ein seriöses Verständnis dieses Begriffes besteht darin, politische Programme als populistisch zu kritisieren, wenn sie absehbar fiskalisch scheitern werden. Die Radikale Mitte spricht dann von **ökonomischem** oder **eigentlichem Populismus**.

Progressivitätskriterium ist ein meist nicht ausgesprochener Maßstab dafür, was als „fortschrittlich" anzusehen ist. Sowohl liberale als auch linksprogressive Diskurse setzen in der Regel bestimmte Progressivitätskriterien voraus. Immer aber wenn „Fortschritt" diskutiert wird, ist zu hinterfragen, was denn hierbei das entsprechende Progressivitätskriterium ist. Im Sinne der Radikalen Mitte sollte ein solches nicht unausgesprochen vorausgesetzt werden, sondern ist Gegenstand des politischen Meinungsbildungsprozesses in einem demokratisch verfassten Gemeinwesen.

Das **Prinzip der historischen Zweischneidigkeit** ist ein wesentliches Prinzip im Geschichtsverständnis der Radikalen Mitte. Sein Kernsatz lautet: Alles historisch Gewordene hat ein Recht, wodurch es entsteht, und eine Schuld, an der es zugrunde geht. „Historisch Gewordenes" ist hierbei nicht abstrakt zu verstehen, sondern in Form von gesellschaftlich konkreten Erscheinungsformen. Dialektisch ist dieses Prinzip insoweit, als das notwendigerweise eintretende Schuldigwerden gesellschaftlicher Phänomene immer auch das Recht der Gegenbewegung darstellt. Dieses Prinzip bedeutet nicht, dass alle historischen Phänomene gleich berechtigt und gleich schuldig sind.

Relativismus ist eine Erzideologie der Neuzeit, welche spätestens seit Kant der Kritik höchsten Stellenwert einräumt, auch um den Preis intellektuelle Ordnungsrahmen, welche auf

Gesellschaft und Kultur stabilisierend wirken, zu zerstören. Dem Relativismus steht das humanistische Bestreben entgegen, den Menschen mit philosophischen Mitteln geistige und moralische Orientierung in einer weltanschaulich pluralen Gegenwart zu geben. Die Radikalen Mitte vertritt in diesem Sinne eine neue Positivität und fordert eine konstruktive Philosophie der Mitte.

Seele meint in Unterscheidung von der traditionellen Geistseele jene Aspekte der Psyche, welche auf Intuition, Emotion und implizitem Denken beruhen. Seelische Aspekte der Kultur wurden im Zuge der Moderne zurückgedrängt und werden durch den **Modernizismus** marginalisiert bzw. banalisiert. Die Radikale Mitte tritt für einen Ausgleich zwischen seelischen und verstandhaften Aspekten in gesellschaftlichen Zusammenhängen ein.

Selbstpotenzierung der Eliten bezeichnet Mechanismen, bei denen Machteliten die Macht dazu einsetzen, ihre Macht abzusichern und zu steigern. Ab einem gewissen Maß bewirkt sie eine Destabilisierung und Dysfunktionalität der Gesellschaft. Es ist in allen Kulturen und Zeiten damit zu rechnen, dass Eliten Selbstpotenzierung versuchen werden. Im Sinne einer Stabilisierung von Gesellschaften sind starke Mechanismen notwendig, um die Selbstpotenzierung der Eliten einzudämmen. In der Gegenwart verfügen vor allem die ökonomischen Eliten über starke Werkzeuge der Selbstpotenzierung, was am Auseinandergehen der sozialen Schere erkennbar wird.

Subelite bezeichnet jenen Teil der Bevölkerung, welche für die Herrschaftsausübung relevante Kompetenzen besitzen, aber nicht als Teil der Eliten anzusehen sind. Ein historisches Beispiel aus der Zeit des späten Absolutismus ist das aufgeklärte Bürgertum im Gegensatz zur aristokratischen und klerikalen Elite. Gegenwärtige Beispiele sind Wissenschaftler, Künstler und Personen in leitenden Positionen.

Stagnationskrise des Westens ist die gegenwärtige gesellschaftliche und kulturelle Krise des Westens, welche durch die Schwierigkeiten gegeben ist, sich von Paradigmen der Moderne zu entbinden und neue Lösungen zu formulieren.

Unipolares Denken ist ein Denken, welches im Wesentlichen durch einen Leitwert oder eine begriffliche Hauptkategorie gekennzeichnet ist. Die Radikale Mitte kritisiert unipolares Denken als zu vereinfachend.

Universalismus ist eine Grundhaltung in geistiger, kultureller und gesellschaftlicher Hinsicht, welche auf möglichst allgemeingültige Lösung von entsprechenden Problemen abzielt. Beispiele für universalistische Konzepte sind die allgemeinen Menschenrechte oder ein rechtlicher Rahmen, definiert durch internationale politische Strukturen wie die UNO.

Verstand meint jene Aspekte der Psyche, welche auf Logik, funktionaler Differenzierung und explizitem Denken beruhen. Verstandeshafte Aspekte der Kultur werden im Zuge der Moderne verstärkt und mithin im Sinne des Modernizismus in unipolarer Weise absolut gesetzt. Die Radikale Mitte tritt für einen Ausgleich zwischen seelischen und verstandhaften Aspekten in gesellschaftlichen Zusammenhängen ein.

Verschwörungshypothesen sind Annahmen über verschwörerische Tendenzen auf der Ebene der politischen, gesellschaftlichen und ökonomischen Macht. Ihren Wahrheitsgehalt zu bewerten ist gemeinhin schwierig und wird selten über gewisse Wahrscheinlichkeiten hinausgehen können.

Verschwörungsideologie ist eine geschlossene Weltsicht, welche wesenhaft durch die Annahme einer Verschwörung beschrieben wird. Verschwörungsideologien sind problematisch, weil sie strukturalistische Analysen von Kultur und Gesellschaft verdecken, ihre Bewertung aus wissenschaftstheoretischer Sicht sehr anspruchsvoll ist und zu politisch gnostizistischen Weltbildern führen kann.

Vier Ebenen der Betrachtung sind ein Schema zur Diskussion komplexer gesellschaftlicher und kultureller Sachverhalte. Sie bestehen aus (1) der materiellen Ebene, der (2) funktionalen Ebene, welche die materielle Ebene um dynamische Aspekte erweitert, (3) der intentionalen Ebene der Interessen und kulturellen Identitäten sowie der (4) normativen Ebene der sittlichen Werte und Normen. Diese Reihenfolge der Diskussion empfiehlt sich, um vorzeitigem Moralisieren entgegenzuwirken, da moralische Argumente ob ihrer Absolutheit dazu tendieren, Diskussionen abzuschließen.

Vier Grundpolaritäten des Menschseins sind ein Schema, welches von der Radikalen Mitte dazu verwendet werden kann, begriffliche Gegensätze nach unterschiedlichen Dimensionen zu sortieren. Es unterscheidet (1) die Bestandsdimension mit dem Gegensatz Selbständigkeit vs. Beziehung; (2) die Rangdimension mit dem Gegensatz Überordnung vs. Unterordnung; (3) die Gestaltdimension mit dem Gegensatz Analogie, Seele vs. Rationalität, Verstand und (4) die Geschlechtsdimension mit dem Gegensatz weiblich vs. männlich.

Volksbeschämung ist eine Herrschaftstechnik, welche darauf abzielt, die breite Masse durch schlechtes Gewissen und Beschämung zu dominieren. Sie dient mithin dazu, den Fokus der Aufmerksamkeit von den Eliten und der politischen Klasse auf andere Personengruppen und Konfliktfelder zu lenken. Feminismus, Antirassismus, Klimatismus, Antikolonialismus können zum Zwecke der Volksbeschämung – je nach Sichtweise – ge- oder missbraucht werden.

Voluntarismus ist eine Erzideologie der Neuzeit, welche im 19. Jahrhundert für das kulturelle Selbstverständnis des Westens dominierend wurde. Gemäß ihr hat der Wille das Primat gegenüber der Vernunft. In gesellschaftlichen Subsystemen dominieren Bereichsrationalitäten, welche neben dem Voluntarismus ebenso zu einer Verstandeslastigkeit führen. Die Vernunft wäre ein Ort des Ausgleichs zwischen Wille und Verstand, der in der späten Neuzeit zunehmend marginalisiert wird.

Vulgärsozialismus ist eine Spielart des linksprogressiven Denkens. Hierbei kommt es gegenüber orthodoxen Formen des Linksprogressivismus wie dem Marxismus zu einer Reduktion des sozioökonomischen und geopolitischen Interesses. Gerechtigkeitsfragen werden im Vulgärsozialismus häufig als Konflikte innerhalb der Mehrheitsgesellschaft interpretiert. Elitenkritik, insbesondere auch in personalisierter Form, findet allenfalls im identitätspolitischen Sinne statt. Vulgärsozialismus ist damit ein Auffangbecken für progressive Bestrebungen, die so in elitistischer Weise eingehegt und verharmlost werden. Psychologisch übernimmt der Vulgärsozialismus häufig die Funktion einer Religion, was zugleich seine größte Stärke und Schwäche ist. Der Vulgärsozialismus ist ein Feindbild der Radikalen Mitte, wobei stets zu betonen ist, dass es auch nichtvulgärsozialistischen Linksprogressivismus gibt.

Wahlsippe meint einen Verband von familienartigen Gemeinschaften, welche sich zu einer übergeordneten Gemeinschaft durch Wahl verbinden.

Washington-Kapitalismus stellt eine kritische Bezeichnung der ökonomischen Verhältnisse der Gegenwart dar. Diese Begriffsbildung bezieht sich auf den sog. „Washington Consensus" und ist ein Ersatzbegriff für den im linksprogressiven Lager gebrauchten Begriff „Neoliberalismus". Dieser Begriff diskreditiert bezogen auf die bestehenden ökonomischen Verhältnisse jede moderne Form liberaler Wirtschaftspolitik anhand der ganz spezifischen Ausprägung einer solchen in der Gegenwart.

4 - 3 - 3 - 4

Impressum: Wätzold Plaum; c/o autorenglück.de; Franz-Mehring-Str. 15; 01237 Dresden